我们今天怎样做父亲

梁启超谈家庭教育

梁启超 /著　彭树欣 /选评

上海古籍出版社

图书在版编目(CIP)数据

我们今天怎样做父亲:梁启超谈家庭教育 / 梁启超著;彭树欣选评. —上海:上海古籍出版社,2020.5(2025.5重印)
ISBN 978-7-5325-9574-7

Ⅰ.①我… Ⅱ.①梁…②彭… Ⅲ.①梁启超(1873-1929)-家庭教育-经验 Ⅳ.①G78

中国版本图书馆 CIP 数据核字(2020)第 061961 号

我们今天怎样做父亲:梁启超谈家庭教育

梁启超　著
彭树欣　选评

上海古籍出版社出版发行

(上海市闵行区号景路159弄1-5号A座5F　邮政编码201101)
(1) 网址: www.guji.com.cn
(2) E-mail: guji1@guji.com.cn
(3) 易文网网址: www.ewen.co

印刷　江阴市机关印刷服务有限公司
开本　787×1092　1/32
印张　20.625　插页9　字数 264,000
印数　44,701—47,800
版次　2020年5月第1版
　　　2025年5月第9次印刷
ISBN 978-7-5325-9574-7/G・726
定价: 89.00 元

目录

001　代前言：梁启超的家庭教育　　刘海滨

001　导读

一、给孩子们的信

1912 年

003　与思顺　　心境泰然，绝无着急

005　与思顺　　吾虽终日劳劳，精神逾健

007　与思顺　　当念光阴难得，黾勉日进

009　与思顺　　宜常侍游祖父以慰岑寂

011	与思顺	吾一身实为北京之中心
017	与思顺	思成学课归汝监督试验
019	与思顺	欲令思成往青岛"留学"
020	与思顺	汝学居然有味,吾甚慰也
022	与思顺	汝所学日入实际,思成字极有笔意
023	与思顺	思成多用力于国文
024	与思顺	祖父年高,非迎养在此,则一日不能即安
033	与思顺	令思成熟诵《四书》,吾游曲阜极思挈汝行
035	与思顺	告汝母切切不可再投机
038	与思顺	若因欲速以致病,是大不孝也
040	与思顺	汝求学总不必太急
043	与思顺	若吾爱女在侧,当能令我忘他事
045	与思顺	吾以得汝书为惟一乐事
046	与思顺	汝不许常常念我太过,以纷向学之心

047　与思顺　　　归国后为汝诸弟妹求学真一大问题也

1913 年

049　与思顺　　　思成留学事再作商量

050　与思顺　　　吾儿万不可病

052　与思顺　　　受学只求理解,无须强记

053　与思顺　　　若患神经衰弱,则功课必须减少,或更停课调养

055　与思顺　　　吾少年受业师乞其授思成辈学

056　与思顺　　　此(字课)吾频年所用养心之良法

058　与思顺　　　吾半月来书兴大发

059　与思顺　　　参考书亦不必太多读

061　与思顺　　　所受刺激颇多,然吾常自镇

063　与思顺　　　试思我闻此喜慰何如耶

065　与思顺　　　念归后难得良师,故欲汝受此完全教育

066	与思顺	欲汝成学之心尤切
068	与思顺	为汝成学计,无论如何我终乐待也
069	与思顺	名师不易得,岂可交臂失之
072	与思顺	想念双涛索居之乐
074	与思顺	吾行无险诐,决不召险
076	与思顺	吾更为小人所最疾忌,亦只得居易俟命耳
078	与思顺	吾每有游宴,辄念吾爱女,恨不与偕
081	与思顺	作今日之中国人安得不受苦,我之地位更无所逃避
083	与思顺	事之艰辛,非今日始知之,故亦无畔援,无歆羡也

1915 年、1916 年

085	与思顺	处忧患最是人生幸事
086	与思顺	汝辈无端度虚荣岁月,真是此生一险运
088	与思顺	廷献从我领受教言,学习实务,经历事故,实千载难得

		之机
090	与思顺	全国国命所托,虽冒万险万难义不容辞
093	与思顺	此(《从军日记》)汝曹最有力之精神教育也
094	与思顺	人生惟常常受苦乃不觉苦
097	与思顺	病起后,胸无一事,于是作《国民浅训》
099	与思顺	全城爆竹声喧天沸地,父老儿童皆感极而泣
102	与思成、思永	汝等能升级固善,不能也不必愤懑,但问果能用功与否
103	与思顺	作官终非安身立命之所

1919 年、1920 年

105	与思顺	总要在社会上常常尽力,才不愧为我之爱儿
107	与思顺	家庭中春气盎然

1921 年

110　与思顺　学问是生活，生活是学问

112　与思顺　吾日来极感希哲有辞职之必要

1922 年

115　与思顺　我不是不想你，却是没有工夫想

120　与思顺　我狠后悔，不该和你说那一套话

1923 年

122　与思顺　逢凶化吉，履险如夷，真是徼天之幸

126　与思顺　这回小小飞灾，狠看出弟兄两个勇敢和胈挚的性质

128　与思成　欲汝在院两月中取《论语》《孟子》有益修身之文句，细加玩味

130	与思成	小挫折正是磨练德性之好机会
131	与思顺	吃完后五个人坐汽车兜圈子到马厂一带,把几位小孩子欢喜得了不得
132	与思顺	忠忠、庄庄两个天天撒泼,要我带他们逛北戴河
134	与思顺	此十二日间,游极乐,我们一个个都晒黑了
135	与思顺	我对于你们的婚姻,得意得了不得

1925 年

140	与思顺、思庄	思庄远行,我心里着实有点难过
142	与思顺、思成、思永、思庄	忠忠也碰着和我所遭相类的事
146	与孩子们	我的宗教观、人生观的根本在此
153	与孩子们	对岸一大群可爱的孩子们
159	与孩子们	这种子弟之礼,是要常常在意的
161	与孩子们	做成一篇告墓祭文,把我一年多蕴积的哀痛,尽情

		发露
163	与孩子们	从此之后,你妈妈真音容永绝了
169	与孩子们	这才是我们忠厚家风哩
174	与思成	人之生也,与忧患俱来,知其无可奈何,而安之若命

1926 年

178	与思成	着急也无益,只有努力把自己学问学够了,回来创造世界才是
181	与孩子们	思成、徽音总要努力镇摄自己,免令老人耽心才好
184	与孩子们	(思成)毕业后转学建筑工程何如
188	与思顺	几个孙子叫他们尝尝寒素风味,实属有益
190	与孩子们	不可和轻浮的人多亲近
192	与孩子们	做首长的人,劳于用人而逸于治事
200	与孩子们	饮食最要当心,交朋友最当谨慎

201	与孩子们	我狠不愿意全家变成美国风
206	与孩子们	青年为感情冲动,不能节制,乃是自投苦恼的罗网
	附:徐志摩婚礼上的训词	
211	与思顺	小小的病何足以灰我的心
214	与孩子们	现在每日有相当的工作,我越发精神焕发了
216	与思永	我已立刻写信给他(李济),告诉以你的志愿及条件
218	与孩子们	《王阳明知行合一之教》印出后寄给你们读

1927 年

223	与孩子们	我常感觉我的工作,还不能报答社会上待我的恩惠
230	与思永	关于你回国一年的事情,今天已经和济之仔细商量
235	与孩子们	困难境遇正是磨炼身心最好机会
239	与思庄	不必太苦,反变成寒酸
241	与孩子们	我盼望你们都能应用我这点精神

246	与孩子们	绝对的消极旁观,非独良心所不许,事势亦不容如此
251	与孩子们	我总是抱着"有一天做一天"主义
254	与孩子们	老守着我那"得做且做"主义,不惟没有烦恼,而且常时兴会淋漓
258	与思永	我替你们学问前途打算的一段历史
267	与孩子们(节选)	我自己常常感觉我要拿自己做青年的人格模范
272	与思顺	能在困苦中求快活,才真是会打算盘
276	与孩子们	悲观是腐蚀人心的最大毒菌
280	与孩子们	你们须知你爹爹是最富于情感的人,对于你们的爱情,十二分热烈
283	与孩子们	像你有我这样一位爹爹,也属人生难逢的幸福
292	与孩子们	你们既不愿意立即结婚,那么总以暂行分住两地

		为好
296	与孩子们	庄庄学生物学和化学,好极了
299	与孩子们	你们这一辈青年,恐怕要有十来年,或者更长,要挨极艰难困苦的境遇
305	与孩子们	这几天常常在我脑子里转的就是思成们结婚问题
312	与孩子们	因婚礼十有八九是在美举行,所以此次文定礼特别庄严郑重些
315	与思顺	你自己所尽的道德责任,也可以令你精神上常常得无限愉快了
319	与思成	这几天为你行聘礼,我精神上非常愉快
322	与思顺	今年偶然高兴,叫达达们在家读书,真是万幸

1928 年

| 326 | 与孩子们 | 思成这回去游欧洲,是你的学问上一部份狠重要的 |

事业

333	与思成	你脚踏到欧陆之后,我盼望你每日有详细日记
335	与思永	你再留学机会万不容失掉,因为你所学还未大成哩
337	与思成、徽音	你们结婚后,我有两件新希望
342	与思顺	你去信关于这些地方,应该责备他(思成),教导他一下
343	与思成	生活太舒服,容易销磨志气
346	与思成	两事比较,似东北前途开展之路更大
348	与思顺	我有极通达、极健强、极伟大的人生观
352	与思成、徽音	能做成一部"审美的"游记,也算是中国空前的著述
355	与思庄	凡学问最好是因自己性之所近,往往事半功倍
356	附:诗二首	

娴儿今日生日,作一诗示之

题艺蘅馆日记第一编
360 词三首
虞美人　自题小影寄思顺
鹊桥仙　自题小影寄思成
好事近　代思礼题小影寄思顺(滑稽作品)

二、身世、家世与亲人

366　三十自述
376　从军日记
389　哀启
401　我之为童子时
405　悼启
409　亡妻李夫人葬毕告墓文

三、家庭讲学、教育文稿

415　读《孟子》记
481　王阳明知行合一之教　　1926年12月在北京学术讲演会及清华学校讲稿
568　附：论女学

代前言：梁启超的家庭教育

代前言:梁启超的家庭教育[1]

刘海滨

我们熟悉的现代学者和成功人士形象,或是埋头学术,或是在外奔忙,对他们来说,家庭只不过是办公室的延伸或歇脚的旅店,家庭生活的和乐融洽与盎然生机已经干枯消解。与此形成鲜明对照的是,终其一生梁启超大概都是那个时代最忙的人,但家庭生活之于他就如水之于鱼,须臾不能离且乐在其中。梁启超的家庭教育,并非仅是学校教育的延

---

[1] 本文出自拙文《常道与常识——重估梁启超之路》(刊载于复旦大学出版社即将出版的《原学》第一辑)的下半部分,为适应本书略加修改。

伸,或是其教育理念的实验田,而是其家庭生活乃至梁启超生命本身的具体呈现。出于父亲的责任和对子女的爱,他当然希望把自己的理想和经验传达给孩子们,但并非如当今的虎爸虎妈们那样急迫和焦虑,梁启超仍然依着自己一贯的修身之道,如是说,如是行,即修身即生活即教育。

正是因为学问与生活打成一片,打开这本书你会发现,很难总结出可称为"梁式家教法"的一套方法;在写给孩子们的超大量书信[1]中,我们看到,除了嘘寒问暖之外,梁启超不厌其详地跟儿女谈自己的近况、经历的大小事情、自己的所思所感,语气极其亲切平易,如同亲密朋友之间的谈心,还不时夹杂诙谐戏谑,就像孩子们的玩笑。

在这家常谈话中,一面是对传统家教精神的自觉承接。古人说"言教不如身教",梁启超是通过讲述自己的经历让孩

---

[1] 梁启超给儿女的信仅目前所见就有 400 多封,照他写信的频率——经常是前信刚刚发出,就写下一封,并且与居住在各地的儿女分别写——来看,当远远不止这些。他与年龄较长的儿女交流大多通过书信进行,主要是因为早年梁启超投身政治,与家人聚少离多,后期儿女们又陆续出国读书,当然现代邮政的方便快捷也为此创造了条件。

子们具体可感地看到自己为人处世的态度和方法,所以不厌其详地描写事情细节和自己的内心活动。古人又说"父子不责善",孟子说"古者易子而教之,父子之间不责善。责善则离,离则不祥莫大焉",就是说父子之间首先应该注重情感的亲密融洽,如果管教过于严厉就会损害亲情,亲情受损则会带来严重的后果(不祥莫大焉),因此提倡两个父亲互换来教导对方的孩子(易子而教之)。[1] 故而梁启超非常注重与儿女的情感交流,对他们投入"十二分的热烈"的"爱情",而尽量避免责备和说教。

另一面,又主动将现代西方平等、自由等理念引入家庭关系之中。现代的平等、自由侧重于社会权利层面,与传统道德的侧重于精神层面并不矛盾,而恰恰是道德的自我更新。对此梁启超有清楚的认识,并且自觉地将之在家庭生活

---

[1] 在一般人的印象中,传统的父亲都是端着一副面孔、不苟言笑的严父(很多人大概是从《红楼梦》中的贾政得来的印象,要知道小说塑造这个形象本身有其特别的用意,所以叫做"假正"),其实古时候很多父亲是富有温情的。对于传统家教和父子关系的了解,可以参阅上海古籍出版社"中华家训导读译注丛书"。

中体现出来。梁启超将儿女们当成朋友一般,随时述说自己的经历,倾诉情感,这一点确与古人有所不同。古人虽然讲究父子亲情,但在彼此关系上毕竟上下对待的意味多,平等交流的意味少;梁启超则更多采用平等交流的方式,但其背后仍不失父子的伦理地位。

这种基于传统教育根本的吸收融合,正是梁启超"返本开新"文化观的体现。教育的困境并非始于今天,一百多年以前,梁启超就面对跟我们同样的问题。现代教育的根本特征是以"知识"为内容,为导向。与传统教育注重德育,以"成人"为目的(这一点东西方大体相同,因此可以称为古典教育)有根本的不同。"贩卖知识的杂货店",梁启超发明的这个形容现代学校的比喻可谓一针见血,今天看起来尤其触目惊心。究其实质,教育的困境是所谓现代性带来的弊端。两百多年前自欧洲开端、进而席卷全球的现代化进程,其主要特征是"世俗化",就是重视人类生活中身体、物质的一端,而忽视精神生活,特别是道德、宗教层面。与之相应的是古典教育精神的失落,表现为重知识、轻德育。

那么,现代知识与古典道德是否不可兼得呢?梁启超通过早年的政治经历,结合切身的体验、对西方国家的观察,给出的解决方案是,以德育统摄智育,将传统的修身之道贯穿于知识学习之中。在其后半生,梁启超奔走呼吁且亲身投入教育实践,但也清醒地认识到,因为大多数人正热切地走上这条"现代教育"的道路,根本不想回头,改革教育任重而道远,其在清华研究院等处的试验,效果也很有限。

家庭教育是梁氏教育实践的另一块田地,在这里,他耕耘的时间要长得多,可以较少受干扰、主动性也更强,其效果可以说是理想的。家庭教育之于梁启超并非仅是试验田;作为一个父亲,在学校教育有严重缺陷的情况下,家教首先是一个补救行动,事实上也起到了重要的弥补作用。正因为如此,梁氏家教对于我们今天的父母才更具学习和借鉴意义。

一、壹是皆以修身为本

梁启超家庭教育的核心，当然是修身，一如其在学校教育中所提倡的。只是教育方式须与学校教育有所区别。传统教育的实践性，使其特别强调"身教重于言教"，在师生之间如此，在父子之间尤其如此。梁启超家书中总是花费大量笔墨叙述自己近来的经历，固然是抒发情感和向家人报平安，更重要的是，借助这样的机会，透过这些叙述表达自己的人生态度、理念，传授修身方法。

从1912年9月由日本启程回国开始，梁启超与大女儿思顺频繁通信，此后至1917年底，梁启超积极投身政治，短短几年，历经袁世凯时期、护国运动、张勋复辟、段祺瑞执政，几乎无一日不在风云激荡之中，其间惊涛骇浪、大起大落又不知凡几，甚至数次面临生命危险。在这期间的家书中，完整地呈现了梁氏经历的所有大小动荡、悲喜闹剧，读之如同看一部跌宕起伏的连续剧，既有贯穿始终的情节主线，又有刻画生动的大量细节，梁启超的情感反应也随着剧情发展而百千变化：先是提刀四顾、踌躇满志，继而陷于斗争旋涡、进退两难，接着遇挫失望、几欲归隐，再到振刷精神、知其不可而为之。但无论境遇和情感如何动荡起伏，修身的自觉是贯穿始终的。修身的原则是反求诸己，一切境遇皆是心性修养的机会：不以利益得失、甚至生死为虑，对于自己的责任尽心尽力，只问耕耘不问收获，事业的成败结果亦无需挂怀。在信中随处可见这样的句子：困境时"心境泰然，绝无着急"，平坦时"虽终日劳劳，精神逾健"，动荡时"所受刺激颇多，然吾常自镇"，危险时"吾更为小人所最疾忌，亦只得居易俟命耳"，艰难时"事之艰辛，非今日始知之，故亦无畔援，无歆羡也"。其背后的原因乃是修身有得："吾亦尝学道自得，岂外界所得牵移！"再者，时时以生平志向和时代责任提醒自己（此即古人所谓"责志"），"作今日之中国人安得不受苦，我之地位更无所逃避"，"全国国命所托，虽冒万险万难义不容辞"；以艰难困苦当做磨砺自己的良机，"处忧患最是人生幸事，能使人精神振奋，志气强立"，"经历事故，实千载难得之机";反过来,生活太顺利时就需要警惕,"两年来所境较安适,而不知不识之间德业已日退";磨炼后的升华则是"人生惟常常受苦乃不觉苦","胸无一事"。这些并非是空头说教,而是在对儿女讲述自己经历时的真实感受,作为自我的反省、提醒和总结,充满了力量和人情味,儿女们自然得到激发和鼓舞。1916年袁世凯称帝,梁启超策划其弟子蔡锷赴云南组织护国军讨袁,自己随后也逃出北京,绕经香港、越南赶到广西,策动都督陆荣廷出兵。梁启超除了在家信中随时报告以外,又将一路躲避追堵,历经磨难,几乎丧命的经历详细记录下来写成《从军日记》,郑重其事地寄给儿女们,说"此汝曹最有力之精神教育也"。

1918年之后,梁启超从政治中抽身,转而专注于教育和文化事业,生活趋于平稳。他一面奔走各地讲演,提倡修身和德育,一面投身教育改革实验,热情高涨地投入工作。但仍抽空将自己的工作、计划事无巨细地写在家信中,包括忙里偷闲带孩子们去游乐场、北戴河,也绘声绘色地讲给国外的思顺听。

在梁启超生命的最后四五年,1925 至 1929 年初,他的健康状况趋于恶化,但笔耕不辍、不时演讲之外,仍主持清华研究院,出任北京图书馆、京师图书馆馆长,创办司法储才馆等。此间除了跟丈夫一起旅居加拿大的思顺,思成、思永、思庄、思忠也先后出国留学,因此梁启超和儿女的通信更加频繁。在此阶段,梁启超的信中有更多的对自我人生观、家庭观总结的意味,他将传统的修身之学与自己的经验结合,总结为"得做且做"主义:

> 这信上讲了好些悲观的话,你们别要以为我心境不好,我现在讲学正讲得起劲哩,每星期有五天讲演,其余办的事,也兴会淋漓。我总是抱着"有一天做一天"的主义(不是"得过且过",却是"得做且做"),所以一样的活泼、愉快。

不管外境如何变化,内心保持安定;不管结果怎样,兴会淋漓地做事，能做多少做多少。这种做事的状态，来自人生的态度，"我有极通达、极健强、极伟大的人生观，无论处何种境遇，常常是快乐的"，更来自修身工夫的磨炼，"我关于德性涵养的工夫，自中年来狠经些锻炼，现在越发成熟，近于纯任自然了"。

传统学问中，修身和德育是一体的，自己做到了，自然能够影响别人，对子女也是一样："我自己常常感觉我要拿自己做青年的人格模范，最少也要不愧做你们姊姊弟兄的模范"，"我盼望你们都能应用我这点精神"。对于自己对孩子们的影响力，梁启超很有自信，"我又狠相信我的孩子们，个个都会受我这种遗传和教训，不会因为环境的困苦或舒服而堕落的"，"(你们)有我这样一位爹爹，也属人生难逢的幸福"。孩子们的反应(这样的教育效果)如何呢？对于梁启超的身教言传，孩子们从心里感动和认同，"爹爹尽可放心，我们弟兄姊妹都受了爹爹的遗传和教训，不会走到悲观沉郁一路去"。对于这样的父亲，孩子们视若珍宝，时刻挂念他的安危和健康。1927年梁启超做了肾脏切除手术，儿女们放心不下，委托回国的思永做"总司令"，制定了一套严密的康复计划，照顾父亲的起居，限制他的工作。梁启超说："思顺这次来信，苦口相劝，说每次写信便流泪。你们个个都是拿爹爹当宝贝，我是狠知道的。"

古人修身的两大途径，一是省察，二是涵养，一般以前者为主、后者为辅，但须相互配合、不得偏废。所谓省察，就是时时反身内省，照察和修正自己的行为和心念。梁启超除了借助自我的经历为孩子树立榜样和参照以外，还经常就着孩子们的亲身经历，随机点化，让他们借机反省体察。例如1923年思成、思永在北平遭遇车祸，两个孩子都受了伤，一家人颇受惊吓。梁启超连续写信告知思顺，用了大量篇幅描述车祸前后兄弟俩的相互救助，以及在惊惧之中与父母姐妹的情感牵挂，细致入微，只是在其中略加点化，说此次能够"逢凶化吉、履险如夷，真是徼天之幸"；在结尾处轻轻说道"这回小小飞灾，狠看出他们弟兄两个勇敢和肫挚的性质，我狠喜欢",却是整个叙述的点睛之笔。思成因车祸骨折,入院治疗两个月,梁启超要他借机温习读诵《论语》《孟子》,"尤于其中有益修身之文句,细加玩味"。思成原定的出国留学计划因此事受到影响,梁启超又开导说:"人生之历途甚长,所争决不在一年半月,万不可因此着急失望,招精神上之萎蔫。汝生平处境太顺,小挫折正磨练德性之好机会。"

因为思成的未婚妻林徽音(后改为"徽因")与思顺产生矛盾,给思成造成很大的心理波动,思成反省自己,"感觉着做错多少事,便受多少惩罚,非受完了不会转过来"。梁启超借机说了一大段自己理解的佛教"因果业报"和"随业轮回"的道理。这几乎是梁启超家信中见到的唯一一次系统论述自己的观念,但也是借着儿女的自我反省机会适时加以引导(此即孔子说的"不愤不启,不悱不发"),在说完这番道理之后,又不忘加一句:"我的宗教观、人生观的根本在此,这些话都是我切实受用的所在。因思成那封信像是看见一点这种真理,所以顺便给你们谈谈。"

后来徽音的父亲因为牵入军阀斗争意外身亡,梁启超专门写信给徽音、思成劝慰,又在给孩子们的信中不断开导:

思成饮食上尤不可太刻苦。前几天见着君劢的弟弟,他说思成像是滋养品不够,脸色狠憔悴。你知道爹爹常常记挂你,这一点你要令爹爹安慰才好。

徽音怎么样?我前月有狠长的信去开解他,我盼望他能领会我的意思。"人之生也,与忧患俱来,知其无可奈何,而安之若命",是立身第一要诀。思成、徽音性情皆近狷急,我深怕他们受此刺激后,于身体上、精神上皆生不良的影响。他们总要努力镇摄自己,免令老人耽心才好。

思顺因为调动工作的事烦恼,他一面答应尽量帮助,一面趁机开导:"大抵凡关于个人利害的事只是随缘最好,若勉强倒会出岔子","着急和愁闷是不对的","顺儿受我教育多年,何故临事反不得力,可见得是平日学问没有到家","现在这种困难境遇,正是磨炼身心最好机会,在你全生涯中不容易碰着的,你要多谢上帝玉成的厚意,在这个档口做到不改其乐的工夫,才不愧为爹爹最心爱的孩子哩"。

修身的第二条途径,所谓涵养,就是在日常生活中陶养性情。对此梁启超也有自觉的认识,并时时灌注到对孩子日常生活的引导和艺术熏陶之中。梁启超对孩子们说"学问是生活,生活是学问",时时关切儿女的生活情况、身体和心理健康。初回国的四五年,家里生活比较优渥,他提醒儿女"汝辈小小年纪,恰值此数年来无端度虚荣之岁月,真是此生一险运",因倒袁运动匆忙出逃之际,反而庆幸自己重回"忧患生涯",说这是上天对儿女的恩赐,欲以此"玉成"他们,假使再过几年舒适虚荣的生活,恐怕就要变成"纨绔子"了。他经常提醒儿女要保持寒素之家的本分,说"吃苦是最好的教育",但当得知思庄在国外过于俭省,又说"你们既已都是狠规矩的孩子,不会乱花钱,那么便不必太苦,反变成寒酸"。

与现代人多把才艺当成竞争加分的手段或者作为日后谋生的技能不同,古来君子以琴棋书画来涵养性情(此即孔子所说"志于道,据于德,依于仁,游于艺",以道德为人生准的,在正面的省察身心之外,辅之以艺术的熏陶涵养),梁启超深得个中三昧。他一面叙说自己如何写字兴致高涨,定为日课,以亲身实践来告诉孩子们此为"养心之良法",一面为了引导儿女学字,请著名书法家魏铁栅指点思顺、思成,还不时请名家给孩子们题赠字画,通常是每个孩子各有一份。他还经常跑琉璃厂搜集字画书籍文具,作为礼物不时分给孩子们。这件事做得非常认真,根据子女的个性和爱好分发礼物(比如给思顺的是白香山、苏东坡、李商隐集和仕女图),要分别刻上每个人的名字,还不忘适时引导,比如有一部仿宋本《四书》乃是清末名臣和收藏家王懿荣的藏品,他先是说不舍得给、要留着"自养",后来赠与思成,一再叮嘱"思成所得《四书》乃最贵之品",务必熟读成诵才不辜负它。

二、修身与科学(学术)研究

梁启超家书的另一个谈话重点是孩子们的学业,而现代学校教育和职业选择面对的是知识性学问,此问题的实质是现代人如何对待科学和知识。在传统的语境下,知识性学问自有其位置,只是处于从属地位,孔子说"行有余力,则以学文";并且被统摄在道德的培养之中,比如王阳明说:"使在我果无功利之心,虽钱谷兵甲,搬柴运水,何往而非实学,何事而非天理,况子史诗文之类乎?"(《与陆原静》)君子以道德养成为目标,但并非要摒弃事务,只要在做事的过程中保持省察涵养,则各种事务无不是磨炼心性的途径,知识性学问不过是其中一种事务。只是随着现代科学的发展,知识性学问占据了前所未有的重要地位,这就要求重新处理知识与道德的关系定位。对此,梁启超倡导以道德统摄科学,即是一方面必须纠正现代性的偏离,重新恢复道德的主导地位,一方面又需给予知识特别的重视,使它既不会僭越自己的位置,又能够保持活力获得应有的发展。

清华研究院时期,梁启超实行的教育改造,其目的正在于此。他首先强调道德修养的主导地位:"我要想把中国儒家道术的修养来做底子,……总要有这类的修养来打底子,自己把做人的基础,先打定了。吾相信假定没有这类做人的基础,那末做学问并非为自己做的。"在此前提下,再处理知识的地位。他一面延续王阳明的思路,将知识的学习作为修身的一种途径:

至于智识一方面,固然要用科学方法来研究,而我所希望的是:科学不但应用于求智识,还要用来做自己人格修养的工具。这句话怎么讲呢?例如当研究一个问题时,态度应如何忠实,工作应如何耐烦,见解要如何独立,整理组织应如何治理而且细密。凡此之类,都一面求智识,同时一面即用以磨炼人格,道德的修养与智识的推求,两者打成一片。

科学研究作为人格修养的工具,其运用方法与王阳明所说的

"事上磨炼"并无二致,[1]但这里是作为学校教育的重要方面提出来,因此具有时代意义。梁启超接着说:

现世的学校,完全偏在智识一方面;而老先生又统统偏在修养一边,又不免失之太空了。所以要斟酌于两者之间,我所最希望的是:在求智识的时候,不要忘记了我这种做学问的方法,可以为修养的工具;而一面在修养的时候,也不是参禅打坐的空修养,要如王阳明所谓在"事上磨炼"。事上磨炼,并不是等到出了学校入到社会才能实行,因为学校本来就是一个社会。除方才所说用科学方法作磨炼工具外,如朋友间相处的方法,乃至一切应事接物,何一不是我们用力的

---

[1] 王阳明《传习录》中的一段对话,恰可为梁启超这个意思的注脚:"有一属官,因久听讲先生之学,曰:'此学甚好,只是簿书讼狱繁难,不得为学。'先生闻之曰:'我何尝教尔离了簿书讼狱,悬空去讲学? 尔既有官司之事,便从官司的事上为学,才是真格物。如问一词讼,不可因其应对无状,起个怒心;不可因他言语圆转,生个喜心;不可恶其嘱托,加意治之;不可因其请求,屈意从之;不可因自己事务烦冗,随意苟且断之;不可因旁人潜毁罗织,随人意思处之。这许多意思皆私,只尔自知,须精细省察克治,惟恐此心有一毫偏倚,枉人是非。这便是格物、致知。簿书讼狱之间,无非实学。若离了事物为学,却是著空。'"在具体做事中省察克治,即是实学,才是真致良知。做学术研究何尝不是一项精密繁难的事务,而恰恰是修身的机会。

机会。(《梁启超修身讲演录·北海谈话记》)

所谓"要斟酌于两者之间",就是要面对知识的现代情况加以调整;知识性学问已然成为学校教育和社会生活的主要方面,就不能将它与其他方面等量齐观,而需要特别处理它。在梁启超的方案里,知识探求既然可以作为修养的工具,当然有其合理地位;不仅如此,学生和学者还需要自觉地将知识学习和学术研究作为修养的主要方法,因此知识获得了特别的重视。这样既肯定知识和科学的价值,又保证其发展始终处于道德的统御之下,不致脱离方向、失去控制。

求知作为修养工具,其操作方法就是在知识探求过程中时时省察内心和调整状态("态度应如何忠实,工作应如何耐烦,见解要如何独立,整理组织应如何治理而且细密"),这对应的是修身的第一条途径"省察"。除此之外,知识对于道德修养还有熏陶默化的作用,则对应修身的第二条途径"涵养"。随着知识在现代生活中的地位和作用的显著增强,知识对于修身的涵养作用,也应得到重视和强化。[1]下面以梁启超对儿子的一番话为例。事情的起因是,梁启超对于在国外留学的思成的人格偏向和情感异动产生了担忧:"我这两年来对于我的思成,不知何故常常像有异兆的感觉,怕他渐渐会走入孤峭冷僻一路去。我希望你回来见我时,还我一个三四年前活泼有春气的孩子,我就心满意足了。"

接下来分析其原因:

> 这种境界,固然关系人格修养之全部,但学业上之薰染陶镕,影响亦非小。因为我们做学问的人,学业便占却全生活之主要部分。学业内容之充实扩大,与生命内容之充实扩大成正比例。所以我想医你的病,或预防你的病,不能不注意及此。

---

[1] 这一点在古时博学类型的儒者身上有所体现,朱子即其代表,但限于时代环境和言说方式,对于知识的涵养陶铸作用未见有明确的论述。梁启超在修身工夫路径上更认同陆王,而自身的知识兴趣则有类于朱子。

这里强调学业的"薰染陶镕"之功,就是说,知识性学问除了属于事上磨炼的一种方式之外,对于生命亦有涵养、充实、扩大的作用。这段话值得特别注意,因为是专门对"做学问的人"说的。现代社会中知识生产成为一种职业,学者成了专门从事知识生产的人(在这一点上所谓的人文学者与科学家并无不同)。这是新时代出现的新事物,需要面对它,处理好这个职业行为与修身的关系。梁启超的观点是,学者一面要像对待其他职业一样,把学术研究也当做修身的途径之一,一面强调由于学术研究(知识生产)的特殊性——学者的研究活动占据了生活的主要部分(其中人文社会学科与生命活动的联系更紧密),因而对生命有很强的"薰染陶镕"的作用——需要尽量充实扩大其内容,以求促进生命的充实扩大。

相反,如果所从事的知识内容单调乏味,也容易造成生活和生命的单调和厌倦:

我怕你因所学太专门之故,把生活也弄成近于单调,太单调的生活，容易厌倦，厌倦即为苦恼，乃至堕落之根源。再者，一个人想要交友取益，或读书取益，也要方面稍多，才有接谈交换或开卷引进的机会。

接着又现身说法，说明多面的学问趣味对自己精神的激发作用：

我是学问趣味方面极多的人，我之所以不能专精有成者在此，然而我的生活内容异常丰富，能够永久保持不厌不倦的精神，亦未始不在此。我每历若干时候，趣味转过新方面，便觉得像换个新生命，如朝旭升天，如新荷出水，我自觉这种生活是极可爱的，极有价值的。我虽不愿你们学我那泛滥无归的短处，但最少也想你们参采我那烂漫向荣的长处（这封信你们留着，也算我自作的小小像赞）。

对于知识性学问的重视，同时对其可能带来的对生命的损耗保持警惕,这两点总是同时体现在梁氏家庭教育之中,试举两例说明。思顺在梁启超回国后继续留在日本完成学业,在此期间梁启超专门为她请了几位日本家庭教师为其补课,其内容遍涉西方社会科学的主要门类。同时梁启超再三告诫思顺不要因为赶进度劳累过度(每星期不许超过十小时,星期天必须休息,必须多游戏运动),他还极力反对日本式的填鸭教育,提倡"猛火熬、慢火炖","优游涵饫,使自得之"的传统学问方法。需要说明的是,梁启超给思顺请家庭教师,包括后来在家中讲《孟子》和清代学术源流,都是在补学校教育的不足,因为当时(国内)的学校学不到这些内容,梁启超曾为孩子们从日本回国后如何选择学校伤脑筋,这也是后来梁家子弟尽可能都到国外读书的原因。采用家中授课的方式和知识性的内容,严格地说,不属于家庭教育的范围,而是学校教育的延伸。这在梁启超是不得已而为之,与现在家长给孩子上各种补习班的性质不同。

另一个例子,在思庄面临大学专业选择时,梁启超建议她学生物,"因为它是现代最进步的自然科学",并且"你们弟兄姊妹，到今还没有一个学自然科学，狠是我们家里的憾事"，希望她为弟妹们开个好头。又建议思庄在主业之外，再选一两种与之有密切关系的学科作为辅助，并且"专门科学之外，还要选一两样关于自己娱乐的学问，如音乐、文学、美术等"，思庄"本来有些音乐天才，能够用点功，叫他发荣滋长最好"。这里的意思，与对思成的话联系来看，对知识性学术可能产生的负面影响有足够的警惕，希望生命和学术形成良好的互动关系。相对而言，做社会科学（包括人文学科）的，其所事与生命的联系较紧密，可以在内容上扩充，以促进生命的充实扩大；做自然科学的，所事与生命的距离较远，还需要增加人文艺术方面的内容和实践，以滋养涵润生命。

虽然有这些提醒和建议，但梁启超对于孩子的专业和职业从不干涉，希望孩子们根据自己的兴趣自主选择（思庄一度听从父亲的建议，选择生物学，后来发现与自己的兴趣不合，转为图书馆学，梁启超同样很支持）。后来子女们各有所长，各自选择了不同的学术领域和职业，并成为各自领域的杰出人才。至此我们看到，修身为本以及专业研究与生命之间相互促进，才是梁氏家教的"秘诀"，才是成就"一门三院士，九子皆才俊"佳话的根本原因。

对科学和知识地位的重新评估和调整，是梁启超基于时代要求做出的贡献，亦为返本开新之一例。身体力行的梁启超为后来的学者立了一面旗帜：学术研究与修身实践相统一，一切无非生命的学问，与占山头争夺资源、为稻粱谋的学术投机者固自不同；知识性学问不成为修身的障碍，多方面的兴趣反而有助于精神的激发和生命的充扩，一扫知识、道德的本末倒置，与知识耗损生命、干枯无趣的学者形象恰成对照。

三、修身与现代生活

现代生活有别于古代的显著特征，一是物质条件的巨大变化，其背后的推手是科学，二是社会权利的平等化，其背后的原因是民主（民主包括思想、组织方式和制度等不同层面，思想层面的民主与公民意识紧密相连，是平等、自由等权利意识的反映,可应用于家庭、社会、政治诸领域)。所以五四运动高喊赛先生和德先生,确是时代的呼声。早年的梁启超本是这个潮流的鼓动者,后来调整了思路,在修身为本的前提下对现代生活加以调摄。

提倡修身性德育之外,梁启超也很重视公民意识的培养,称之为"增进国民常识"。1916年他赴广西起兵讨袁而绕道越南,独处荒山,染病几乎不治,甫一脱难,即穷三日夜写出一本宣传公民意识的小册子,其动因是袁世凯恢复帝制使梁启超深受刺激,痛感养成群众公民意识的迫切性,故极为看重此书,在给思顺信中说:"病起后即捉笔著成《国民浅训》一书,约二万言,此书真我生之绝好记念也。"此书后来广为流传,并一度作为民国"教育部审定"的国民教育用书。

请日本教师给思顺补课,也是梁启超国民教育思路的体现。这些补课实际是学校教育的延伸,原因是怕思顺回国后没有机会,想让她在日本接受"完全教育"。所谓完全教育,乃是获得现代国民所应具备的常识,学习的内容包括法学、经济学、比较宪法、财政学、政治学等,其目的并非进行学术研究,而是立足于知其大意和了解大势,故梁请求诸教师"于纯理方面稍从简略,于应用方面稍加详,能随处针对我国现象立论尤妙"。

女性地位的改变是现代生活的一个标志(广义的女权运动,是影响最大最广泛的现代社会思潮,亦为权利意识的一种表现),这同样反映在梁启超对待女儿的态度上。对于女儿们的教育,梁启超看得与男孩子一样重,九个儿女中,毋宁说对思顺的学业费心最多,为她请了好几位日本家庭教师,为了让她完成学业延迟举家回国的时间,还将思顺的作业亲自批改后编成一本《艺蘅馆课艺》。作为长女的思顺,某些方面还扮演了旧式家庭中兄长的角色,不但照顾弟妹们的生活和学业,梁启超遇事也喜欢先征求思顺的意见,长子思成对大姐也很尊重甚至有几分惧怕,这从上述思成因为徽音与思顺的矛盾,写信给思顺忏悔过错等事情上很可看出(这件事上梁启超似乎也是更重视思顺的想法)。梁启超对思庄的教育也极为用心。因为思顺婚后随丈夫(周希哲,时任加拿大总领事）居住在加拿大，就让思庄去加拿大读中学，以便毕业后继续留学深造，后来为思庄在加还是在美读大学、选择专业等问题书信往返讨论，提供了很多参考意见。正是因为这种对子女平等看待的教育观，使得梁家女儿从小就有强烈的自信和独立意识，为日后成才奠定了基础。[1]

在梁启超这里，这些现代意识与传统观念并非对立，而是有机结合，统一于修身为本（平等、自由等现代观念应视作道德本体在现代环境中的应用，可以且应该从传统道德的根本上生发出来。详见拙文《常道与常识——重估梁启超之路》上篇）。对于继承传统家教的根本精神，梁启超有很强的自觉。比如时常提醒儿女保持寒素之家的忠厚家风。老父

---

[1] 大体而言，传统家庭中女性地位低于男性，那么传统文化是否歧视女性呢？对此仍需区分层次，从体用关系来看待。从传统文化的根本精神来说，孟子说"人皆可为尧舜"，孔子说"有教无类"，佛教说人皆有佛性，且允许女性出家，人性人格的平等是题中本有之意；从历史进程来说，古时女性受到社会条件和风俗习惯的限制，没有担当与男子类似的社会职责，使得其教育程度和所受的社会期待总体低于男子。也就是说，"体"上本来平等，"用"上需待条件成熟。此外还有一层，文化的根本精神如此，不等于在具体历史环境下就体现为如此，甚至可能在文化低潮期偏离根本精神发生异化，因此不能将历史中发生的不平等现象简单归因于根本精神。参阅拙文《中华家训导读译注丛书出版缘起》。

在世时，梁启超每次写信问安之外，会特意嘱咐儿女照顾祖父起居，凡事禀告，还要体会祖父心情，时常陪伴不要让他寂寞。儿女在外，则经常提醒他们写信问候老家的长辈，"这种子弟之礼，是要常常在意的"。后来年龄较大的儿女都到国外读书，梁家的事务多由二弟梁启勋操持，梁启超常常跟子女提到二叔的辛劳，尤其是梁启超妻子去世后，启勋一手操办了其墓园的设计建造及葬礼，梁启超为此写了好几封信给儿女们，详细描述诸事经过，要求他们每人写信给二叔，"恳切陈谢"。葬礼完毕，又让在场的年龄尚幼的思忠、思达作代表给二叔磕头，"谢谢二叔替你们姐弟担任这一件大事"。

传统与现代的统一，在梁启超的婚姻爱情观方面表现得更为显著生动。思忠结交了一个女孩子，梁启超知道她父亲为人卑劣，了解到她也受到家庭的熏习品行不好，因此很怕思忠受其蒙蔽，就拿出父亲的威严，写了一千多字的信严重告诫他，并让思顺、思成等一同劝说。

梁启超在徐志摩、陆小曼婚礼上轰动一时的发言，则可作为注脚。徐志摩是梁启超很看重的弟子,徐志摩对这位老师也非常尊敬,所以请他作证婚人(还有一个说法,徐志摩与有夫之妇陆小曼相恋,陆因此与其夫离婚,再与徐志摩结婚,徐志摩的父亲也觉得此事不光彩,所以说须得请胡适做介绍人、梁启超证婚才同意他们结婚),梁启超禁不住胡适等人的一再敦请,勉强应允。结果,在盛大的婚礼现场,当着许多社会名流的面,梁启超毫不留情痛斥二人,最后徐志摩面红耳赤地乞求:"请老师不要再讲下去了,顾全弟子一点颜面吧!"[1]

梁启超的证婚词有云:

你们基于爱情,结为伴侣,这是再好不过的了。爱情神圣,我狠承认;但是须知天下神圣之事,不止一端,爱情以外,还多着哩。一个人来这世界上一趟,住几十年,最少要对于全

---

[1] 见梁实秋的回忆录。现在流传的这篇训词有两个不同的版本,一个是本书所载的梁启超随信寄给孩子们的文字版(还特意裱成手卷交给徐志摩,以作永久的警示),一个是曾在婚礼现场的梁实秋回忆的。可见梁启超对此事很重视,写过发言稿,当然也有可能临时脱稿另发了一通言论。此以作者亲定的文字稿为准。

世界人类和文化,在万仞岸头添上一撮土。这便是人之所以为人之最神圣的意义和价值。……就专以爱他而论,爱情的本体是神圣,谁也不能否认,但是如何才能令神圣的本体实现,这确在乎其人了。徐志摩!陆小曼!你们懂得爱情吗?你们真懂得爱情,我要等着你们继续不断的,把它体现出来。

爱情的本体是"爱他",爱他人,而不是基于利己地满足生理和心理的欲望,这是爱情与情欲的区别。在梁启超看来,二人的相恋和结合是基于情欲的成分居多,所以希望两人结婚后,要通过互相支持,把爱他的本体体现出来。在第二天写给孩子们的书信中表达得更清楚,"(陆小曼)与志摩恋爱上,才和受庆离婚,实在是不道德之极","志摩却是狠高洁,只是发了恋爱狂——变态心理——变态心理的犯罪",这是情欲的冲动,"青年为感情冲动,不能节制,任意决破礼防的罗网,其实乃是自投苦恼的罗网,真是可痛!真是可怜!"更糟糕的是,对方又是这样一个人,"我又看着他找得这样一个人做伴侣，怕他将来苦痛更无限，所以想对于那个人当头一棒，盼望他能有觉悟（但恐甚难），免致将来把志摩弄死，但恐不过是我极痴的婆心罢了"。

梁启超所说爱情本体的神圣是基于"爱他"，需要通过婚后继续不断地体现出来，就是说一般世俗所谓爱情，其实是情感和欲望的混合，情感之中有爱他、利他的因素（其纯度视不同的人而定），欲望则是基于生理和心理的冲动，其本质是占有，而爱情本体的体现是一个过程，在这个过程中通过爱他、利他消除和转化欲望，或者使欲望服从于爱他的情感。此即以道德转化欲望，提炼情感，使其归于纯正，亦即传统文化"性其情"的含义（儒家的诗教传统即是基于这个思路，所以经孔子之手删定的三百首诗才成为"经"，其选择标准是"思无邪"，其目的和作用是化导情感归于纯正）。在此过程中，还有一个重要环节就是"礼防"，礼教的防护作用。用道德纯化、升华情欲很难一蹴而就，除了少数天资卓越、气质清明的人以外，普通人情欲冲动时还需要借助外在伦理和礼法的约束,古人称之为"发乎情止乎礼",既肯定情的自然合理性,又强调其边界(礼),超出边界的情就是私欲,需要克制。[1] 此即梁启超所谓礼防节制情感冲动的意思。不能节制的冲动,不仅给别人带来伤害,首当其冲的是自己,冲动过后就要承当苦痛烦恼,这一点梁启超看得很清楚。而且梁启超洞察世情,深知陆小曼的为人,欲望和虚荣的成分大于情感,所以会有很不好的预见,当头棒喝实是针对陆小曼的成分居多。不幸的是,徐陆之恋的结局恰恰应了梁启超的

---

[1] 对此梁启超还有一段切身经验。1900(庚子)年,27岁的梁启超计划从日本渡海赴美,途中因防疫管制,在檀香山滞留了半年,其间结识了当地华侨商人之女何蕙珍,年方20岁,"学问见识皆甚好",尤善英文,担任梁启超演讲翻译,赢得诸方赞誉。蕙珍极其爱慕梁启超,并表示不计较给梁作侧室。梁启超也一度动心,以至夜不能寐,写了一封长信给妻子叙述经过和对何的情意。梁妻大概将这封信看作试探自己的态度(今天再看这封信,实不敢说梁当时全无此意,虽然信中也说已婉拒何,以兄妹相称云云,但显然情丝飘荡,方寸扰扰),回信说将禀告梁父促成此事。但梁启超马上再写一信,却是毅然决然斩断情丝。首先裁之以理性:"以理以势论之,岂能有此妄想"。所谓理,梁提倡一夫一妻,男女平权,不可自违其义;所谓势,梁为维新领袖,众人仰望,不可因此败坏新党声名。继而以修身之法化解之:此时正值义和拳乱,国家危亡,"吾独何心,尚喁喁作儿女语耶?"此即责志。"任公血性男子,岂真太上忘情者哉。其于蕙珍,亦发乎情,止乎礼义而已。"此之谓礼防。据说,后来民国成立,梁启超入内阁,何蕙珍随即来访,但梁只在司法总长的客厅里接见了她;梁妻李惠仙亡故之后,何蕙珍再次来访,梁启超又一次婉拒了她。抑此时梁任公已臻"性其情"之境欤?

预感。

与之对照的是,梁思成、林徽音的婚姻至今为人所乐道。徽音是梁启超的好友林长民之女,是梁启超先留心观察看定后,再介绍给儿子,然后由他们自己去交往、决定。这是梁启超"发明"的方法,对此很是得意,"我觉得我的方法好极了","我想这真是理想的婚姻制度"。思顺和周希哲(马来西亚华侨,也是梁启超的学生)的结合也是通过这个方法促成的。这个方法兼采中西(古今)婚姻方式的长处,既保证了婚姻的自主,又尽可能考虑到了双方的家庭因素。当然婚姻是否成功,充当中间人的父母很关键,像梁启超这样的父亲自然是最适合用这种方式的。他对思顺调侃道:

我对于你们的婚姻,得意得了不得……我希望往后你弟弟妹妹们个个都如此(这是父母对于儿女最后的责任)。我希望普天下的婚姻都像我们家孩子一样,唉,但也太费心力了。像你这样有恁么多弟弟妹妹,老年心血都会被你们绞尽了,你们两个大的我所尽力总算成功,但也是各人缘法侥幸碰着,如何能确有把握呢?好孩子,你说我往后还是少管你们闲事好呀,还是多操心呢?

思成、徽音准备于1928年回国,梁启超力主他们归国前先在加拿大举行婚礼(在此之前梁启超先向林家行聘礼,回国后再于天津宴请宾客),因徽音的父亲是基督徒,可先在教堂举行婚礼,"主张用外国最庄严之仪式",次日再到领事馆(希哲、思顺家)向两家祖宗及父母遥拜行礼。还说"你们若在教堂行礼,思成的名字便用我的全名,用外国习惯叫做'思成梁启超',表示你以长子资格继承我全部人格和名誉"——这个举动可说是相当开放和西式。为什么不回国再办婚礼呢?主要原因是,梁启超认为他们应该在归国前到欧洲做一次完整的文化旅游,将他们所学和欧洲的文化建筑等相互印证(后来又郑重建议他们沿途所见所感随时做笔记,并作速写插图,日后出版一本书),因此先结婚才方便同游。后来婚期有所推迟,梁启超又马上写信劝思成、徽音先分居两地,以防因为所处亲近产生心理生理的波动(发生亲密行为),可见在两性关系上梁启超又很"保守"。开放和保守,同时体现在梁启超身上,并不觉得冲突,而是相互补充协调,孩子们得到父亲的身教感召,自然心悦诚服。这不正是梁启超教育之道的一种写照吗?

在生命的最后时候,梁启超展示了一个现代君子的态度和气度。这是中国现代医疗史上的一个著名的事故。1926年3月梁启超在协和医院接受肾脏切除手术,结果发现割下来的右肾并无毛病,且便血的病症依旧,完全是误诊,且院方还试图掩盖。[1] 此事放在任何人身上都难以接受,何况是

---

[1] 综合梁启超家书、梁思成等述《梁任公得病逝世经过》及后来史家的考证,梁启超此病的原由经过大致如下:1923年春初次发现小便带血,但并未在意,1926年1月往北京德国医院检查,之后入协和医院就诊,经X光透视显示左肾有黑斑一处,专家会诊的结果是左肾结核,须手术切除。在3月16日的手术中,因值班护士错标了位置,主刀医生亦未核验,结果误切了右肾。此系重大医疗事故,但医院隐瞒了实情,先是说右肾确实有病(部分腐坏),后经名医伍连德(亦为梁启超好友)亲自查验,确认右肾健康无病,协和始说是误诊,但仍隐藏了错割右肾的事实。直至1971年,梁启超去世40多年后,经当年参加手术的实习医生透露,梁思成才得知真相,由1997年翻译出版的美国学者费正清夫人费慰梅所著《梁思成与林徽因》(转下页)

梁启超这样一位名人,一时间舆论哗然,很多友人学生预备兴师问罪。在整个事件过程中,以及梁启超在给孩子们的信中谈及此事,始终保持客观和乐观,即使在误诊确凿之后也从未有过言辞急迫。并且为此发表了一个声明,请大家不要因为偶然的失误而为难医院,从而妨碍西医和医学在中国的前途和发展。面对突发事件,即使是切身相关,保持理性的判断,做出合情合理的决定,这是现代文明人应有的态度;在此过程中,能够保持内心的安定,体察他人的困难和心境,乃至平静地接受结果,不怨天不尤人,始终保持向上不息的生命状态,这是君子的修养。手术毕竟对梁启超的健康造成了严重影响,此后身体状况明显恶化,不久即离世。古人云

(接上页)一书予以披露。梁启超此病,伍连德诊断为一种轻微肾炎(而非协和的结论"无理由出血"),并认为西医很难求速效,同意以中药疗治为好。而据著名中医唐天如的诊断,"病源在胆,因惊皇而起,胆生变动,而郁积于膀胱"(梁启超1926年8月22日给孩子们的信),据此梁启超推断其病起因于梁妻病重之时,而改服唐氏所开中药后,立见奇效,十剂后小便颜色恢复正常。但此后并未能断除病根,梁启超又不肯停下工作,操劳稍有过度病即复发,身体很快衰弱,不到三年即去世。考察整个过程,病因虽在内,手术和误割对梁启超体质的影响是直接且巨大的(他一向体力精力过人,家信中说医生在手术前后也一致称赞其体质强健、恢复奇速超乎常人)。

"平生所学,正今日要用"[1],面对生死考验,梁启超为世人展现了君子应有的修为境界,更重要的是,为"现代公民可以为君子"做了表率。

2020 年 3 月 30 日(庚子年三月初七)
改定于沪上毋画斋

---

[1] 古人对于修身之境界(效果)的检验,最看重生死之际的表现。佛家自不必说,儒者之间也往往以此衡量工夫学力。可参程颐关于邵雍的谈话:"邵尧夫临终时,只是谐谑,须臾而去。以圣人观之,则亦未是,盖犹有意也。比之常人,甚悬绝矣(按,此谓邵雍不以生死挂怀,虽与圣人之境犹有差距,与常人相比则已天地悬殊)。他疾甚革,某往视之,因警之曰:'尧夫平生所学,今日无事否?'他气微不能答。次日见之,却有声如丝发来,大答云:'你道生姜树上生,我亦只得依你说。'"(《二程遗书·伊川先生语四》)朱熹所撰《伊川年谱》载:"(程颐)于疾革,门人进曰:'先生平日所学,正今日要用。'先生力疾微视曰:'道着用便不是(按,此谓不应有意于用,胸中自然洒脱)。'其人未出寝门而先生没。"梁启超手术之事虽非临终,亦可类比,且观其临终前数日仍镇静自若,无私忘我之情形(参梁思成等述《梁任公得病逝世经过》),虽不能妄拟圣贤,允称今之君子。

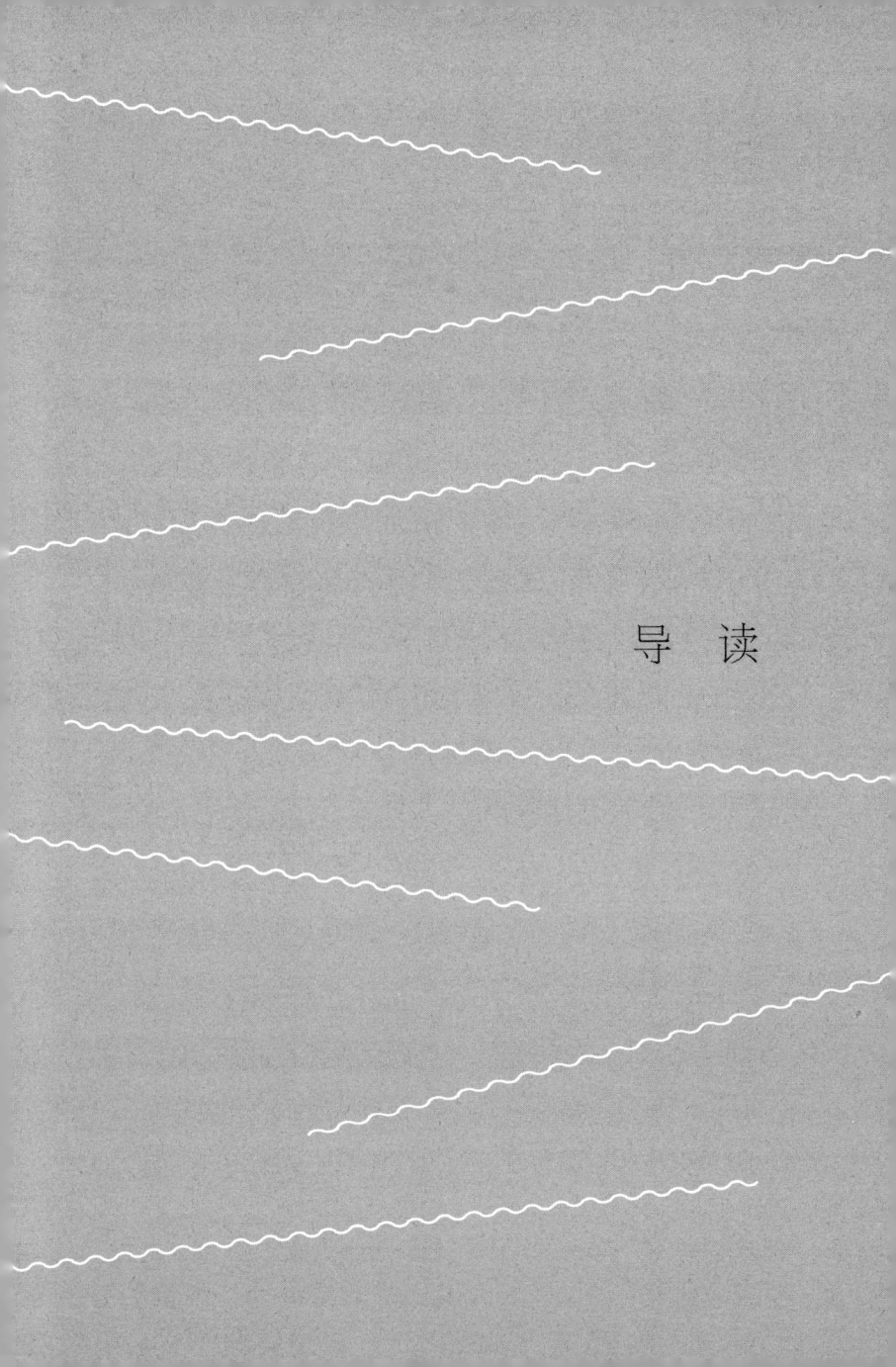

导 读

导　读

一、梁家满门俊秀

现代教育发展到今天,望子成龙、望女成凤的家长们充满了焦虑、困惑,甚至绝望。如今学校教育以及教育产业表面上高度繁荣,只要家长肯为子女投资,各种"优质"教育资源似乎唾手可得,哪怕漂洋过海,留学欧美也不是什么难事。即使贫寒的家庭,为了孩子的教育也罄其所有,甚或到处举债。然而,高昂的投资未必有相应的回报,反倒是催肥了庞大的教育产业和利益集团;就算少数人的投资有高回报,如子女获得高薪或高职,然其为人处世也常令父母或社会失望,钱理群先生所谓现在的教育正在培养出一批"精致的利己主义者"的说法,获得人们的普遍共鸣,甚至辛辛苦苦一心"栽培"出来的子女将拳头、将尖刀挥向了自己的父母。家长们也往往无所适从,不知如何是好,而往往被各色各样的培训机构所忽悠、所算计。现代教育病了?还是整个社会病了?当人们绝望之时,有人回望晚清民国,发现了一个教育的传奇:一个偏僻的小山村,一个寒素之家,竟然诞生出了中国近现代史上的伟大人物——梁启超;梁启超又进一步发扬家风,培养出了一大批梁家子弟,子女九人均龙跃凤鸣,其弟侄三人也使家门增色。

梁启超(1873—1929),字卓如,号任公,又号饮冰室主人,广东新会人。他既是中国近现代史上的风云人物,又是百科全书式的学术大师。不仅自身成就非凡,而且教子有方,他生养的九个子女(五男四女),个个为人中龙凤,且一门三院士,这在中国现代教育史上是极为少见的,堪称现代家庭教育的传奇。其中最著名的是三个院士,1948年中国首次设立院士制度时,梁家的两个儿子思成、思永同时当选,思礼则于1987年、1993年分别当选为国际宇航科学院院士、中国科学院院士。甚至,他的弟弟梁启勋、梁启雄和侄子梁廷灿在其引导和指点下也成为卓有建树的专家、学者。可以说,新会梁氏满门俊秀,星光灿烂。下面,我们来看看梁家的"人才大军":

1. 长女梁思顺(1893—1966),字令娴,诗词研究专家,曾在燕京大学任教。被梁启超昵称为"大宝贝""我的宝贝""思顺宝贝"。毕业于日本女子师范学校后,梁启超还专门在日本为她延请家庭教师,精心培养。她既是父亲的爱女,又是他的重要助手,甚至知音(梁启超写给儿女们的信,大部分是给思顺的)。编有《艺蘅馆词选》(1908年初版,后多次再版,该书是研究梁启超学术思想的重要参考资料)。丈夫周希哲(?—1938),马来西亚华侨,梁启超的学生,外交官,法学教授。

2. 长子梁思成(1901—1972),著名的古建筑学家、建筑教育家、建筑师,大学教授,社会活动家。1923年毕业于清华学校。次年赴美国留学,1927年毕业于宾夕法尼亚大学建筑系,获硕士学位。之后又去哈佛大学学习建筑史半年。1928年回国后,任东北大学建筑系首任系主任。1946年创办清华大学建筑系。1947年被美国普林斯顿大学授予名誉博士学位。新中国成立后,与妻子林徽音("徽音"是其本名,后改为"徽因")领导并参与中华人民共和国国旗、国徽图案及人民英雄纪念碑的图案设计工作。著有《中国建筑史》《中国建筑史图录》等,今人编有《梁思成全集》(10卷)。妻子林徽因(1904—1955),福建闽县人,著名建筑学家、诗人、作家。

3. 次子梁思永(1904—1954),著名考古学家,是中国第一个受过现代考古学系统训练的学者。1923年清华学校预备留美班毕业后,赴美国哈佛大学攻读考古学和人类学,获硕士学位。1930年回国后,在中央研究院历史语言研究所考古组工作,曾主持许多重要的考古发掘,对新石器时代和商代考古有重要的贡献。新中国成立后,带病坚持工作,曾任中国科学院考古研究所副所长。著有《梁思永考古论文集》等。

4. 三子梁思忠（1907—1932），小名忠忠，陆军上校。清华大学毕业后赴美留学，先后毕业于美国弗吉尼亚陆军学院和西点军校。回国后，加入爱国将军蔡廷锴的国民革命军第19路军，并很快升任炮兵上校。在1932年的"一·二八"淞沪抗战中，19路军浴血奋战，思忠表现相当出色。可惜在战斗中不慎喝了路边的脏水，结果患上腹膜炎不幸去世，年仅26岁，不然在军界的前途不可限量。

5. 二女梁思庄（1908—1986），著名图书馆学家，尤其是中国图书馆西文编目领域首屈一指的专家。小名庄庄、阿庄，被父亲昵称为"小宝贝"。1924年跟随姐姐、姐夫在加拿大渥太华读中学。1926年考入加拿大麦吉尔大学，四年后获文学学士学位。1930年考入美国哥伦比亚大学图书馆学院，一年后获图书馆学学士学位。归国后，先后在北平图书馆、燕京大学图书馆等从事西文编目工作。1952年开始担任北京大学图书馆副馆长。1980年当选为中国图书馆学会副理事长。

6. 四子梁思达(1912—2001),小名达达、达子,经济学专家。1935年毕业于南开大学经济系,并考上本校的研究生;1937年研究生毕业,获硕士学位。抗战期间在重庆中国银行总管理处和中国银行长沙支行任职。1949年后在国务院外资企业局(后改为国家工商行政管理局)任职。曾参加中国科学院经济所《中国近代经济史》的撰写,并于1965年主编《旧中国机制面粉工业统计资料》一书。

7. 三女梁思懿(1914—1988),被梁启超戏称为"司马懿",社会活动家,第六届全国政协委员。1933年考入燕京大学医学预备班,准备三年后进入协和医学院学医,后来为了参加革命,转入燕大历史系。1935年开始投身学生运动,是"一二·九"运动中的学生骨干,燕大学生领袖"燕京三杰"之一。1936年加入中国共产党。1941年,同丈夫一起到美国,在南加州大学历史系学习。毕业后曾在芝加哥大学图书馆工作,纽约社会学院任教。1949年归国,先后任齐鲁大学女部主任、山东白求恩医学院教师、山东省妇女联合会主席。1955年开始任中国红十字会国际联络部副部长、顾问,长期从事对外友好联络工作。

8. 四女梁思宁(1914—2006),小名六六,新四军战士,革命家。早年就读南开大学,1937年日军轰炸南开,被迫失学,是梁家唯一没有读完大学的人。1940年在三姐思懿的影响下,投奔新四军,次年加入中国共产党。1948年受"左倾"思想的影响,因她是"保皇党的代表人物梁启超的女儿"被开除党籍,自此蒙冤35载,直到1983年才恢复党籍。如果不是长期蒙冤,思宁在事业上当有所成就。当然,从人格、精神上说,蒙冤几十年仍保持坚定的信念和顽强的意志,未尝不是另一种成就。

9. 幼子梁思礼(1924—2016),被父亲戏称为"老白鼻"(即老baby),著名火箭控制系统专家,中国导弹控制系统研制创始人之一,国际宇航联合会副主席。1941年17岁的思礼随姐姐思懿赴美留学。1945年在普渡大学获学士学位。1947年、1949年先后在辛辛那提大学获硕士、博士学位。1949年10月学成回国,投身新中国的科技事业。他是中国自行设计的第一个地对地导弹控制系统负责人之一、远程液体火箭和长征二号运载火箭的副总设计师,为中国航天事业作出了重大贡献。曾获国家科技进步特等奖、国家科技进步二等奖、何梁何利基金奖、中国老教授科教兴国奖等。著有《梁思礼文集》《向太空长征》等。(按:梁启超还有一个最小的孩子,叫思同,小名同同,被梁启超戏称为"小白鼻",1岁多时因感染流行性肺炎而夭折。)

10. 二弟梁启勋(1876—1965),字仲策,著名词学家、词人,受梁启超的影响甚大,又是哥哥的重要助手。1893年入广州万木草堂,从学于康有为。后赴美国留学,入哥伦比亚大学学习经济学。毕业后回国,先后任青岛大学教授、北平铁道管理学院训育主任、中国银行驻京监理官、司法储才馆总务长兼会计等。著有《词学》《中国韵文概论》《稼轩词疏证》《曼殊室随笔》等,译有《世界近世史》《血史》等,善填词,结集为《海波词》。

11. 七弟梁启雄(1900—1965),字述任,著名学者,大学教授。在梁启超的安排下,进入南开中学、南开大学学习。20世纪20年代初,梁启超在南开大学授课,启雄成为其"入室"弟子。1925年,梁启超任清华国学院导师,启雄又成为其助教。故启雄在为人和学业上多得长兄指点。历任东北大学、北平交通大学、燕京大学、辅仁大学讲师,燕京大学中文系和历史系、北京大学中文系和哲学系教授,中国科学院社会科学部哲学研究所研究员等。主要研究先秦诸子学、史学,著作有《荀子柬释》《荀子简释》《韩非子浅解》《廿四史传目引得》等。(按:梁启超有弟四人,老二启勋、老五启业、老六启文、老七启雄。老五、老六为自耕农。)

12. 侄子梁廷灿(生卒年不详),图书馆学家。幼年时在新会旧制中学读书,毕业后常年随侍梁启超,成为其管家和私人图书管理者。在梁启超的指导下,学习目录学、图书馆学等。先后任清华国学院助教、国立北平图书馆编纂部馆员等。编有《(乙丑重编)饮冰室文集》、《饮冰室藏书目初编》(合编)、《梁氏饮冰室藏书目录》(合编),著有《历代名人生卒年表》《历代名人生卒年表补编》,另辑《宋词三种》。

二、梁启超家教之精神导向

梁启超子女(包括弟侄)的成才,首先在于他们接受了良好的现代教育,其中启勋、思顺、思成、思永、思忠、思庄、思懿、思礼还到海外留学,有的虽没有到海外留学,但在学问上得到梁启超较长时间的亲自指点,如启雄、廷灿。其次,梁启超还专门为子女延请家庭教师,以补现代教育之不足,如思顺在日本时专门为她请了不同学科的教师,再如梁启超曾请他的弟子谢国桢在家坐馆一年。但是,如果仅仅将教育的责任交给学校老师或家庭教师,认为这样就可以使子女成才、成"人",那么如今只要家境稍好谁又不能?我们除了让子女选这个名校、那个名校之外,还进各色各样的补习班、才艺班或单独为子女"开小灶"、请"名师",可以说"无所不用其极"。然而,现在又有谁家能比得上梁家呢? 更何况家长的付出也往往不尽如人愿。所以梁家满门俊秀的背后一定还有更为根本的东西。

于是人们将目光投向了梁启超本人的家庭教育。诸家言梁氏家教之方法亦多矣,如营造良好家庭氛围,表达父爱毫不含蓄,照顾子女无微不至,给予孩子充分自由,重视孩子的学习兴趣,言教与身教相结合,发挥孩子的"传帮带"作用,等等,所言均不错,但仍未深入到梁启超家教最根本的东西。这根本的东西是什么呢? 这就是梁启超教育子女时时处处流贯、浸润着儒家文化(尤其是修身之学)的血脉、精神、意蕴,无论是平时的言传身教,还是亲自给子女的授课(如1918年在家给儿女讲《孟子》)、与他们的大量通信等,无不如此。

梁启超所受儒家文化(包括修身之学)的影响首先来自家庭,然后又薪火相传给儿女(包括弟侄)。其祖父梁维清是一名秀才,不仅通过科举业接受儒家文化,而且还承继白沙心学之传统(陈献章,1428—1500,广东新会县白沙里人,人称"白沙先生",明代与王阳明并称,其开创的学派称为"白沙心学"),在日用酬酢间践行儒学,砥砺人格。他以宋明义理、名节教导后辈,日与后辈言古豪杰哲人嘉言懿行,而尤喜举亡宋、亡明国难之事津津乐道。父亲梁宝瑛是一位乡绅,也持守着儒家内圣外王之道:"先君子常以为所贵乎学者,淑身与济物而已。淑身之道,在严其格以自绳;济物之道,在随所遇以为施。"(梁启超《哀启》)母亲赵夫人,知书达理,相夫教子,谨守家风,以贤孝名闻乡里。祖父、父母的善言懿行、精神人格如时雨之化,滋养了童年梁启超的文化生命、德性生命,打下了深厚的儒家文化、生命之学的根基。青少年时代梁启超走出家乡,走向更广阔的世界,进一步接受了系统的儒家文化(包括修身之学)的教育。后来在其学术研究中,也有许多儒学研究著作或论文,如《儒家哲学》《孔子》等。可以说,在梁启超的一生中,其思想言论、为人处世到处渗透着儒家文化的血液、气息、精神。所以在其家教中,儒家文化(尤其是修身之学)如春风化雨,有形无形、有意无意中都融入子女(包括弟

侄)们的生命、精神中。具体而言,梁启超家教的儒家文化(包括修身之学)之精神导向主要包括如下五个方面:

1. 典范教育。所谓典范,即人格典范。儒家的学问,不仅指形成思想体系,而且更是指成就人格典范(如君子、圣贤)。儒家代表性的思想家,如孔子、孟子、朱熹、王阳明、曾国藩等无不是一代人格典范。梁启超为人往往以这些人物为榜样,以他们的思想、行为来要求自己,从而形成了自己的道德人格。曾任民国总统的徐世昌称赞其人格云:"此公无言不可谈,无人不可谈,以德性言之,当推海内第一人矣。"故梁启超注重以自己的人格典范潜移默化地影响子女(包括弟侄)。他致书子女说:"我自己常常感觉要拿自己做青年的人格模范,最少也要不愧做你们姊妹兄弟的模范。我又相信我的孩子们,个个都会受我这种遗传和教训,不会因为环境的困苦或舒服而堕落的。"1916年,梁启超与蔡锷一起讨伐袁世凯时,写有《从军日记》,目的是以自己为典范来教育子女。他对大女儿思顺说:"此《记》(即《从军日记》)无副本,宜宝存之,将来以示诸弟,此汝曹最有力之精神教育也。"所谓"最有力之精神教育",就是指人格的典范教育,即以自己这一时段的经历来教导子女如何面临困境、处理家国大事。

2. 经典教育。经典是一个民族的思想文化的核心价值之所在。如果经典能代代相传,那么一个民族的文化、精神命脉就不断。儒家一直重视经典的研究、教育、传承,翻一翻《四库全书》《续修四库全书》等大型文库中汗牛充栋的历代经学(包括五经、四书等)研究著作,就很容易明白这一道理。经典教育包括诵读、阐释、体悟、践行等环节。从人才培养的角度来说,这种教育旨在以经典中的思想来指导学子为人处世、立身树德。梁启超非常重视对子女进行儒家经典教育。思成11岁时,梁启超就教他读《孟子》,要求熟读成诵。22岁时思成惨遭车祸,住在医院,推迟一年留学美国,梁启超认为正好借此机会温习经典,要求他在医院"取《论语》《孟子》,温习谙诵,务能略举其辞,尤于其中有益修养之文句,细加玩味"。梁启超有时还在家里给子女讲经典,如1918年暑期,在家给思顺、思成、思永等讲《孟子》(他写信给二弟启勋,还希望他也来听)。他认为,尽管年龄不大的孩子们不一定能懂,不过有一个模糊的印象,但也能打一个初步的人生根基,待"数年之后,或缘心理再显之作用,稍有会耳"。也就是说,梁启超在家讲《孟子》,意在使《孟子》的思想因子在子女未来的生命中发酵、显现,从而涵养德性、锻造人格。

3. 仁慈教育。儒家的核心思想之一是"仁",表现于家庭,就是父慈子孝、兄友弟恭、夫和妇顺。作为父亲,梁启超在子女身上典型地体现了一个"慈"字。他关爱、呵护每一个孩子的成长。这种慈爱,尤其在家书中得到了充分体现。他一生写给孩子们的书信非常多,有人统计,这些书信几乎占到他著作总量的十分之一,总数或有百余万字。在这些家书中,我们看到慈父之爱到处流淌,"爱"透纸背,无比亲切。如对儿女常用昵称、戏称,称大女儿思顺为"大宝贝",二女儿思庄为"小宝贝",三女儿思懿为"司马懿",小儿子思礼为"老白鼻"。思成、思永、思庄在国外留学的时候,经常写信给他们,关心他们的生活，指导他们的学习。在子女专业的选择上，他既考虑学科的发展，又尊重子女的兴趣和选择。如思庄留学美国，因为国内生物学几乎是一片空白，梁启超本希望她学生物学。但思庄学了很长一段时间后，对生物学不感兴趣。他得知此事后，不仅没有责骂女儿，反而写信安慰她，让她按照兴趣选择自己喜欢的专业。得到父亲的支持后，思庄选择心爱的图书馆学专业，后来成了一代图书馆学家。甚至对子女的爱情婚姻，梁启超也心细入微，如思成与徽因的爱情，就是他有心促成的，婚后又教导两人如何相濡以沫、患难与共，以至两人的爱情婚姻成了现代婚姻史上的一段佳话。当然，对于子女为人处世上存在的问题和不足，他也加以批评，如曾批评思成不懂处世之道。

4. 忧患教育。孟子讲"生于忧患而死于安乐"（《孟子·告子下》），强调在忧患中成才，在忧患中兴国。可以说，儒家具有深刻的忧患意识。梁启超将这一意识贯穿在子女的教育中。他虽爱子女，但从不溺爱，而是教导子女在忧患、挫折中成长,以此磨练意志、砥砺人格。如他对思忠说:"你们谅来都知道,爹爹虽然挚爱你们,却从不肯姑息溺爱,常常盼望你们在苦困危险中把人格磨练出来。"他认为,安适的环境易使子女懒散堕落,而困苦的境遇反而使其砥砺前行。1912年梁启超结束流亡日本的生涯,回到国内,一时名利双收,生活舒适,子女也过上了比较富裕的生活;而1916年他与蔡锷冒险策划反对袁世凯的"护国运动",有可能失败,而导致整个家庭陷入困顿,使子女重新过上艰苦的生活。他认为,如果万一失败对子女的成长来说也未必不是好事,而即使成功也不再做官,否则子女易成为纨绔子弟。他对思顺说:"汝辈小小年纪,恰值此数年来无端虚度之岁月,真是此生一险运。吾今舍安乐而就忧患,非徒对于国家自践责任,抑亦导汝曹脱险也。吾家十数代清白寒素,此乃最足以自豪者,安能逐腥膻而丧吾所守耶?此次义举虽成,吾亦决不再仕宦,使汝等常长育于寒士之家庭,即授汝等以自立之道也。"当思成遭遇车祸,身体落下终身残疾,并推迟一年留学美国时,他开导思成说:"人生之历途甚长,所争决不在一年半月,万不可因此着急失望,招精神上之萎蘼。汝生平处境太顺,小挫折正磨练德性之好机会。"总之,梁启超常对子女提撕这种忧患意识,使他们在较为困苦的环境中立德成才。

5. 功夫教育。儒家学问最讲究功夫,功夫论是儒家思想的重要组成部分。所谓学问功夫,包括为学所需要的方法、手段、技巧、时间等。如朱熹提出,为学"譬之煎药,须是以大火煮滚,然后以慢火养之",如此学问乃有所成。所谓"大火煮",是指学习的前一阶段要猛烈用功、研习;所谓"慢火养",是指后一阶段要优游涵泳、细细体悟。后来曾国藩对子弟言学,也承继朱熹之法。梁启超吸收朱熹、曾国藩的这种功夫,要求子女为学"猛火熬"和"慢火炖"二者并用,但他因材施教,因病发药,看到思成和思庄太过用功,于是与朱、曾之法稍异,他们更强调前者,而梁更强调后者。他致书思成说:"你生来体气不如弟妹们强壮,自己便当格外撙节补救,若用力过猛,把将来一身健康的幸福削减去,这是何等不上算的事呀……我国古来先哲教人做学问方法，最重优游涵饫，使自得之。凡做学问总要'猛火熬'和'慢火炖'两种工作循环交互着用去。在慢火的时候才能令所熬的起消化作用融洽而实有诸己。思成，你已经熬过三年了，这一年正该用炖的功夫。"对思庄也如此说："姊姊来信说你用功太过，不时有些病。你身子还好，我倒不担心，但做学问原不必太求猛进，像装罐头样子，塞得太多太急，不见得便会受益。我方才教训你二哥，说那'优游涵饫，使自得之'，那两句话，你还要记着受用才好。"对思成、思庄这种学问功夫上的具体指点，可见梁启超家教重功夫教育之一斑。此外，对思顺、思永等也有相关的功夫指点。

以上所言，只是一个大概，其实内容远比此丰富，读者可在本书的题解和原文中进一步去感受、体验、吸取。总之，梁启超作为一个深受儒家文化（包括修身之学）影响的现代学者，在其家庭教育中充分贯彻了这种文化的精神、理念、方法，并取得了极大的成功。这说明儒家文化（包括修身之学）对于塑造孩子的道德、人格，提升其学问、能力，均具有相当大的积极影响。这也就是我们编辑、选评梁启超家教文献的目的和意义之所在。

三、本书的主要内容和编纂体例

本书全面收录梁启超论家庭教育方面的文献，共130余篇，包括梁启超写给家人的书信以及相关的文章。文献来自《梁启超家书》《南长街54号梁氏函札》《饮冰室合集》《梁任公先生年谱长编》等。本书对所选文献进行编辑、整理、评注等，主要内容如下：

1. **导读**。正文前置一导言，主要介绍梁家"人才大军"的生平简略以及梁启超的家教思想、家教精神等。

2. **本书分类**。全书分为三部分：一是书信。现存梁启超一生给家人的书信有650余通，其中给儿女的信最多，有400余通，本书从中选择有关家庭教育者，包括修养、为学、情感、处世等，并依据时间顺序编排。二是身世、家世与亲人。梁启超童年深受祖父、父母的影响，婚后与夫人李蕙仙在思想、道德上相互促进、提高。这是他本人所受到的家庭教育,这些也无形中传承给了女儿(及弟侄)。此外,夫人李蕙仙对儿女的成长也有一定的影响。又,1916年梁启超与蔡锷一起发起"护国运动",经历了一次人生之磨难,并记录了此次经历,以示为儿辈之教育读本。该部分选录了6篇相关文章,并依时间顺序编排。三是家庭讲学、教育文稿。1909年至1910年、1918年夏,梁启超两次为子女集中授课,其中1918年的授课完整保存下来了,即《读孟子记》。1926年12月,梁启超在北京学校讲演会、清华大学分别讲《王阳明知行合一之教》,同时又印出来作为儿女的教育材料。该部分收录此二文,并附录《论女学》(其中涉及家庭教育问题)。

3. 所收书信的题名。该书内容以书信为主,其他文章只有10篇。书信原无文题,均为本书整理者所加,因书信内容较广,所加副标题只是为了突显其重要内容,未必能概括其所有内容。个别书信有所删减。

4. 评注。其内容有二:一是题解,包括文章的背景介绍、主要内容的概括、点评等；二是少量注释，主要注释少数较难懂的字词、较陌生的人名（字号）和外文异译等，部分注释参考了胡跃生先生校注的《梁启超家书校注本》（漓江出版社，2017年）。

5. 标点。文献选自《饮冰室合集》者只有句读，现加新式标点；选自其他文献者原有标点，少量不规范或错误处，则迳加改正，不作说明。

此外，需要指出的是，本书无论是对于大人如何做家长，还是孩子如何成才、成"人"，均大有裨益！

2019年4月江右彭树欣识于

江西财经大学人文学院

1

给孩子们的信

1912 年

与思顺　心境泰然,绝无着急

题解:在日本流亡 15 年后,梁启超于 1912 年 9 月末自日本神户启程归国(而其家人暂时仍留在日本),10 月 5 日到达大沽口,在舟中滞留了 3 日。这是 8 日写给大女儿思顺的信,可见其当时的心境。

今日初八了,吾侪犹在大沽口也。十五年前,仓皇去国,在此地锢闭十一日,今兹得毋亦须作一应笔耶? 望归国,望了十几年,商量归国,又商量了几个月,万不料到此后,盈盈一水,咫尺千里,又经三日矣。何时能进,尚如捕风,此种港湾,大约除我堂堂大国外,全球更无他地可拟。

终日锢在此丈室中,世界上事百无闻见,亦不知京师曾否闹到天翻地覆,亦不知世界上已亡了几个国,惟觉日长如年,惟以叶子戏[1]度日。寒暑表下至五十度,搜尽衣箧,身臃肿如牛腰,寒犹彻骨,船上食品已尽了,西洋料理一变为日本料理,明日恐并日本料理亦备不起了。烟卷亦尽了,核桃、花生之类,则数日前早尽了(小轮船不能来,故食物不至)。

大约总待汝德猷[2]叔来,一同登岸也。我却心境泰然,绝无着急,所最念者,岸上来接诸君耳。昨日本拟一电相告,以小轮船不来,故不能发,想正悬念。今特琐琐相告,可并禀高堂[3]。

示娴儿。

饮冰　初八午大信丸舟中

---

[1] 叶子戏:类似现代纸牌游戏,有人认为现代扑克起源于中国的叶子戏。
[2] 德猷:即梁德猷,梁启超从弟,曾任《庸言》杂志发行人。
[3] 高堂:指梁启超父亲;后文又称"重堂",是从梁启超子女的角度称呼的。

与思顺　吾虽终日劳劳，精神逾健

题解：这是1912年10月11日写给思顺的信。告知女儿自己到达天津城后所遇之诸事；信末交代思顺天气渐寒劝祖父不要睡地上，并问及思顺课业和思成之病，一片家庭情深。至于自己，虽终日忙碌，而精神状态甚佳。

到津后情形，由汝叔报告，想先达。三日来无一刻断宾客（唐绍仪及前直督张锡銮皆已来谒，赵秉钧、段祺瑞皆派代表来）。门簿所登已逾二百人矣。各省欢迎电报，亦络绎不绝，此次声光之壮，真始愿不及也。张謇、黄兴皆候三日，因初十在湖北开国[庆]纪念，彼等候至初七不至，遂皆往鄂耳。汝所发电报，误初五为初三，故自初二日各人麇集，客邸俱满，诸熟人向荷丈戟手唾骂，谓误电害人，统计所损，将及十万，要荷丈赔偿损害云云。然正以此，故今日各人次第归京

（人人盘费皆竭），此间又稍得清静也。明日礼拜六，又将纷纷来矣。

连日赴共和、民主两党欢迎宴及演说会，又地方官纷纷请宴，应酬苦极。寓中则分三处，客厅无时不满，大约总须十日后，乃能回复秩序也。共和、民主两党合并已定，举黎为总理，吾为协理，张、伍、那皆退居干事，大约一月内（现甚秘密）成立发表，国民党亦曾来交涉，欲请吾为理事，经婉谢之，彼必愤愤，然亦无如何也。入京期尚未定，项城颇盼速往，吾约以两旬后或竟俟新党成立后乃往，亦未可知。[1]

此间屋小不敷住，一月后或将迁居，然总住津，不住京也。

祖父大人近体何如？天气渐寒，总以不睡地为宜，可婉劝。吾虽终日劳劳（惟未得一好跟人，颇不便耳），而精神逾健，亦因诸事顺遂，故神气旺耶！汝功课如何？所听受能领悟

---

[1] 此段所涉人名，"黎"为黎元洪，"张"为张謇，"伍"为伍庭芳，"那"为那彦图，"项城"为袁世凯。

否?随时告我。思成病全愈否?本月家用尚充否?现尚未收报款,故不能寄来。北方今年大约无事,住此极可安适,勿念。

此示娴儿。

饮冰 十月十一日

与思顺 当念光阴难得,黾勉日进

题解:这是1912年10月13日梁启超在天津写给思顺的信,谈及政事,并及家事。其从弟德猷希望梁李夫人早日归家,打理家务,而他则以女儿学业为重,欲待女儿学业完成(当时梁启超专门为思顺请了日本家教),然后让家人归国。信末希望女儿珍惜光阴,用力学业。

汝德叔已至,亦阻潮一日也。前电及函想俱达,连日应酬之繁如故,惟各事进行,一日千里,虽繁冗,亦不觉其苦也。

现所难处者,惟国民党欢迎入党一事,彼已二次专人来劝驾,然此安可者,只有拒绝之而已。共和、民主两党大约两旬后联合成立,两党党员皆有"哀鸣思战斗,迥立向苍苍"之意,选举胜利可期,然自兹以往,当无日不与大敌相见于马上,吾则必须身先士卒也。项城约早入京(迟早本无不可,因莫礼逊[1]由英新归,欲就我决定借款问题。顷复有一事,北京大学堂学生正反对新校长,闻吾至则向政府要求任我就此职,今日各科各派代表四人来津,求我承认,已力辞之矣),同人意欲俟大党成立后乃往,顷荷丈方在京,待彼来乃能定也。

项城月馈三千,受之与否,亦尚未定,旅费、家费皆极繁,恐不能不受也。党成后,此间诸事稍定,尚须往鄂一行,寓所或须移至京(项城已为我备一宅,我若不往,即命鼎父[2]看

---

[1] 莫礼逊:又译为莫理循(1862—1920),苏格兰人。曾任《泰晤士报》驻华首席记者。1912 年受聘为中华民国总统政治顾问。
[2] 鼎父:即杨维新(1883—1958),字鼎父(甫),广东新会人,长期追随、协助梁启超。

屋也)。

汝叔因言语不甚通,料理家务极苦,日言须汝母来,吾意无论如何,必须俟汝听讲毕业,然人事难知,或不及待,亦未可知,当念光阴难得,黾勉日进,诸事可禀祖父大人知之。

此示娴儿。

饮冰　十三日

与思顺　宜常侍游祖父以慰岑寂

题解:这是1912年10月17日梁启超在天津写给思顺的信。谈及政事应酬之苦以及希望女儿学业完成后家人再归。尤其向女儿询问祖父心绪如何,要她常侍游其侧以慰其孤寂之怀,一片孝敬之情跃然纸上。

连日两党议合并,大略就绪。吾准二十日入京,在京小住四五日，即须赴鄂。京中行馆，一切由总统府供张，即前此用以馆黄氏[1]者也。此次项城致敬尽礼，各界欢腾，万流辏集，前途气象至佳也。惟应酬苦极，夜不得睡，今日虚火涌上，牙痛大作。

遥思须摩、箕面间[2]，菊花正肥，枫叶将赤，携酒跌宕，为乐何极！无端预人家国事，尘容俗状，良自怜也。

祖父大人比来心绪何似？宜常侍游以慰岑寂。汝学业何如？能听受领会否？吾于一身起居饮食，既不惯料理，加以此间食客日常十数，仆役亦十余人，汝叔言语不甚通，荷丈[3]又无暇，在理非汝母归来不可（汝母归后家费月当省百数）。然吾欲汝学成，不思移家也。客散将睡，辄复作此。

娴儿读。

饮冰　十月十七日

---

[1] 黄氏：即黄兴。

[2] 须摩、箕面：为日本两个名胜风景区。须摩即须磨。

[3] 荷丈：即汤觉顿(1878—1916)，原名叡，又名刚，字觉顿，号荷庵，广东番禺人。康有为弟子，与梁启超交往密切。丈，对老年男子的尊称。

项城书呈祖父一览。

与思顺　吾一身实为北京之中心

题解：这是1912年11月1日写给思顺的信。10月他从日本回到国内，受到政府和各界的热烈欢迎，并到处受邀发表演说，人气集于一身，一时成为北京舆论之中心。此足见梁启超十几年来所积累之影响及其处世应变之能力。其中的苦乐一一向女儿陈述。

今日居然返天津矣。在京十二日，可谓极人生之至快，亦可谓极人生之至苦，今拉杂为汝告，可据禀重堂。

大概情形，各报俱载，汝叔闻已按日寄返，想已见。一言蔽之，即日本报所谓"人气集于一身"者，诚不诬也。盖上自总统府、国务院诸人，趋跄惟恐不及；下则全社会，举国若狂。

此十二日间，吾一身实为北京之中心，各人皆环绕吾旁，如众星之拱北辰。其尤为快意者，即旧日之立宪党也。旧立宪党皆以自己主张失败，嗒然气尽，吾在报界欢迎会演说一次，各人勇气百倍。旬日以来，反对党屏息，而共和、民主两党，人人有"哀鸣思战斗"之意矣。国民党经此刺激，手忙脚乱，其中大部分人皆欲来交欢，其小部分则仍肆攻击，党中全无统一，狼狈之态尽露。彼党不开欢迎会，则恐为人所笑，开会则有一部分暴乱分子，更恐闹笑话，卒至会议数日，决意欢迎，而相约不许有暴动。彼党欢迎之日，吾党人多忧虑，劝勿往，吾则决然往。实则彼之主席（孙毓筠主席，其人乃老同盟会，前任安徽都督者也）。述欢迎词，亦极诚恳，吾一场演说，更令彼人人感动。其后胡瑛继起演说，语亦极挚，此真出意外也。吾在京旬日，无一日不演说，吾素不善演说，然在中国内，人人几以为闻所未闻，咸推我为雄辩家，中国人程度亦太可怜矣。吾每演说一次，则增一次效力，吾党之热心，达于沸度矣。

此次欢迎，视孙、黄来京时过之十倍，各界欢迎皆出于心悦诚服，夏穗卿[1]丈引《左传》言，谓"国人望君如望慈父母焉"。盖实情也。孙、黄来时，每演说皆被人嘲笑(此来最合时，孙、黄到后，极惹人厌，吾乃一扫其秽气)。吾则每演说令人感动，其欢迎会之多，亦远非孙、黄所及。在京十二日，而赴会至十九次之多，民主、共和党各两次（一次演说会，一次午餐会），统一党、国民党各一次，其他则同学会、同乡会、直隶公民会、八旗会、报界、大学校（国学会、政治研究会）、工商会，尤奇者则佛教会及山西票庄、北京商会等。吾既定本日出京，前日则各团争时刻，以至一日四度演说，若再淹留，则不知何日始了也。

昨日吾自开一茶会于湖广会馆，答谢各团，此会无以名之，只得名之曰"李鸿章杂碎"而已，政界在焉，报界在焉，各党在焉，军人在焉，警界在焉，商界各行代表在焉，蒙古王公

---

[1] 夏穗卿：即夏曾佑(1863—1924)，字穗卿，号别士，浙江杭州人。梁启超好友。

在焉,乃至和尚亦到十余人(内中有一和尚,汝叔谓为酷似鲁智深,吾不知汝叔几时曾见智深也)。杂遝不可名状,可谓自有北京以来未有之奇观矣。

每夜非两点钟客不散,每晨七点钟客已麇集,在被窝中强拉起来,循例应酬,转瞬又不能记其名姓,不知得罪几许人矣。吾演说最长者,为民主党席上,凡历三时,其他亦一二时,每日谈话总在一万句以上,然以此之故,肺气大张,体乃愈健。又每日坐车总有数时,车中摇动,如习体操,故胃病若失。可惜者,每日不得饱食(治胃病甚好)。盖各团皆请食西菜,日日望得食一京菜而不可得也。

最舒服者,来往皆坐专车,吾国火车本优于日本,专车则有客室,有睡房,此后来往京、津间,皆坐专车,此亦各国所未有,而在共和国尤为笑话,亦只得安享之而已。

有一大问题极难解决者,则为洗澡,到京后未尝得一浴也(汝叔居然偷浴一次,然彼每日必浴,今十日仅得一浴耳)。

至今返津,仍无从解决。

到京十日,稍添衣服买器物,已费去五六百金,各种食用车马费在外,盖皆由别人供应也。

各省都督纷纷电迎,黎宋卿[1]派人来迎,不日将到,然吾必稍安息乃行也。

吾逛琉璃厂已两次矣,买得许多文玩(一二日内托船主带返),赏诸孩并赏家中诸叔及诸姑,惟无一物赏汝者,赏汝一部《苏集》[2],然仍拟留在此间,汝若气不分,则迟日寄汝亦得。

项城月馈三千元,已受之,一则以安反侧,免彼猜忌;二则费用亦实浩繁,非此不给也。

东中尚存款几何?暂足支家用否?吾当按月寄五六百来,祖父大人若欲归粤,则当别寄千金来,粤中家事大约非祖父一归整顿不可,汝四叔不知闹到若何田地矣。

---

[1] 黎宋卿:黎元洪(1864—1928),字宋卿,湖北黄陂人。曾任中华民国副总统、总统。
[2] 苏集:即《苏东坡集》。

汝母可暂勿来，吾行踪无定，大约到鄂后，尚须历游东南各省，盖各省人士，皆望我如望岁也。此间家事已可渐就整理，汝叔已渐惯矣（家中壮士及仆役几二十人，日间当稍裁汰）。

吾极喜欢北京房子，汝叔始终攻击，谓一返天津，如登天堂，吾不谓然。然吾实不能居京，居京则卖身于宾客而已。

吾从今日起，拟谢客十日，未知能否。然所欠文字债，已如山积，亦非能安逸也。

吾相片即印一百张寄来，《商报》旧码、美洲密电码即寄来。

两党合并必成，各报言难成者，消敌党之忌耳。党成后项城许助我二十万，然吾计非五十万不办，他日再与交涉也。欲言甚多，今已倦极，不复书。

示娴儿。

饮冰　十一月初一晚

与思顺　思成学课归汝监督试验

题解：这是 1912 年 11 月 9 日、10 日写给思顺的信，主要与思成、思顺学业有关。其中特别交代思顺要监督思成学业，如其有进步，则奖励仿宋本《四书》一部。这就是所谓发挥孩子的"传帮带"作用。

昨日文卿带去各物，有象箸、银匙、银碟及绒帽、棉鞋，皆呈重堂者也。不知适老人意否？可以告我。

《苏集》吾实欲留读，吾此间竟无一本国书，欲购则价太重也。以汝太向隅故，以畀[1]汝耳。吾尚得仿宋本《四书》一部（王文敏公[2]旧藏本）。吾留以自养矣。思成学课归汝

---

[1] 畀：音 bì，给，给以。
[2] 王文敏公：王懿荣(1845—1900)，清末名臣。近代金石学家、鉴藏家、书法家，对殷墟甲骨文的发现和保护有重要贡献。1900 年殉职，谥号文敏。

监督试验,若至明年二月,汝出报告谓其有进益者,吾则于其生日时以此赉之。文玩中有未刻字者,可分些与思静[1],不然彼太向隅矣。

九日午

今日武昌复有电来询行期,然吾现时乃断不能行,吾报中文十未及一也,究竟不知能否有作文之时日?奈何!奈何!

津村[2]已归否?汝学课有无间断,观汝来书,似各教授未能按日来,何耶?

祖父思南归否?若需款可电告筹寄,留债尚负几何耶?

示娴儿。

饮冰 十日晚

吾照此体例每日有暇,辄写数行,汝亦可用此法。

---

[1] 思静:梁思静(1909—1918),梁启超第三个女儿,王桂荃生,未成年,因病夭折。

[2] 津村:梁启超为思顺所请的日本家庭教师之一。

与思顺　欲令思成往青岛"留学"

题解：这是1912年11月12日写给思顺的信，主要商量思成就读之事，想让思成回国后到青岛读书，让其年少即能独立。此外，又言及因考虑思顺学业，才推迟家人归国。在后来的书信中还多次提到此事，可见梁启超对女儿学业的重视。

可托书林向黄幼达购《人境庐诗》二十部（寄四十元往）。即托大信丸船主带来最妙，若赶不及，付邮亦可。

日来颇有意欲令思成往青岛留学[1]，汝叔主持尤力，其实吾十二岁即离父母独学于省城，明年思成十四矣，有何不可？可与汝母一商，若彼体质平复后，即可作此预备也。住家在青岛亦甚好，但终觉不甚便耳。彼处离此间只一日车路，思成在彼，吾及汝母与汝亦可常往视

[1] 这里所说的"留学"是指外出就读。

之也。

汝学课究能受益否？教习有缺课否？暂不移家专为汝耳。苟非尔者，诚不如移归之为便也。

荷丈及汝叔辈常有行乐之地，我则私权尽被剥夺，可愤之至。荷丈谓我为三个字所累，实则仅一个字耳。汝叔与我同了两个字，不为累也。荷丈又谓有坐专车之权者，即无任意游乐之权矣。一笑。

现在家务已大整顿，吾得二书童颇好，已无甚不便。

示娴儿。

十二日　饮冰

与思顺　汝学居然有味，吾甚慰也

题解：这是1912年11月13日写给思顺的信。他对思顺求学能进入"居然有味"之境，甚为宽慰。另，对于思顺未婚夫周希哲的教育也颇为上心，请专人教之。

七日书悉，汝学居然有味，吾甚慰也（吾书房陈设极美丽，恨不得汝来一观也）。法学一面教授何如？来禀可言及。吾演说稿已汇印，数日后便印成，盖共和党印以送人也。报定名《庸言》，十二月初一出版，顷正预备文字耳。

暗杀队无妨，此间守卫亦极严密，王同、郑福未觅得，然此间所用人皆有来历，可信也（在都时，上海同人四电催出京，吾尚赴国民党欢迎会也，所派来暗杀之人之姓名皆知矣，警道日使人尾其后）。厨房今由发[1]记管之，鄂行当俟来月。希哲[2]国文，汝叔已教之，顷柳隅复为任此也。鼎父觅事甚难，今仍使当校对，日内须入京（印刷所在京），住藻孙[3]处也。

---

[1] 发：即任发，生卒年不详，广东人。长期随侍梁启超，有武功。
[2] 希哲：即周希哲，思顺未婚夫，祖籍广东，马来西亚华侨，哥伦比亚大学国际法博士，外交官。1911年与思顺订婚，1914年成婚。
[3] 藻孙：李葆忠，字藻孙，梁启超妻李蕙仙的侄子。

示娴儿。

饮冰 十三日

与思顺　汝所学日入实际，思成字极有笔意

题解：这是1912年11月20日写给思顺的信。他亲自检查思顺的学业（思顺将自己的作业寄给了父亲），并对思成书法有长进，大为嘉奖。

数日来为俄蒙问题，吾直忙杀。又加以报须出版，每夜率皆两点钟后乃赶作文字，而鄂行又不容缓，故赶文更急，数日不作家书为此也。近日连接书至第七号，甚慰，甚慰。汝所学日入实际，可喜，问题答案大略无误，吾尚未暇细阅也。思成字极有笔意，再经一年数月，可以为我代笔矣。

祖父归心可少缓否？约月底乃能汇款来也。游存[1]处不可太伤感情，吾所以自处者，不欲受人指摘也。吾本月必须赴鄂，或不到沪而径返都亦未可知。

示娴儿。

饮冰　二十日

与思顺　　思成多用力于国文

题解：这是1912年11月24日写给思顺的信。此信仍谈及思成就学青岛之事，若往就学不必多做准备，只要利用时日多用力于国文即可。

黎宋卿已派人来接，吾将报中第三号文字作就即往（去时

---

[1] 游存：即康有为，游存为其别号之一。

须入京住两三日），欲小住即返津，暂不往宁、沪，不知能否？今为报所困，出游殊不自由，大约将来总须时时南下，时时北归，好在交通机关尚便也（若得吾往鄂电报后，有信可寄武昌共和党支部转交，吾在鄂最多不过十日，信可勿多寄也）。

思成往青岛，彼自愿否？吾观汝如此长大，尚像吃奶孩子一般离不开爹妈，彼乃能耶？若往不必多预备，但利用此时日多用力于国文可耳，他日有便，当更调查详细也。

廿四

与思顺　祖父年高，非迎养在此，则一日不能即安

题解：这是1912年12月1日写给思顺的信，主要谈如何安顿自己的父亲问题。梁启超归国后，其一身渐为全国政治之中心点，整日忙于政事，毫无闲暇。如何迎养老父，让其欢愉，安度晚年，是一件不易解决的难事。最后他决定迎父亲入津，同居一地，异室而

居,故祖屋三处,分别安顿自家、父亲和二弟启勋,自己有时间则去看望、侍奉父亲。梁启超向思顺吐露心迹,让她婉劝祖父(当时他在东京与儿媳、孙辈们住在一起),使他知道儿子的难处,这样处理也是迫不得已。此外,梁启超还承担未婚娶或未成年的弟妹的生活或教育责任,真具有"大哥风范"。不过,梁父最终还是选择了乡居,可能是体谅到儿子的难处,让其一心从事自己的事业。后来梁启超还曾力请父亲入津,未果。

顷《庸言》第二号文已全部脱稿,宾客亦皆散,故作此书商量家事,可呈祖父及汝母商之(方写至此,忽又有一帮政客来,以下乃隔三点钟后所写也)。

观现在情形,吾在京、津间当常住,十年以内,未必归粤,即归亦暂住数日即行耳。此并非因粤中治乱何如也,吾之一身渐为全国政治之中心点,故不能不常居于政治中心点之地。而祖父年高,非迎养在此,则一日不能即安,惟必须细婆[1]及家中诸幼姑、幼叔随侍而来,另宅而居,始有办法。

---

[1] 细婆:梁启超父梁宝瑛之妾,梁启超庶母。

今详言其故。吾之欲迎养,为承欢也。必祖父常能欢愉,然后兹愿始遂。然若使祖父独来,一则常悬念乡中诸幼,心常不适,然此犹小焉者也;二则在此间极寂寞,必至生闷,何以故?吾今极忙,情形不必多言,汝当可想而知,即以现在在津而每日见客、写信、作文无一刻暇,每夜非至三四点钟,诸事不能办了。现在尚未入党,尚未当国,犹且如是,转瞬旬日后,则党事遂加吾肩。明年正式国会成立时,苟吾党占多数,欲不组织内阁而不可得,试思其时之忙,视今日更加几倍者(吾现时最忧者此事,若能免此,则如释重负矣,然安可能者)。故吾决无能日日陪侍祖父闲谈之余暇。此外,各人皆有常职,如汝二叔现在为我身边刻不可离之人,每日代我会客、办事、出纳金钱、管理寓中诸务,亦无一刻暇(然现时或有事须命彼往沪,果尔,则吾目前已大不得了)。汝德猷叔在发行所(旭街十七号,离此不远),一身兼数人之役,其忙碌亦正相类。汝姑丈来时大抵须住京中印刷局,不能朝夕过从,诸人各干各事。祖父到来终日少人陪侍,必生恼怒,祖父一恼怒,则吾踧踖[1]无所容,必至百事俱废。即当未恼怒时,而吾时时刻刻惧恼怒之发生,精神无片刻能安,亦必至一事不能办而已。然吾今日之地位非同旧时,欲不办事,天下人安能许?我既已投身办事,以今日中国事之难办,处处若衣败絮行荆棘,身入其中即无日不与苦恼为缘。即归国以来仅一月耳,所遇可忧可恼之事已不知凡几,他日什伯[2]于此,又可想而知。就令家庭中一无拂戾,而精神已苦不支,若家事更益以困难,则人非木石,岂能堪此?而祖父独来居此,不能不生恼怒,此吾所敢断言也。又祖父独来就我而居,有种种不便处。吾此间宾客杂遝,出入无时,吾待之皆有分寸。然吾深知祖父之意,常欲吾所交之友皆一一晋见,一修子弟礼,而于有名有位之人为尤甚。然吾所处地位万不能凡一客来,皆告之曰:"吾有老亲在此,汝其一见也。"

---

[1] 踧踖:音 cù jí,恭敬而局促不安的样子。
[2] 什伯:十倍百倍。

又此间日日几皆有客共饭，饭时常常纵谭无数事，若有老人在座，则客皆拘束不便，且饭时若吾专应酬客耶，偶一为之，固无所不可，日日如此（实则几于日日宴客），老人又安得不怒？且客又岂能安者？不应酬客耶，吾地位又安能？若日日使老人独饭，更成何事体！故我必欲侍祖父同居于一地，而又必须异室而居。吾惟间日或数日往朝见而已。若此地有大屋分数院落可住多人，尚容易商量，然此间洋式房屋实无此类。以现所住荣街之屋，月租百三十元，仅有可住之房四间耳，将来汝母挈汝等归，已万不能与我同居（吾他日终须住京，然家眷必住津。吾若能躲避不组织内阁，则吾终东居津也），若汝等侍祖父住一屋，汝等又非能十分承欢。且祖父老矣，身边无人伺候，终觉不便，偶有小恙，则不便益加。吾既不能常侍，必易招恼怒，一恼怒，吾亦卒无以自容耳。

且诸姑、诸叔年已长大，更安能听其在乡废学，使之出外受教育，又吾之责也。故吾欲请细婆挈汝华姑、雄叔以下来津，另赁一屋而居，祖父即住其间。如此则共计此间所赁屋三处：吾常住办事处，荷丈及汝二叔同居焉；汝母所住处，吾留一室，设一书案、一卧榻，以备偶归；祖父所住处，则细婆率诸姑叔侍焉。吾惟常往朝，若无客时则往侍饭。该处用一厨子、两三仆役，家务若有为细婆所不能料理者，则汝两叔常往检点，不患不便也。祖父每日在寓时，则随意教汝诸姑叔，高兴出门，则或来我处，或到汝母所住处抚弄诸孙，或到汝德叔处闲坐（报馆发行所也）。食饭则随便，任在何处皆可。似此则祖父不至因闷而生恼，而吾亦惟享家庭之乐，更无家庭之苦，可以专用精神以办事矣。如此，并可请任儒先生来教汝诸姑叔，既令此老得以自赡，亦可陪祖父清谦也。

三姑婆孑然一身，亦并可迎来。惟有一事当订明者，则汝诸婶及汝叔不能来也（汝二叔欲接汝二婶来，则又当别论）。五叔来五婶不来则可。未婚娶之诸姑叔，他日各事吾当全负责任。其已授室而居者，则应在乡常居。汝五叔既成废疾，则汝五婶更宜使之独立料理家事，庶他日尚能自教其儿女。若出来则全然倚赖，他日更不了耳。至于汝四叔，则吾真不敢与之亲近,彼一来必使我身败名裂而已。此吾所拟大略办法也。要之,吾既不能返乡居,若祖父不来,则祖父既日念我,我亦日念祖父,此何可久者?若祖父独来与我同居,则祖父既不安,我亦不安(即汝等随侍祖父而来,仍不免此病),此又两失之道也。故非细婆及诸姑叔侍来不可也。为祖父计,无甚难处。来此后虽不免悬挂乡间诸叔婶,然既有数子各居异地,例如昔时有数子分途服官于数省,亦只能就养其一,而暂置其他,此无如何也。惟细婆舍不得五叔、五婶,且安土重迁亦情之常然,祖父无论住何处,细婆固应有追随服侍之义务。此则吾能以大义相责者也。且人生一世,安可不游他方,一开眼界。今若侍祖父来,则养尊处优,真如别有天地,为细婆计,亦何乐而不为此?若祖父以此谕细婆,当必从命也。且诸幼辈不来就学,他日又成废人,如何是了耶?

若祖父决意如此办法,则请年内或开春回粤,一部署家事,将诸婶析爨[1],毋使受汝四叔鱼肉,其诸婶若有不给,吾

---

[1] 析爨:分家,爨,音 cuàn,指烧火煮饭。

仍可接济之。祖父及细婆行后,家事益散漫,自无待言,然亦只得暂时不顾,充其量则公产为汝四叔盗卖尽耳。谅彼亦未必敢、未必能,即令如此,吾亦能照数赔出。吾此间现时一月所用,殆已买得起家中全产矣(连报馆一切开销,每月约四千五百也,然汝二叔除寄神户家用外,尚欲为我每月储留二千,大约尚能办到)。祖父何必断断[1]顾虑焉?祖父老矣,惟当就养此间,屏除杂念,含饴弄幼。若诸子已有室家者,听其自养,不宜复以此劳慈虑也。至若细婆不侍而祖父独来,吾虽不敢必谓不可,然以理论之,细婆必宜来分我之劳(奉侍承欢,本我全责,然我所处地位,非细婆分劳不可);以势论之,恐必有不便之处,致祖父不欢,而我尤万分狼狈,甚则着急生病,轻亦废时堕誉。故吾再四思维,惟有出于此一法也。此事可详禀重堂,婉劝决定。吾一切揭开,直言毫无所隐,谅祖父必不嗔责,如有嗔责,则汝为我引愆求恕可也(吾百忙中作此长函,实不易)。

  汝所学精进,吾甚喜慰。货币问题答案十条,条条无误

---

 [1] 断断:争辩的样子。断音 yí。

（汝师谓何如）。从此加勉，他日必能传吾学，且能助吾，不让汝叔矣。吾实欲汝毕此一年之业，但汝不能离汝母，而汝母久不归，吾甚不便。万一汝叔有事他往，则吾更不得了，吾今已甚忧此矣。故欲将汝学科缩为半年，至明年三月杪（阳历），则全眷归国。缩之之法：其一则请津村将经济学讲义稍加省略或添时间；其二则讲法学通论时将民、刑、商等法删去，而惟讲宪法、行政法大意，此两法吾必欲汝稍得门径也，得门径则可以自修矣。可以此意商津村，吾日间亦当专函与彼商也。且思成若往青岛，亦当在七月前往，终不能待汝一年也（彼或迟一年往亦无不可，顷尚未查确）。此着若定，则加纳町之屋，不妨与中村预商，或可通融办理，此事可禀汝母商行。

鄂行或稍缓，顷屡接多处警报，群小日谋相害，派暗杀队无算，彼辈所忌者惟我与项城。此亦无怪其然，吾向不信彼辈之能奈我何，然多人苦劝（项城其一也），亦只得勉徇众意，大抵终须一行，惟时日未定耳。

汝勋学宜得赏，吾有极精美之文房品赏汝，但恐未必有便人耳。思成学进,亦更有赏也。

示娴儿。

饮冰　十二月初一

与思顺　令思成熟诵《四书》,吾游曲阜极思挈汝行

题解:这是1912年12月5日写给思顺的信。此信涉及儿女学业事有二:一是让思成熟读《四书》,直至能背诵;二是欲思顺学宪法、行政法、经济学等课程。从要求思成背诵《四书》看,梁启超是非常重视少儿的经典背诵工夫的。这是来自其家庭传承,他儿时甚至连《史记》都背诵。

十二、十三号禀皆收。

祖父南归一行,自非得已。然乡居如何可久,且亦令吾常悬悬。望仍以吾前书之意,力请明春北来为要。前托刘子楷带

各物,本有虾油、辣椒两篓(津中尤物也,北京无之)。后子楷言放在车中恐有气味,为人所不喜,故已抽出矣(又小说两部,呈祖父消闲)。其中有摹本缎两段,乃赏汝两妹者,人各一套(问思庄何故写信与二叔而不与我,岂至今尚未得闲耶),其外国缎一段则赏汝者也(汝三人将所赏衣服穿起,照一相寄我)。金器两件赏汝,汝两妹亦各一件。此次汝姊妹所得独多,汝诸弟想气不分矣。然思成所得《四书》乃最贵之品也。可令其熟诵,明年侍我时,必须能背诵,始不辜此大赉也。吾游曲阜可令山东都督办差(周督旬日前方来谒),张勋派兵护卫,吾亦极思挈汝行(若国内一年内无乱事,吾又一年内可以不组织内阁,则极思挈汝遍游各省),俾汝一瞻圣迹,但又不欲汝辍学耳。

津村先生肯别诲汝中央银行制度,大善,大善。惟吾必欲汝稍学宪法、行政法,知其大意(宪法能讲比较尤妙),经济学亦必须毕业,而各课皆须于三月前完了。试以商津村何如(诸师乞书,日内当寄)?经济学吾曾为汝讲生产论,故此可稍略,交通论中之银行货币既有专课,尤可略,然则亦易了也。荷丈月入已八百,尚有数部力邀彼往(其职约当前清之三品京堂)。若皆应之,则千余金可得(但今者报馆缺彼不可,印刷局在京,非彼莫办也)。而鼎父至今无著落,汝诸表兄日日来嬲我求差事(小四、小八皆不自量,小八指缺硬索已四五次矣),吾亦无能为助。甚矣,人贵自立也。

示娴儿。

饮冰　十二月五日

《韩集》本欲留读,因濒行曾许汝,故复以赉汝。吾又得一明刻本《李杜全集》,字大寸许,极可爱,姑以告汝,却不许撒娇来索。思成若解文学,则吾他日赏之。

与思顺　告汝母切切不可再投机

题解:这是1912年12月某日写给思顺的信。当时梁启超已归国,而家人仍留在日本。夫人李蕙仙因家用困难,在日本做投机生意,而血本无归,造成家庭日用更加紧张。梁启超寄钱给家里,一是作为家庭的开支,一是补李夫人的亏空。他要思顺力谏其母千万不可再投机,另要女儿瞒过祖父,以免老人生气。

顷电汇四千,想先此书达。书言二千者,恐祖父见家费多或生恼怒也。当告汝母切切不可再投机,若更失败,吾力亦实不逮也。本年不再寄家费可否?老吴[1]手法实不高妙,汝叔辈不放心用外人,牵率吾夫仍食初九下等之馆子菜,可谓冤极。然权在彼手,吾无如何也(我若反对,将并下等菜亦不给吃矣)。我依然不名一钱,财权在汝叔手,吾独奈何?一笑。局面稍定,风波稍平,吾必易名厨,以偿口腹耳。

昨书言今日电四千,因荷丈终日会客,款未取得,明日当电,惟电二千,其二千则票寄也。北江[2]处吾前月曾寄与二百,彼入东京或适得此款时亦未可知,不必深怪彼。故者

---

[1] 老吴:梁启超归国初居天津时请的厨子。
[2] 北江:即康有为。康有为,南海人,又称康南海或南海,此处"北江"为"南海"之反说。

无失其为故,凡事须为我留地步也(切嘱,切嘱！岂可令人诮我凉旧者)。吾若稍自贬损,月入万金不难,然吾不欲尔尔。今汝叔主意除两处家用外,欲为我每月储蓄二千,不知究能办到否？听汝叔为之可也。此间自费有限,一切房租、食用、工钱等皆报馆数,吾所用惟添置衣物及车马、请客等费耳。可以此告慰汝母。但宜力谏汝母,勿再投机,倘再失败,汝叔不允救济,吾亦无法也。藻孙陕款已交。

(此纸不必呈祖父。)

来禀称汝母为投机失败,忧心如焚,殊可怪。汝母何至不达如是(吾前书所言,凡以戒再举耳)。凭吾之力必可令家中无忧饥寒,汝母但专用力教诲汝辈足矣,何必更驰念及此耶？但此后必当戒断(切勿再贪此区区者),不可更为冯妇耳。此数日内先后电汇、票汇共四千,可敷本年用否？来禀可详言之(究竟现在未偿之债尚几何,所需总数可详禀汝叔),此间尚随时可寄。顷汝叔以思成名义存万金于正金(定期预金防我滥用,汝叔专制极矣)。汝叔之意,总欲稍积储以备不虞也,可持此慰汝母(汝母生日吾本欲买些物奉寄,前日亲自出门一次即为此,乃徒为汝买金器、衣料等,竟不得一物与汝母,汝却借此荫得许多物矣。汝母所要之物必为不值钱者,如火锅也,棉烟也,我却无法带来。王姑娘[1]亦未得一物,汝可问彼所欲,吾明年开河时赏之)。

与思顺　若因欲速以致病,是大不孝也

题解:这是1912年12月16日写给思顺的信,主要是指导思顺学习。一方面要她珍惜学习的机会,一方面又不要因太用功而致病。对于儿女学有所成,梁启超大为宽慰。他对思顺充满拳拳父爱,谓女儿为其命根,不许她生病。其实二人已超出了普通的父女关系,更互为精神上的知己。

---

[1] 王姑娘:即梁启超的偏房王桂荃,梁启超写给思顺等的信中,有时又称"王姨""王姬""你娘娘"。

十四、十五号禀均收。吾前为汝计学科,竟忘却财政学,可笑之至。且法学一面亦诚不欲太简略(国际法实须一学),似此非再延数月不可,每来复[1]十四小时大不可(来复日必须休息,且须多游戏运动)。吾决不许汝如此(可与诸师商,每来复最多勿过十时。因自修尚费多时也,可述吾意告之,必须听言,切勿着急)。从前在大同学校以功课多致病,吾至今犹以为戒,万不容再蹈覆辙。吾在此已习安,绝无不便。汝叔沪行亦未定(此事须俟荷丈一到沪乃定),即行后吾亦能自了。得汝成学,吾愿大慰,诸师既如此相厚,尤不可负。且归后决无从得此良师。

(第一纸可出示诸师。)

今但当以汝卒业为度,不必计此。间请商诸师,若能缩短数月固佳,否则径如前议,至明年九月亦无不可(一言蔽之,则归期以诸师之意定之)。汝必须顺承我意,若因欲速以

---

[1] 来复:星期。古时以七天为一个周期,故旧称一周为一来复,星期日称来复日。

致病，是大不孝也。汝须知汝乃吾之命根。吾断不许汝病也。前已合寄四千，谓夙逋[1]可了，何尚需尔许耶？此间已无存（有万金存定期，不能取出），本月收入须月杪乃到手，明日只得设法向人挪借，若得当电汇以救急耳。子楷带去各物已收否？祖父想已旋南耶？

示娴儿。

饮冰　十二月十六夕

与思顺　　汝求学总不必太急

题解：这是1912年12月18日写给思顺的信。关于学习，一是仍然叮嘱思顺不可太过用功，急于求成；二是思成书法得到书法家魏铁栅激赏，继续勉励思成。

---

[1] 夙逋：拖欠的旧账。

第十六号禀悉,款三千顷往银行借取(此间亦有一凑西[1]),明后日当电汇,想先此书达矣。顷见报知米复大落,不知汝母稍有所获否？此后波澜必仍甚多,然切勿见猎心喜,吾家殆终不能享无汗之金钱也。《庸言》报第一号印一万份,顷已罄,而续定者尚数千,大约明年二三月间,可望至二万份,果尔,则家计粗足自给矣(火车站零卖每册卖五六角,熊秉丈即出六角购一本,到家中硬向我索回三角,谓要赔偿损害,吾将与之兴讼。若至二万份,年亦仅余五六万金耳,一万份则仅不亏本,盖开销总在五万金内外也。惟此五万金中,我与汝叔薪水居四分之一有奇耳)。吾初到时殆一无费用,近则已作地主,酒食之费颇繁,吴厨之菜太不能出台,有客来率皆往外叫菜,其他借贷亦不少,大约每月自费亦数百也。自正月起月寄家八百便是,告汝母勿忧。

日来频见魏铁丈[2],大快。彼言将用册页写《圣教序》

---

[1] 凑西:凑西银行。
[2] 魏铁丈:即魏铁栅,浙江绍兴人,著名书法家、音韵学家。

一本赠汝也(彼近年专写《张猛龙》《圣教序》《郑文公》,欲合三者自成一家,正与我同。吾爱女之名举国皆知,故交相见者,无不问汝,却无人问思成以下)。铁丈见思成之字大激赏,谓再一二年可以跨灶[1],思成勉之。崇雨铃之《圣教序》原本(即擎一[2]携来之玻璃影印本之原本也),吾已见之,爱不忍释,使非为米所累,此物必归吾家矣。祖父生日合家所照相,即寄一分来,吾久欲见此,屡次书皆忘写及耳。

汝求学总不必太急,每来复十四小时总嫌太多,多留两三月,绝不关紧要。吾今甚安习,全眷来,反嫌吵闹也。

汝母所索物,吾尚能供(本月却真不能),但不识有此物否耳,且今亦无从寄,告汝母待归来自置何如?王姑娘之镯开河第一次船便可得,可先告彼(实则并未冰河,一月来甚暖,不如初至时之寒也)。

祖父归乡后,汝与思成每十日必须寄一安禀往,吾书亦

---

[1] 跨灶:比喻儿子胜过父亲。
[2] 擎一:即何擎一,梁启超门生,梁启超文集的最早编辑者。

当择寄去(吾题汝日记书共有若干字,可检来当为汝再写一通,又吾诗副本可检寄)。连日为客所困,惫甚。第三号文尚未脱稿也。

示娴儿。

饮冰　十二月十八

与思顺　若吾爱女在侧,当能令我忘他事

题解:这是1912年12月20日写给思顺的信。他归国后,见国事不可收拾,难免厌烦,常想念在日本时的家居之乐。

得书知添一幼弟[1],甚喜慰,想母子平安耶!祖父命以何名,想有书在途矣。大版《通鉴》不须汝索,已嘱擎一购

---

[1] 幼弟:即梁思达(1912—2001)后文称其为"达达",梁启超第五子,为王桂荃所生。

寄，非久或将寄至矣。王姑娘赏品必给之，但无便人，恐难寄耳。汝母耳珰，则俟归来自置何如？读报见米价落，疑必小有所获，但兹事总极险，终以戒断为是，可仍常谏汝母也。

吾昨夕因得须磨书，烦躁异常，又见国事不可收拾，种种可愤可恨之事，日接于耳目，肠如滀汤，不能自制（昨夕大雪，荷丈与汝叔皆外出游乐，吾独处不适，狂饮自遣，今宿醒未解，得汝书极慰耳）。因思若吾爱女在侧，当能令我忘他事，故念汝不能去怀（昨夕酒后作一短简，今晨视之乃连呼汝名耳，可笑之至。今不复寄，以乱汝意，吾虽欲汝侍我，然欲汝成学之心尤切也）。几欲东渡月余，谢绝一切，以自苏息也。

大抵居此五浊恶世，惟有雍乐之家庭，庶少得退步耳。吾实厌此社会，吾常念居东之乐也。汝求学不可太急，勿贻吾忧。

示娴儿。

饮冰　二十日

与思顺 吾以得汝书为惟一乐事

题解:这是1912年12月22日写给思顺的信,向思顺表达在烦忙的政事中,惟以得爱女来信为乐事。

擎一寄去正续《资治通鉴》已收否? 闻版本颇佳,然耶? 近日购书真不易,吾以无《义山集》,姑购一部,已费十四两(二十元余,欲买一《荆公集》,索价百两,今尚未买也)。吾家所有书今乃知其值钱,大约纳海、寄庐[1]所藏已不下数千金矣。汝病已愈否,何故久无书来? 吾以得汝书为惟一乐事也。连日秉三、君劢、刚甫[2]在此,马先生[3]亦至,尚有杂

---

[1] 纳海、寄庐:梁启超在日本神户租赁的房屋,全套房称"双涛园",临海的楼房命名"纳海楼",书斋称"寄庐"。
[2] 秉三、君劢、刚甫:分别指熊希龄(字秉三)、张君劢、曾习经(字刚甫,梁启超的同窗好友)。
[3] 马先生:马相伯(1840—1939),神学博士,耶稣会司铎,著名教育家,震旦大学、复旦大学、辅仁大学的创始者。

客,终日扰扰无隙暇,文章则一字作不出,焦灼万状。项城日运动我入京住,彼亦急极,欲与我相依为命(敌党阴谋至多,数月后有极热闹戏看),我则不甚欲与彼共命也。吾十日来胃病复发,顷正服药。宅前即公园,而吾归数月,至今足迹未履园阈,不生胃病无天理矣。汇款九百已收否?

二十二夕　饮冰

与思顺　汝不许常常念我太过,以纷向学之心

题解:这是1912年12月23日写给思顺的信,仍主要叮嘱思顺求学不可太急,需从容就学。

吾一昨因心中偶尔焦烦,念汝不置,故作书告汝,其后甚悔之,想累汝数日不宁贴矣(吾体至壮,安得有病)。吾顷甚

适，前日小病，不过受煤而已，散步公园，即已无事（对门即园，此次散步乃第一次也）。汝不许常常念我太过，以纷向学之心。求学亦不许太急，每来复不可过十时。汝叔行无期，或且作罢。吾此间绝不须人照料，全眷来反嫌聒噪。汝但依原定功课从容学去，则吾欢喜无量矣。共和、民主合并终成，复选举后即可发表，此亦足令吾大慰者。

示娴儿。

饮冰　廿三日

与思顺　归国后为汝诸弟妹求学真一大问题也

题解：这是1912年12月27日写给思顺的信。他本想让思成去青岛读书，但发现其地中国人所立的学校学风极坏，另有德国人专属的学校，但不容易进。鉴于国内教育的现状，梁启超为儿女求学事忧心。他为儿女请家庭教师，甚至亲自给他们授课，均是对学校教育的一个补充。

十九号禀收。重堂既归,汝辈当勤寄安禀,以慰慈怀。吾所寄书亦当随时转去,因吾作禀不能甚多也。简甫先生处可以吾意挽留,并言明年月馈修金五十,将来移眷来尚可稍兼他事,更当别报也。

顷查青岛专为我国人所立之校,学风极坏,其德童[1]专用校,入之不易。思成明年能往与否,尚未决耳。归国后为汝诸弟妹求学真一大问题也。

此间连日大雪,十年来未睹此瑰观矣。

示娴儿。

饮冰　廿七夕

---

[1] 德童:德国儿童,指青岛德租界德国人的儿童。

1913 年

与思顺　思成留学事再作商量

题解：1913年1月12日写给思顺的信，承接上一信的话题，因青岛中国人的学校学风不好，不放心思成去，准备一两年后再做打算。

汝前书所言事，吾复书已尽言近情，吾岂不知自爱？岂劳劝谏？汝可勿焦念以致废学也。惟汝诸表兄小题大做，既招汝惊忧，又招汝叔愤怒，真无谓耳。

思成留学事，有门生在青岛者来书述情形，今寄阅。惟所谓特别高等学堂者,闻学风极不佳,思成独往,实不放心,或再俟一二年后彼稍长大,再作商量亦可耳。此事可禀汝母知之。本初[1]月馈之项十二月份者,至今未交到,不知何故,现颇窘也。

示娴儿。

饮冰 十二夕

与思顺　吾儿万不可病

题解:这是1913年1月15日写给思顺的信。思顺因功课太多并忧虑父亲以致患失眠症,梁启超担心她身体,劝她可减少功课,且不必忧虑自己,万不可因此生病。末句小字"达达"指梁思达,"可告彼"是调侃语,因此时思达仅出生一个月左右。梁启超给儿女的信轻松活泼,常有类似的玩笑话。

---

[1] 本初:东汉末袁绍的字,此借指袁世凯。

第三号禀悉。何故忽患不能睡之证,由忧我思我耶?抑由功课太迫,用脑太劳耶?我何劳汝忧,汝忧我是杞人之类耳。功课迫则不妨减少,多停数日亦无伤。要之,吾儿万不可病,汝再病则吾之焦灼不可状矣,吾得汝全愈之报告,吾心乃释也。

今属汝叔寄上九百元,内八百元充家费,其一百充压岁钱。汝兄弟七人,人十元,廷献[1]及诸外戚,人五元。若有余则归汝,仍由汝请群仲吃一顿,若不足则在汝所得之份垫出,吾将来别以他物酬汝。汝母之分吾却不认赔偿,吾知汝母尚有金钱数枚,汝等何不再开一次国会直往要索耶?吾数日来心境大舒,勿远念(汝言达达可爱,如此吾亦念之矣,可告彼)。

示娴儿。

饮冰 十五夕

粤中家信须常写。

---

[1] 廷献:梁启超的侄子。

与思顺　受学只求理解，无须强记

题解：这是1913年1月17日写给思顺的信。思顺为让家人早日回国与父亲团圆，竟然在几个月内学习两三年的课程，以至于生病。为此，梁启超非常担心女儿的健康，屡次叮嘱她不要太过用功，现又强调只求理解，无须强记。需注意，梁启超为女儿请的日本教师教授的是学校里的"知识性"功课，所以强调"只求理解"，与前信要求思成熟读《四书》且能背诵不同。《四书》等经典教育旨在修身成德，年少时如能背诵，在人生历练中可不断玩味，时时体验，一生受益；知识性功课，重在理解，以便应用。所以学习方法和要求不同。

汝病何如？已全愈耶？小小年纪何故患不寐之病，得毋用脑太过耶？日本教育识者诋为诘达主义[1]，最足亏体气而昏神志，谅诸师所以诲汝者或不至如是。然以区区数月间，受他人两三年之学科，为道实至险，故吾每以为忧也。以后受

---

[1] 诘达主义：指"填鸭式"教学，即强调学生死记硬背式的教学方法。

学只求理解，无须强记，非徒摄生之道，即求学亦应尔尔也。

此次选举，吾党大概总要失败，敌党纯用乱暴贿赂，此固一最大原因，而吾党少数人反对合并者，亦不能辞其责也。似此吾仍可以不接近政界，优游养望自为计良得。然大乱之起，恐亦在半年内耳。日来耳闻目见皆陆沉之象，吾生平乐观主义竟不能自持，几欲委而去之矣。

日来因喜食腊味饭之故，胃病似又复发，然终未能戒食也。每夜就榻仍极迟，大率三四点为常。连日观剧，聊以解忧，自今日起亦停止矣。闻乡居欲迁香港。重堂已有书告汝否？

饮冰　十七日

与思顺　若患神经衰弱，则功课必须减少，或更停课调养

题解：这是1913年1月23日写给思顺的信。承接上一信，再

三叮嘱不可因学业损害身体,不宜务强记。

汝病何如?若患神经衰弱,则功课必须减少,或更停课调养亦可,即受业时亦不宜务强记,至要,至要。

吾党选举可望转败为胜,直隶已大胜矣。大抵将来(或稍后),即共和已可敌国民,加以民主则成大多数。第两党恐终不能合,此吾所最痛耳。连四日中,座客皆夜三时乃散,报中文字竟不能作,奈何,奈何。

今日有一人假冒汝表兄来打抽丰[1],可谓无奇不有,将彼帖寄上,博汝母一粲。蜕丈[2]东游曾至我家否?汝等照像何尚未寄至?粤中常有安禀往否?过年作何热闹耶?

示娴儿。

廿三夕　饮冰

---

[1] 打抽丰:又称打秋风,指利用各种关系或借口向人索取财物。
[2] 蜕丈:即麦孟华(1875—1915),字孺博,号蜕庵,广东顺德人,梁启超同门、好友。

与思顺   吾少年受业师乞其授思成辈学

题解:这是1913年1月25日写给思顺的信,告知思顺待家人归国后拟请石星巢先生为思成等授业。石星巢为梁启超少年时之业师。1887年,15岁的梁启超就读广州学海堂,同时又拜设教于广州翰墨池的石星巢为师。20多年后,石星巢被延请教授梁家儿女国学,可见梁启超重视培养儿女们的国学根基。

病已愈,不至悬悬。连日曾刚丈在此谈燕甚乐,熊秉丈继来,政界俗谈又刺耳刿心矣。

有石星巢先生,吾少年受业师,贫不能自存,哀属我为觅事,不得已请作书记。然亦不过拟移家归后乞其授思成辈学,分简叔之劳。此老旧学尚好,吾十五六时之知识,大率得自彼也。

吾近日写字之兴复大发,得好宣纸,日以自娱,洋纸则厌极矣(土佐纸仍爱)。思成写《郑文公》,宜摹原碑,勿裨贩吾所写者,可告之。魏铁丈为汝写《圣教》已成,顷往付装潢,归时给汝。《资治通鉴》已到不?本尚佳耶?闻徐雪丈[1]为华侨代表来赴选举,若到东[2]可促其即来,二月初六为选期,今仅余十日耳,彼来吾可助之当选也。

示娴儿。

饮冰 一月廿五

与思顺 此(字课)吾频年所用养心之良法

题解:这是1913年1月31日写给思顺的信。他回国后,刚开始受到社会各界热烈欢迎,心境颇佳。但是一旦进入政界,面对各

---

[1] 徐雪丈:徐勤(1873—1945),字君勉,号雪庵,广东三水人。梁启超同门、好友。

[2] 东:指东瀛,即日本。

派势力复杂的政治斗争,他感到难以实现自己的政治理想,反而疲于应付各种政事,因此心情不佳。思顺写信来安慰父亲。他回信告诉女儿自己学道有得,近十日来正在通过习字来养心,故最终能不为外界所左右。晚清大臣曾国藩、李鸿章均有习字养心的精神磨练,梁启超应是受到他们(尤其是曾国藩)的影响。梁启超的书法以北碑为基,兼学各派。其书法多体,各具风格:如碑体行书,雄霸大气,豪放高迈;章草书,刚柔相济,千姿百态;篆、隶,则出神入化,成就尤高。可谓无意成为书法家而成了书法家。在某种程度上说,书法是其练心、养心的副产品,是其精神、人格的体现。

连得七、八、九号禀,至慰。汝真纯孝,能与我精神感通,计汝作第九次禀时,吾心颇有所刺激不宁也。然吾亦尝学道自得,岂外界所得牵移。吾十日来半掷日力于字课,此吾频年所用养心之良法,汝若侍侧,当能窥其微矣。汝学日进,吾闻此则百忧解。阿庄、阿达之态皆足令我悬想开颜。改岁后,吾或微行,一入京,第恐不能密,又惹无味之酬应耳。造像明日可成,成当遂寄。

       饮冰 壬子腊不尽六日

与思顺　吾半月来书兴大发

题解：这是1913年2月3日写给思顺的信。继续与思顺谈习书之事，并及他事，末附骈文新作。与后一信合观，可见作者此时落寞的心境及不始终昂扬的志趣。

吾半月来书兴大发，每日客散后即学书，使汝在此，又将猜我有何心事矣。此纸即吾制以作书者也。汝叔索我为写玉溪生[1]诗，已写十余叶，汝闻之得毋羡耶？

汝病何如？亟宜善摄，以慰远怀。吾室中群卉竞放，蜡梅、海棠最佳，三日前已造一像，成当寄汝，汝姊妹所照何久未寄耶？

此间党人报捷，合并复有望，差可慰。然于大局所裨实

---

[1] 玉溪生：唐代诗人李商隐之别号。

涓涓耳。今日所写已尽十纸,研有余沈[1],聊复书此。

饮冰　小除夕[2]

穷冬冱闭,公私蹙蹙。斗室俯仰,言悲已叹。况乃明月白露,文通赋其销魂;落叶凋年,东阳哀其生意。沈沈洛浦之梦,草草河梁之泪。以此思伤,伤可知矣。玉溪遗句,凄婉在抱。重吟细把,用赠所思。

此吾顷所作小骈文也,喜其文采,写以示汝,不必求甚解也。

与思顺　参考书亦不必太多读

题解:这是1913年2月4日写给思顺的信。此书主要指导

---

[1] 研有余沈:所研磨的墨汁还有剩余。
[2] 小除夕:除夕前一日,即农历腊月二十九。据后一封书信,此信实作于农历腊月二十八,即公历2月3日,此处梁启超误写了日期。

思顺如何读书（如参考书不必太多读），并言及自己精神上之苦痛，又特意解释二叔启勋对她的批评是出于爱，交代她要再作书请安。

得第七号禀，知已全愈，甚慰。参考书亦不必太多读，专受一先生之言而领会之，所得已多矣。

吾今精神上所感苦痛，全由徘徊于出与处之间，若决定一途，则虽苦亦有兴耳。吾顷请伍连德[1]为我配胃病药，今日始服，观后效何如。腊尽家中有何娱乐耶？

示娴儿。

饮冰　小除夕

昨用宣纸所作书，误写日子耳。

汝似久未作禀与汝叔，何耶？汝叔前得汝书颇怒，谓不应以闺秀作此等语，其复书云何？吾未之见，大约必大申饬矣。然此自出于爱汝之意，今气亦久平，汝宜作禀请安，只著

---

[1] 伍连德：英国剑桥医学博士，公共卫生学家，我国检疫、防疫事业先驱。曾多次为梁启超看病。

一二句谢过,不必再提前事也。

又示。

与思顺　　所受刺激颇多,然吾常自镇

题解:这是1913年2月4日写给思顺的信。主要谈自己在政治上不如意,受种种刺激,如这次议会选举,其所在共和党就处于国民党的下风;然而面对政治上的刺激,他常能平定自己的情绪,并且近日习字极勤,以此练心,以此养心。

今日连得第十、十一、十二号禀,极慰悦。汝病新愈,宜加慎摄。吾胃病尚未全愈(顷尚服药无间),然亦差减矣。不好运动,性习难改,户外即公园,吾居此四月,惟半月前踏雪造像到一次耳。吾心绪无甚不宁,惟所受刺激颇多,然吾常自镇,每有刺激,最多不过数小时即平复矣。选举结果未全

发表,计议员五百九十人,国民党得二百六七十,共和党得二百四十余,民主党得三十余,统一党得六十余,若共、民、统三党能合并,则决占优胜,否则未可知矣。然共、民感情极恶,恐难合。统一则全为本初机关,虽欲与我合,我则须提出条件也。吾若能不入党,则可以翛然自乐,然恐事势终不许尔尔耳。

吾日来字课极勤,岁暮结帐,文美斋南纸店之债务乃至七十余金,可见我用纸之多矣。诗久不作,报中所登寿几道(严又陵也)诗,亦倩人捉刀耳。

此间即以书房为卧房,房中供花颇多(花皆租者,而母爱腊梅,归时可大租供耳),以后当减之。新造像两轴与此函同寄,计迟二三日当到,在室中所造者佳也。后日岁除,此间亦有娱乐之法,第断不能似去岁之热闹耳。

示娴儿。

饮冰　腊不尽二日

与思顺 试思我闻此喜慰何如耶

题解：这是1913年2月7日写给思顺的信，所涉事甚多，其中最重要者乃是表达爱女之情。梁启超在政治上每遇拂意事，辄思念爱女；且每次得思顺来信或寄信给她，均能忘却政事上的苦恼。

得泷谷[1]书，大誉汝。谓试验之结果，为彼邦男学生所不逮。试思我闻此喜慰何如耶？恨遣汝就学太迟，时日太促，不能得大成耳。吾因汝前此曾因学致病，至今谭虎色变，故累信戒勿欲速，实则吾岂愿一日离汝哉？吾每遇有拂意事，辄思汝耳（日来拂意事颇多，顷念汝切也）。

张将军（勋）昨专人来迎我，谓我若肯往，彼将率全军郊迎。吾今安能往（为人所忌）？只能以游孔林、游泰山为名，

---

[1] 泷谷：泷谷及下文提及的长泽、武田均为思顺在日本的老师。

乃得一往耳。顾此游吾已许与汝偕矣。国中大乱,非久且至,久恐终无此从容游谯之时也。实则四月以后,无论局面如何,我身必卷入旋涡中,当天下极险艰之冲,断无复余暇以享家庭之乐,其时宜移家与否,尚在不可知之数耳。言念及此,辄思东渡度旧腊,省视汝母及汝曹,作十日闲散,但此愿亦岂易偿者,姑妄言之而已。与人家国事,无往而非困心衡虑之地,但终已不能忘天下,则茹荼啮蘗亦固其所耳。我十年来实太自佚乐,今固宜受苦辛也。

顷熊秉丈、潘若丈在此夜谭方散(若丈自吾归后,往来南北已三次,其坚苦卓绝真可敬也),已将拂晓矣。有所怅触,作书告汝,每得汝书或寄汝书,皆能减我苦痛也。

祖父书及姑丈书、汝书皆极言达达之可爱,究竟其特别可爱者何在?能一言耶?

泷谷字写就另寄,写得颇用心,可以报彼矣(长泽、武田各一幅)。

思成字大进,今尚写《郑文公》耶?写五十本后可改写

《张猛龙》。

孙慕韩日使之说,此间无所闻,亦已两旬不晤彼矣,若果有此事,与言当易易耶。

顷为汝四表兄觅一官,想可成。此子真不才,顾不能坐视其冻馁,冒耻为之请托耳。

蜕丈至今不至,令吾无以对冯华甫,亦吾拂意之一事也。

示娴儿。

正月二日　饮冰

与思顺　念归后难得良师,故欲汝受此完全教育

题解:这是1913年2月20日写给思顺的信,主要是与思顺商量教学内容和课程问题。因考虑到回国后缺少政治、法律等现代学科的良师,欲女儿在日本尽可能接受较为完整的现代教育。

得禀,知已受比较宪法及财政学,甚慰。可以吾命请于诸师,乞其于纯理方面稍从简略,于应用方面稍加详,能随处针对我国现象立论尤妙,即如比较宪法,当多从立法论方面教授,其解释法理则简单已足。又宪法毕业后能一授政治学大略最妙。盖政治学本以宪法论占一大部,再讲舆论及政党之作用与现在各国政治之趋势足矣。所费时间可不甚多,但不识能有此教师否耳。惟功课虽增,每周受业时间万不许加增,宁可延归期一两月耳。吾极不欲过劳汝,惟念归后难得良师,故欲汝受此完全教育耳。可出此书与津村先生商之,刀祢馆先生复以余暑授思成,可感之至,为我深道谢。并告思成勉学,毋负盛意也。

与思顺　欲汝成学之心尤切

题解:这是1913年3月5日写给思顺的信。梁启超一方面盼望家人早日回国,以享家庭之乐,但另一方面仍希望思顺在日本再待时日,使学有所成,以便将来能做自己的学问和事业上的助手。事实上,后来思顺不仅成了父亲和丈夫的重要助手,而且自己也成为诗词研究专家、大学教师。

廿三、四号禀收,田崎字再寄横额一幅,计津村、武田、田崎[1]人各二幅也。此间纸墨皆便,吾又十余年不得好纸,今以便故嗜写特甚,故每求皆应也。津村有何计划,可详告我。为汝求学故,稍延数月亦吾所愿。吾每遇不得意事,辄思汝不置,然欲汝成学之心尤切,汝学大成,则将来助我无算,吾宁忍一时之不便也(实则无甚不便,但欲以家庭之乐解他种苦痛耳)。惟此间屋已租定,准新历三月十五日起租,若眷暂不归,则浪费此租钱耳(月百三十)。宪法有良师,吾亦舍不得,或多留一月亦可也。

吾待议员到京后,训练月余,尚思往南省一行,届时或在上海迎汝也。国内种种棼乱腐败情状,笔安能罄?公立所

---

[1] 津村、武田、田崎:梁启超为思顺请的日本家庭教师。

言,殆未能尽其万一。吾在此日与妖魔周旋,此何可耐!要之,无论何路,皆行不通,而又不能不行,此所以为苦也。吾生日各人为我庆祝,相约不谭时事,免致败兴,已在苦中寻乐两日,廿七日之夕又会谭起来,烦恼已接踵至矣。以吾之地位,处此时会,惟以忧患终其身而已。

示娴儿。

饮冰 三月五日

与思顺 为汝成学计,无论如何我终乐待也

题解:这是1913年3月16日写给思顺的信。此信仍是继续3月5日信的话题,即一方面盼望家人早归国,另一方面又欲思顺在日本多待时日,以便她学有所成。

廿八号禀悉。再留月余以完所学,大善!大善!吾虽极

盼汝曹早归,然为汝成学计(能于三月杪成行,最妙),无论如何我终乐待也。此间屋极难,然必极力觅适当者,不使我大事事事之令娘样[1]稍受委屈耳。吾南行大约仍罢议(项城力劝勿行,谓太险也),入京则尚在四五日后也。

示娴儿。

饮冰　三月十六日

汝生日赏品为名画两轴(已备),玉笔洗、玉墨床各一(未备,入京求之),首饰太俗,不以赉汝也,但托带不便,俟归时再以畀汝耳。思成赏品为吾手写册页,当寄去(付裱未成)。

与思顺　名师不易得,岂可交臂失之

题解:这是1913年3月18日写给思顺的信,仍是要求思顺在

---

[1] 娘样:日语,意为"女儿大小姐"。此为调侃语。

日本多待些时日学习,并珍惜难得遇到的名师。

廿九号禀悉。决定六月中旬行,可也。名师不易得,岂可交臂失之。吾顷有事可做,意兴勃发,更不劳若曹为我解闷也——吾字课废已兼旬[1],即此可知我意境,大约吾写字时,必极无聊时也。吾非轻视私法,数年前且极好之——初挈汝至须磨时,吾专治民法。特以时日不逮,不得已而省略耳(使早一年令汝就学,必可大成,然彼时又安有此力者)。且又审高商中,未必有良师也。今津村先生既谆谆不倦,悉遵其计划可也,惟不许每周增加时间,致再酿病,宁可更延长一半月耳。

书林事未与汝德叔详谈,大权偕来亦可,届时吾必命任发往迎也。相片尚未至,急欲见之,计明日或至耶(信未封,片已到,达达果有趣)。

建部著《世界列国大势》尚未到,可催宝文或购来自寄。

---

[1] 兼旬:二十日。兼,加倍的意思。

樋口龙峡著《近代思想之解剖》可购寄一部。吾月来饮酒不多,勿念。

闻往观樱,颇复遥羡,惟春明花事亦渐盛,海棠、芍药次第开——行将饱赏,惜不与汝偕也。

三月十八日

吾去年复游存之骈文信尚有存稿否?可检寄来。

顷决后日(十九日)。入京,再无改移矣(顷电话来,复有改移或再延数日亦未定)。党中已派专员来迎,且预备一切也。

三党合并已定议,吾入京数日后即发表。此后当必日与手枪、炸弹为缘(黄兴、宋教仁皆到京,正好决斗),然亦痛快极矣。汝但安心读书,稍迟一二月归不妨。吾今不闷,无待汝解也。报中有一谐文,寄资大噱。

议员薪水大佳,大约国家岁给三千余,党中岁给千余,藻孙居然有五千岁入矣(真不知成何体制,然敌党如是,我亦不能不尔也,总便宜了这班国民代表)。

十八夕 又示

与思顺　想念双涛索居之乐

题解：这是1913年3月20日写给思顺的信。其中言其性格不太适应当时腐败的社会风气，每当客散神疲时，辄想念当年在日本双涛园家居之乐。又言购得善本旧书，分别颁给年龄较长的三位儿女。梁启超常常寻购旧书、字画，一方面自己读赏，一方面作为给孩子们的礼物和奖励，且是一种文化和审美的引导。

吾入都又改期，因三党合并，项城加入之议，外间已稍有所闻，而内部尚须有他种设备，未能遽行发表。吾入都则风声必大，故须稍缓数日也。日来虽兴会稍增，然中国腐败社会之空气与吾性太不相入，接触稍密，辄增恶感。每当客散神疲时，未尝不想念双涛索居之乐也。

都中词流亦预备胜会相迎，颇思以刚日[1]接政客，柔

---

[1] 刚日：单日。下文"柔日"指双日。《礼记·曲礼上》："外事以刚日，内事以柔日。"

日接名士，未审能否。十余年不睹春明花事，此番或可饱领略也。顷由若叔寄千金，想与此同达，不一一。

示娴儿。

饮冰　三月二十日

前函未发，得第三十号禀，悉一切。蜕丈所言，不知情实。共和党制须开大会，乃能改选理事，而大会须下月乃开也。党中尚议改组，统俟该时乃发表耳。但今有三党合并之议，此又不成问题矣，荷丈为众怨之府，亦其地位使然，实则吾亦岂偏听哉？

二十夕

书未发，适购得善本旧书十余种，有王氏仿宋本《史记》，有胡氏仿宋本《文选》，有仿宋本《白香山集》（有《欧阳文忠全集》，亦尚佳）。此三书，顺、成、永三人可各得其一（皆极难得之本也），长者先择取，所余以诒少者可也（吾为顺计，取《香山集》，余两种任两弟自择。但顺总应有优先权，所好何在，吾不强也）。各书皆存津宅，归来乃颁（别有《宋诗钞》最可宝,暂不以赍若曹)。

饮冰

与思顺　吾行无险诐,决不召险

题解:这是1913年3月27日写给思顺的信。该年3月20日,宋教仁被刺杀,梁启超也在重大嫌疑之列。家人担心他的人身安全。他引孔子之言以自慰。司马迁《史记》载:孔子过宋,与弟子们在大树下演习礼仪,宋国司马桓魋砍倒大树,欲害孔子。他们于是离开,弟子们催促赶快走,孔子说:"天生德于予,桓魋其如予何?"(上天把仁德赋予了我,桓魋能对我怎么样?)意思是说自己承担了天命,桓魋这小人决不能害死自己。这是一种对天命(主要是文化使命)的担当和自信。梁启超借此典故,意谓自己行为光明,对得起天地良心,决不会召险。

汝曹勿见此等消息而日为我忧。此间都督及巡警道已加派人来,吾入京时,车中一切已布置严密,入京后则派宪兵数人护从,必无他虞。宋氏之亡,促吾加慎。孔子曰:"天生德于予,桓魋其如予何?"吾生平皆履险如夷,吾行无险诐[1],决不召险,感应之理最可信也。汝但宽怀,勿缘忧我废学致病,则我大慰耳。

今日又瞎忙了一日,自早起至今,未尝一刻断客。顷已一时半矣,乃须埋头作文,精神惫倦已极,从何作起,而所立须作者,乃新党之宣言书也,真苦极矣。吾对于新党不欲积极负任,今思得一颇妙之位置(原议袁为总理,黎与吾为协理,吾今决辞,仅设一总、一协,别设参事长,吾任之。参事乃咨询机关,网罗全国中有名望之人,如前清督抚及现任都督皆在焉,本不设长,吾今欲此,故设之),不审众人许我否,若不许我,则我将不复与闻也。现状实无可为,新党亦决办不好,吾既不能置身事外,又不值得与之俱毙,故处此职可以立于半积极、半消极之地位耳。吾性质与现社会实不相容,愈入之愈觉其苦,

---

[1] 险诐:阴险邪僻。

处此地位可以不常居京,计良得也。刺宋之人,胪列多人(真主使者,陈其美[1]也),我即其第二候补者,今将彼宣告文剪寄。应某谋北来刺我,二十日前蜕丈已电告矣。

示娴儿。

饮冰　廿七日

与思顺　吾更为小人所最疾忌,亦只得居易俟命耳

题解:这是1913年3月30日写给思顺的信。此信仍谈到宋教仁被刺案,自己被小人中伤陷害,于是以《中庸》"君子居易以俟命"以自安。《中庸》曰:"君子素其位而行,不愿乎其外。素富贵,行乎富贵;素贫贱,行乎贫贱;素夷狄,行乎夷狄;素患难,行乎患难。君子无入而不自得焉……故君子居易以俟命,小人行险以徼幸。"所谓"居

---

[1] 陈其美(1878—1916):字英士,浙江吴兴人。1906年加入同盟会,1911年任同盟会中部总会庶务部长。其兄有二子,即陈果夫、陈立夫。史界有一种说法,认为陈其美是杀害宋教仁的主谋。

易",就是居常道(即"素其位而行");"俟命",就是等待天命(即"不愿乎其外")。梁启超告诉儿女自己如何面临患难,是一种言传身教。

盆栽海棠佳绝,吾室中今供四本[1]焉。汝曹归时,花事阑珊矣。

汝仲父偕荷丈入都,吾独居已两日,今夕亦无客至,读书尽数卷,心绪颇佳。赉汝之玉墨床已得,甚佳。惟笔洗未得耳。汝将归时,吾必为汝室中精心结撰陈设完备,令我宝贝一见大悦,在京寓亦为汝别设一室也。

告娴儿。

任

报纸剪寄,国中事无一不蜩唐沸羹[2],吾更为小人所最疾忌,亦只得居易俟命耳(若宋案不破,吾或婴其难,今稍可即安也)。吾频日仍往嚣尘混杂之区,因家厨恶劣,每请客

---

[1] 本:株、棵。
[2] 蜩唐沸羹:出自《诗经·大雅·荡》:"如蜩如螗,如沸如羹。"意谓如蝉鸣和沸汤翻滚,比喻纷扰不宁。

必须适市也。

两夕无客至,心乃大舒,读书数卷,似颇复知有生之乐矣。安得仍适东瀛,以二十四金赁双涛园,理其荒秽,供我啸咏。今日处骇机[1]束茧之下,何为者也?吾儿夙慧,当有味乎吾言矣。

示娴儿。

饮冰　三月三十日

汝曹造象置之案头,殊觉可爱,各人皆胖润许多,惟思忠则似再游印度一次归来,达达殆静听讲义耶。

与思顺　吾每有游宴,辄念吾爱女,恨不与偕

题解:这是1913年4月14日写给思顺的信。其中言及每有

---

[1] 骇机:突然触发的弩机,比喻猝发的祸难。

游宴,辄思念爱女,并说等她归国之次日(此时思顺等家人即将归国)就带她到北京赏花。总之,梁启超不管是在痛苦还是快乐时,总是思念爱女,希望她能在身旁。

昨日蓝、徐嘉礼,蓝家无长亲在京,请吾主婚。吾代作了一日主人,受了人家道无数的喜,极可笑也。来客将及千人,可谓极一时之盛。瘿公发起演剧(在湖广馆)。致贺,共和宣布后,堂会戏此其第一次矣。诸伶以我作主人,故相约特别报效(诸名伶极知敬我,吾二十年前墨迹,彼辈宝存极多,党禁极严时,彼辈常翘以示人,无所畏云)。昨日戏之佳妙,亦复越寻常。费六百余元,而其戏实值千四五百元云,然正以此故,吾不能不看完乃行。直闹至夜四点钟,惫极矣。今晨十点钟,共和党又开园游会于三贝子花园,吾演说三小时(五日前修禊即在此,桃花已盛开,柳眼[1]亦骤放,与五日前别是一番景象矣),直至傍晚乃散。

---

[1] 柳眼:春天初生的柳叶,如人睡醒眼刚刚张开。

顷方在家晚饭,今夕当谢客早睡矣。吾每有游宴,辄念吾爱女,恨不与偕。盖吾深知国中大乱将起,汝归时不审尚能有清游之机会否,恐归后仍不得不蛰居天津,则真无趣矣。吾少年时居京师之日多,故甚习于京居。到京后,虽亦常遇烦恼之事,然随处可设法调剂缓和之,不似在津之枯寂。惟荷丈及汝仲父皆苦谏吾勿常居京,盖深察现在政界万不可多与为缘。然吾性好事,在京必日日为积极之行动,同人以为极危,故决欲逮捕我返津,吾亦决于十六日行矣。再来总须俟廿日后,此时海棠、丁香、牡丹皆作花(法源寺长老坚约花时往赏),吾实留恋不忍去也。汝归时若芍药未谢,则吾当于归后之次日即挈汝来赏也。

国会开预备会日即打架(极小事,不成问题者已如此),以后不知闹成何种局面,直是一动物园耳。荷丈避之若浼,且苦劝我远避(蜕丈一书两电,劝吾立出京,不可一日留),洵有见也。若在京能不与闻政事,专事清游,则乐真无极,然此何可得者。

款适无浮存,二千之数至月杪乃能汇。仲父留一纸寄阅。

示娴儿。

任 四月十四日

与思顺　作今日之中国人安得不受苦,我之地位更无所逃避

题解:这是1913年4月18日写给思顺的信。该年4月8日国会开会,国民党胜利,而梁启超所在的共和党失败,加上种种党事之纠纷,他感觉颇为受苦,一度欲放弃政治生涯而从事教育事业。然而,又觉得作为当时在政治上有影响的人物,为国事、政事尽职,尽管因此受苦,但也无所逃避。

吾党败矣。吾心力俱瘁(敌人以暴力及金钱胜我耳),无如此社会何,吾甚悔吾归也(党人多丧气,吾虽为壮语解之,

亦复不能自振)。吾复有他种刺心之事,不能为汝告者,吾心绪恶极,仍不能不作报中文字(报却可作乐观,已销万五千份矣,个人生计良得也),为苦乃不可状。执笔两小时乃不成一字(催稿急于星火),顷天将曙,兀兀枯坐而已(汝叔偕荷丈入京,吾独处斗室中)。

吾每不适,则呼汝名,聊以自慰。吾本不欲告汝,但写信亦略解吾烦忧也。汝何故数日无书来,何不述家中可喜之事一告我耶?惟汝断不许缘忧我之故而荒学或致病,果尔,是重吾忧也。

吾今拟与政治绝缘,欲专从事于社会教育,除用心办报外,更在津设一私立大学,汝毕业归,两事皆可助我矣。若能如此,真如释重负,特恐党人终不许我耳(所谓党人者,共和党也。民主鬼[1]吾恨之刺骨),当失意时更不能相弃也。作今日之中国人安得不受苦,我之地位更无所逃避。诗云:"夭夭沃沃,乐子之无知。"最可羡者,思庄、思达辈耳。

---

[1] 民主鬼:即对民主党的厌称。

示娴儿。

饮冰　十八夕

希哲大约明年入大学为教授。

与思顺　事之艰辛,非今日始知之,故亦无畔援,无歆羡也

题解:这是1913年8月5日写给思顺的信。该年7月20日,李烈钧首先江西湖口宣布独立,发动"二次革命",反对袁世凯。其后江苏、四川、广东等地也独立。9月1日"二次革命"失败。在此期间,梁启超打算退出政坛,如果北京最终不陷落,他想退隐于北海漪澜堂。当时的心境是"无畔援(即无取舍),无歆羡",波澜不惊,不为时局所动(其时熊希龄劝他出山)。不过,9月11日北洋政府内阁组阁,梁启超还是担任了司法总长。梁启超在政治上的进退选择得当与否,暂且不论,其面对复杂政局的修养工夫却是值得学习的。

今日适北海,答访一客,循海周遭行,弥望荷花十顷,杂

以菱芰茨之属,水佩风裳,冷香飞上。湖外老柳古槐,圆阴匝地,蝉声豪迈,如诉兴亡。胜赏既殚,继以幽感,惜吾爱女不相陪侍也。前日诸友约为什刹海高庙之游,闻彼地荷湖亦殊胜,为雨所阻,竟不克赴,今日之游足以偿之。假使一年后觚棱[1]无恙,则漪澜堂[2]终为我息壤也。

吾心境亦无甚不佳,事之艰辛,非今日始知之,故亦无畔援,无歆羡也。此数日本可出都,计秉丈[3]至必且来扰我,其时再来,益复旷日,不如待之,彼以十日至,吾十二三当归耳。荷丈遂不免羁勒,大约明日将见真除[4],彼初尚思引退,计非就此者(项城思责彼长部,吾劝避难就易,辞尊居卑耳),则财政部且将絷之也。

示娴儿。

饮冰

---

[1] 觚棱:指国家。
[2] 漪澜堂:在北京北海公园。
[3] 秉丈:即熊希龄(1870—1937),字秉三,曾任北洋政府总理。
[4] 真除:原指由暂时代理改为正式官职,后指正式任命官职。

1915年、1916年

与思顺　处忧患最是人生幸事

题解：1915年8月，杨度等六君子发动筹安会，鼓吹袁世凯称帝。12月袁称帝，梁启超发表《异哉所谓国体问题者》攻之（此前，袁世凯用20万大洋贿赂梁启超，让其勿发表，被拒绝），并与弟子蔡锷冒着生命危险组织发动"护国运动"，最后推翻了袁世凯的帝制。这是1916年1月2日梁启超自北京逃至上海后写给思顺的信，表达"处忧患最是人生幸事"的观点。他认为，忧患生涯不仅于自己德业有益，而且也能玉成儿女辈。

王姨今晨已安抵沪，幸而今晨到，否则今日必至挨饿，因邻居送饭来者已谢绝也（明日当可举火，今日以面包充饥）。

此间对我之消息甚恶,英警署连夜派人来保卫,现决无虞。吾断不至遇险,吾生平所确信,汝等不必为我忧虑。现一步不出门(并不下楼),每日读书甚多,顷方拟著一书,名曰《泰西近代思想论》,觉此于中国前途甚有关系。

处忧患最是人生幸事,能使人精神振奋,志气强立。两年来所境较安适,而不知不识之间德业已日退,在我犹然,况于汝辈。今复还我忧患生涯,而心境之愉快,视前此乃不啻天壤,此亦天之所以玉成汝辈也。使汝辈再处如前数年之境遇者,更阅数年,几何不变为纨绔子哉!此书可寄示汝两弟,且令宝存之。

一月二日

与思顺　　汝辈无端度虚荣岁月,真是此生一险运

题解:这是1916年2月8日写给思顺的信,表达的观点大体

与上文相同。他认为子女这几年因自己做官,生活太舒适,无端虚度岁月,乃人生之险运。他甚至表明,即使此次义举成功,也不再做官,以使子女常长育于寒士之家。这才是人生自立之道。

书及禧柬并收,屋有售主,速沽为宜,第求不亏已足,勿计赢也。

此着既办,冰泮[1]后即可尽室南来,赁庑数椽,齑盐[2]送日,却是居家真乐。孟子言:"生于忧患,死于安乐。"汝辈小小年纪,恰值此数年来无端度虚荣之岁月,真是此生一险运。吾今舍安乐而就忧患,非徒对于国家自践责任,抑亦导汝曹脱险也。吾家十数代清白寒素,此乃最足以自豪者,安可逐腥膻而丧吾所守耶?此次义举虽成,吾亦决不再仕宦,使汝等常长育于寒士之家庭,即授汝等以自立之道也。

吾近来心境之佳,乃无伦比,每日约以三四时见客治事,以三四时著述,余晷则以学书(近专临帖不复摹矣),终日孜

---

[1] 冰泮:冰融的时候,指农历仲春二月。
[2] 齑盐:腌菜和盐,即素食,借指清贫生活。

孜,而无劳倦,斯亦忧患之赐也。

此书钞示成、永两儿,原纸娴儿保之。

二月八日

与思顺　廷献从我领受教言,学习实务,经历事故,实千载难得之机

题解:这是1916年2月17日写给思顺的信。此时,蔡锷已在云南发动"护国运动",梁启超准备去云南,打算叫侄子廷献来随侍自己。这样,一边可以使其领受自己的教育,一边可以学习实务,经历事故。此实为千载难得的磨练人的好机会。

二月十日禀悉。希哲现专译文,译成后当遣往南洋,不复入北矣。吾日内拟决入滇,更当由滇入蜀,因彼处函电、专使,催促甚至也。

吾欲唤廷献来从我行,一以钞录紧要文件,一以伺候身边细役。此后拟不复用仆役,专令子弟服劳矣。廷献现所入校,学课本不完备,虽卒业亦无甚大用处,且吾料不出三月,都中必有大变,此等校不同清华,届时各教员必鸟兽散矣。故彼留校,恐亦无毕业之期,彼从我则随时可领受教言,学问必有进益,且可学习实务,经历事故,实千载难得之机也。吾若行则或十日内便发,可令彼得信即日搭车前来。吾行否现亦尚未大定,因季丈颇不主张我远行,昨正函商,候彼复书。又顷方派人(周孝丈也)往日[1],尚须俟彼中消息。然即吾未遽行,廷献亦以从我在此为最宜。可即告之,不得迟疑。

西南局势甚佳,川省一月内当必可平,此本是北中原定计画,一一实现而已。此外,各省皆苟安观望,此自历史上传来之惰力性,不足为异。似此亦甚佳,不然若各地皆为无意识的响应,将来各争权利,反无办法耳。

---

[1] 往日:赴日本。

辛园[1]有种种可笑举动,专以排轧此间为事。一言蔽之,拈酸吃醋而已,其实亦何能为祟,只一笑置之。吾在此志气清明,精神焕发,勿以为念。

二月十七日

与思顺　全国国命所托,虽冒万险万难义不容辞

题解:这是1916年2月28日写给思顺的信。当时蔡锷已在云南发动"护国运动",梁启超冒险去云南会蔡锷,然后再转广西联合陆荣廷一起共商起义大事。他认为此次为国谋大业,虽冒万险万难也义不容辞。此次义举,梁启超确实经历了种种艰难险阻,为除1898年戊戌变法失败遭清政府通缉外的另一次重要历险,且这次是他为国事而主动历险。此文可与本书第二部分《从军日记》合观。

---

[1] 辛园:指康有为。

二十日禀（八日乃到,甚迟迟矣）悉。吾去信不少言任发事,确有前书,然则果失落矣。吾仍非久图南（当在十日内外首途）,但目的地非滇而桂也（桂中两度密使来）。此行乃关系滇、黔生死,且全国国命所托（吾未有书告季丈,汝见时可言及）,虽冒万险万难不容辞也。此间同人询谋佥同,无一人主张不往,以荷丈之警敏,静生[1]之安详,叔通[2]之细密,亦咸谓非去不可,想季丈在此亦无异辞也。顷荷、曦[3]已先行,吾亦候船（拟租一日本船往）发矣。

廷献不来,亦无不可,廷灿确可用,吾偶未思及耳。然此时暂用不着,待吾入粤时乃唤来可耳。要之,吾此后拟不用仆役,专用子侄也。孝勉是老几?是在经界局者否?钞写人确不可少,亦俟到粤后乃唤取可耳。吾为李家子弟[4]计,

---

[1] 静生：范源濂(1875—1927),字静生,湖南湘阴县人,近代著名教育家。
[2] 叔通：陈叔通(1876—1966),浙江杭州人。晚清进士,后留学日本,辛亥后任国会议员、上海商务印书馆董事。乃梁启超挚友。
[3] 曦：黄大暹(1883—1918),字孟曦,实业家。
[4] 李家子弟：即梁启超妻李蕙仙家诸子弟。

若稍有志气者,现在以一二人入滇、黔,与乡人同患难,将来见重于新政府,而家运借以进展。无如诸子多碌碌也,则亦听之而已。

房子暂缓卖,即亦无妨,一切由汝母及汝叔主之,吾亦此等事毫无容心也。希哲南洋之行已罢议,彼欲回津一料理,待吾行后即令彼行,吾到粤时乃需彼耳。伯瑛夫妇至可感,当别以书谢之。任发有长处,吾固知之,苟非尔者,早挥之去矣。最错一着,是带任老太太来,否则无甚事也(昨晨又呕一场气,因来喜往医院诊病,吾起时老太太因阅数时不扫房间,当差不妥,说了他两句,老太爷遂冲气去了,直至十二时半从医院归乃能做饭)。今日吾寿辰,此间至密之数友来寓,置酒为乐,亦颇热闹,但人不多,本欲寻一两种游戏之娱,竟不能成也。吾行后当即遣王姨返津,此间屋当即退租矣。

二月廿八日手谕

与思顺 此《从军日记》汝曹最有力之精神教育也

题解：这是1916年3月18日写给思顺的信。梁启超本来欲入云南，与蔡锷会合。后改变计划，改由沪赴港转桂，与陆荣廷（字幹卿）共商起义大事。期间撰《从军日记》等。他将《从军日记》转交给思顺，并交代她保存好，以作为她和弟妹们的精神教育读本。此文可与本书第二部分《从军日记》合观。

寄去《从军日记》一篇，共九叶，读此当详知吾近状。书展转托递（此间无书不拆，故不敢付邮），恐须一月后乃达，其时吾踪迹当暴露于报中矣。此记无副本，宜宝存之，将来以示诸弟，此汝曹最有力之精神教育也。文辞亦致斐亹[1]可观矣。

吾尚须留此六日，一人枯坐，穷山所接，惟有佣作，然吾滋适，计每日当述作数千言也。王姨计已返津，汝等见报知

---

[1] 斐亹：文采绚丽貌。亹，音 wěi。

我已入粤时（粤事定时），即当遣王姨来港（到港住家中，问永乐街同德安便知港家所在），候我招之。盖到粤后不便久与陆同居。一分居后，非王姨司我饮食不可。彼时之险，犹过于居沪时也。越南入境如此其难，汝母归宁只得从缓，一两月后，局面剧变，彼时或可自由行动也。

示娴儿。

      三月十八日 自越南帽溪发

日记呈仲父及季丈一阅。

与思顺　　人生惟常常受苦乃不觉苦

  题解：这是1916年3月20—21日写给思顺的信，可视为《从军日记》之后续部分。当时梁启超仍待在越南海防之帽溪山庄，生活极为清苦和不便，他感觉有些不适。因此反省自己近年太过逸乐，而学养不足，觉人生惟有常受苦乃不觉苦，才不至于为苦所窘。

这就是梁启超在困苦的环境中得出的苦乐观。此文可与本书第二部分《从军日记》合观。

吾居此山陬[1]四日矣。今夕乃忽烦闷不自聊（主人殷勤乃愈增吾闷），盖桂使尚须八九日乃至也。最苦者烟亦吸尽（无可买，夜间无茶饮，饭亦几不能入口，饥极，则时亦觉甘），书亦读尽，一灯如豆，虽有书亦不能读也。前此三日中作文数篇（有日记寄去，已收否？不见日记则不知吾此书作何语也）。文兴发则忘诸苦，今文既成，而心乃无所寄，怅怅不复能为怀。此间距云南仅三日程，吾悔不于初到时即一往彼（吾深负云南人，彼中定怨我矣），稍淹信宿，更折而回，犹未晚也。

呜呼！吾此时深念吾爱女，安得汝飞侍我旁耶？吾欲更作文或著书以振我精神，今晚已瞢瞢不能属思，明日誓当抖擞一番也。吾欲写字，则又无纸，箧中有笺数十幅，珍如拱璧，不敢浪费也。

---

[1] 山陬：山脚。陬音 zōu。

离沪迄今虽仅半月,而所历乃至诡异,亦不能名其苦乐,但吾抱责任心以赴之,究竟乐胜于苦也。约廿七八乃能行,行半月乃能至梧州,此后所历更不知若何诡异,今亦不复预计。极闷中写此告家人。

三月二十日　由帽溪山庄

孟曦昨日至海防,即夕入云南,觉顿早安抵梧州。

嗟夫!思顺,汝知我今夕之苦闷耶?吾作前纸书时九点耳,今则四点犹不能成寐。吾被褥既委不带,今所御者,此间佣保之物也,秽乃不可向迩。地卑湿,蚤缘延榻间以百计,嘬吾至无完肤。又一日不御烟卷矣(能乘此戒却,亦大妙)。今方渴极,乃不得涓滴水,一灯如豆,油且尽矣。主人非不殷勤,然彼伧也,安能使吾适者。汝亦记台湾之游矣,今之不适且十倍彼时耳。因念频年佚乐太过,致此形骸习于便安,不堪外境之剧变,此吾学养不足之明证也。人生惟常常受苦乃不觉苦,不致为苦所窘耳。更念吾友受吾指挥效命于疆场者,其苦不知加我几十倍,我在此已太安适耳。吾今当力求睡得,睡后吾明日必以力自振,誓利用此数日间著一书矣。

二十夜向晨

此间寄书殊不易,吾且作此留之,明日或更有所作,积数纸乃寄也。吾今日已甚好,已着手著书,可勿念。

廿一日

与思顺　病起后,胸无一事,于是作《国民浅训》

题解:这是1916年3月26日写给思顺的信。详细叙述自己因暑热暴病,几乎丧命,病起后,三日夜著成一书。此书即日后广为流传,并一度作为"教育部审定"的国民教育的社会和学校用书的《国民浅训》。此书商务印书馆初版封面,在"国民浅训"四个带有汉魏碑体风格的红色大字后,又有行书小字:"丙辰三月越南帽溪山中扶病著　饮冰"。此书延续了梁启超"增进国民常识"的思路,更因袁世凯复兴帝制的刺激,深感促成普通大众的国民意识的迫切性,故梁启超对此书极为看重,在3月25日的信中说:"病起后即捉笔著成《国民浅训》一书,约二万言,此书真我生之绝好记念也。"

娴儿读:

吾今成行矣。在此山中恰已十日,而其间却有一极危险之记念。盖此间有一种病,由烈日炙脑而生者,故土人必以黑布裹头(印度人之红布亦为此)。吾初至之日,主人本已相告,而我不检,乃竟罹之。记一夕曾作书与汝,谓薅闷[1]思家,不能成寐,不知为此病之发也。明晨起来稍觉清明,及下午而热大起。一夜之苦痛,真非言语所能形容。子身在荒山中,不特无一家人,且无一国人(实则终夕室中并人而无之,若其夕死者,明日乃能发见)。灯火尽熄,茶水俱绝,此时殆惟求死,并思家之念亦不暇起矣。明晨人来省视,急以一种草药治之(专治此病之药),不半日竟霍然若失,据言幸犹为轻症,然若更一日不治,则亦无救矣。险哉!

病起后,胸无一事,于是作《国民浅训》一书,三日夜成

---

[1] 薅闷:烦闷。薅读 hāo。

之,亦大快也。

二黄[1]皆已往云南,吾一人独入桂,尚须挟骑走山中四日乃能易舟也。自此以往皆坦途,可勿念。

廿六日

病虽全愈,然两日来浑身发痒,搔之则起鳞粟,今遍体皆是,非蚤所啮也,不解何故。此地卑湿,非吾侪所堪,幸即离去,否则必再生病也。

与思顺 全城爆竹声喧天沸地,父老儿童皆感极而泣

题解:这是1916年4月3日写给思顺的信,叙述自己由越南进入广西后的情形,尤其是受到龙州当地父老儿童的热烈欢迎。可见梁启超已在民间产生了极大的影响。

---

[1] 二黄:黄群(1883—1945,字溯初)与黄大暹。

娴儿读：

吾于阳历三月廿七日入镇南关（吾孑身行耳，盖黄溯初、黄孟曦皆往滇未返也），当即寄一纸，想已达。吾在越南十日，实历无量艰辛。盖伪政府已知吾在彼，谍骑四布，必欲暗杀，次则截留。由海防经河内、谅山以达镇南关，汽车须两日程，每站皆有敌谍，群以为吾决无飞渡之理。而廿七日午后三时，镇南关大悬国旗，列队肃肃，到车站，军乐爆竹声中，簇拥我入关矣。料敌人必当叹为神助，然吾实已忍饥两日，露宿一宵，至今念之犹痛怖也。在关一宿，翌晨（廿八日）破晓即首途赴龙州。山程百五十里，吾驰马行（中间亦易舟），到时日未晡[1]也。而沿途所经市镇村落，皆悬旆燃爆欢迎，父老相携，迎送十里外。及抵龙州，则全城爆竹声，喧天沸地，父老儿童皆感极而泣，良不知其何以如是，盖绝非由军吏之教劝也。其夕接到全省各军官欢迎电数十通，而陆督[2]

---

[1] 晡：即申时，亦即下午 3 时至 5 时。
[2] 陆督：即陆荣廷。

及荷丈(荷丈早已由梧入)皆有电来商要事,吾一一作答,又须致电云、贵、蜀、湘各处。是夜又竟夕不寐,盖方行百五十里,而后熬此一夜,疲倦极矣。

龙州各团体预备欢迎,请演说者凡六七处,然吾以急于晤陆督,虽一日不能淹,又不便辜负其盛意,因使之合并。于翌晨午前往莅,然犹须到两处,其一则龙州各团体之联合,其二则广东会馆也。廿九日晨接见各军官、地方官后,即往演说。演毕即乘船下南宁,倾城出送,亘江千数里,人如堵墙,然吾目不交睫,手口不暂辍者,已三十八小时矣。水浅不能通轮舟(陆道本可通,惟太辛苦,故改遵水路),雇民船行,军署派队三十人护送,矮篷货船(共两艘),与军士同纵横卧一舱中,此况味亦二十年所未经也(吾幼时由乡往省赴试时,未有轮船,曾经此况)。至四月初三日行至镇龙村地方,始有兵轮舣[1]此相迓,盖已行六日矣。明午便可抵省城南宁,苟无兵轮,尚须行三日也。陆督本在梧州行营,特返南宁相迎,

---

[1] 舣:停靠。

明日相见后,商定一切,便当携手东下故乡矣。龙觐光已缴械投诚,顷已将其人俘归南宁(昨已至),极优待之,钦、廉[1]已下,海运顿通,此后进取益易矣。舟中匆匆写此,余续闻。

即呈仲父及季丈阅。

    四月初三晚 广西第六号巡轮发

昨电托云南日领事,属电津领来报平安,不知曾达否?

与思成、思永 汝等能升级固善,不能也不必愤懑,但问果能用功与否

题解:这是1916年6月22日写给思成、思永的信。他认为,学习只要用功了就可以,不必过于关注是否升级,但如若荒废学业,则是自暴自弃。

---

[1] 钦、廉:指广西钦州、廉州。

思成、思永同读：

来禀已悉。新遭祖父之丧，来禀无哀痛语，殊非知礼，以年幼姑勿责也。汝等能升级固善，不能也不必愤懑，但问果能用功与否。若既竭吾才，则于心无愧。若缘怠荒所致，则是自暴自弃，非吾家佳子弟矣。闻汝姊言，汝等颇知习劳苦学俭朴，吾心甚慰，宜益图向上。吾再听汝姊考语，以为忧喜也。

饮冰 六月廿二日

与思顺　作官终非安身立命之所

题解：这是1916年10月11日写给思顺的信，主要谈女婿周希哲谋职之事。梁启超希望希哲不要再做官，因为做官易损人格，终非安身立命之所。此时他已有退出政界而从事教育事业的打算，故而希望希哲转向教育事业以协助自己。

月来季常丈在此同居,所益不少,前游杭游宁,皆备极欢迎,想在报中已见一二。顷决于十五日返港,省奠灵帏,且看察情形,能否卜葬,若未能,则住港两旬必仍返沪,便当北归小住也。写至此,接来禀,悉一切。

希哲就外交部职无妨,吾亦托人在国务院为谋一位置,未知如何?领事则须俟外交总长定人乃可商。但作官实易损人格,易习于懒惰与巧滑,终非安身立命之所。吾顷方谋一二教育事业,希哲终须向此方面助我耳。十二舅事,循若复电言运使已允设法,吾亦已电告汝母矣。别纸言《京报》事,可呈汝叔。

父示娴儿。

十月十一日

1919年、1920年

与思顺　总要在社会上常常尽力,才不愧为我之爱儿

题解：第一次世界大战结束刚后,梁启超与张君劢等于1918年至1919年一年多的时间在欧洲进行考察,并写出《欧游心影录》。这是1919年12月2日将归国时写给思顺的信。此信重在教育思顺要为社会尽力,常思回报社会,因自己地位而做事,所谓"君子素其位而行"也。

得十月廿一日禀,甚喜。总要在社会上常常尽力,才不愧为我之爱儿。人生在世,常要思报社会之恩,因自己地位

做得一分是一分,便人人都有事可做了。吾在此作游记[1],已成六七万言,本拟再住三月,全书可以脱稿。乃振飞[2]接家电,其夫人病重(本已久病,彼不忍舍我言归,故延至今),归思甚切。此间通法文最得力者,莫如振飞,彼若先行,我辈实大不便,只得一齐提前。现已定阳历正月廿二日船期,约阴历正月杪可到家矣。一来复后便往游德国,并及奥、匈、波兰,准阳历正月十五前返巴黎,即往马赛登舟,船在安南停泊一两日,但汝切勿来迎,费数日之程,挈带小孩,图十数点钟欢聚,甚无谓也。但望汝一年后必归耳。

父示娴儿。

十二月二日

---

[1] 游记:即《欧游心影录》。
[2] 振飞:即徐新六(1890—1938),字振飞,浙江余杭人。1918年随梁启超一同赴欧洲考察。

与思顺　家庭中春气盎然

题解：这是1920年3月25日写给思顺的信。此年3月，梁启超结束1年多的欧洲考察回到国内，该月24日由京返津，次日写信给思顺，告诉归国以后之情形。其中谈及他夫妻之恩爱，如两人杂谈至深夜，晚餐两人对饮甚乐。又说家庭春气盎然，盼望思顺在其母生日回家作一大团聚。

吾以十二日（旧历正月），抵香港，敬谒祖父殡宫[1]，在港与诸亲故盘桓永日[2]，旋即登舟。十五日抵沪，诸友来迎者颇众，馆于张菊生家，叔通、东荪、溯初屡作深谈。旋应张季直之招，往南通淹留三日，复返沪。沪上政客未接一人，最为快事。廿四日发沪（在南京未下车），廿五日抵家，都中亲故来津相迓，旅舍为满。家中群童迎于新站，

---
[1] 殡宫：暂时停放灵柩的地方。
[2] 永日：一整天。

汝母迎于老站。是夕诸友在家为我洗尘，翌日为我介寿，将未成之新居权布筵席，主客熙熙，有如春酿。在家小憩后，以廿九日入都，向当道循例一周旋。初三日便返津，除最稔诸友共作饮食宴乐外，一切酬应皆谢绝，东海约宴亦谢之。

然旬日以来，亦颇劳顿矣。每晚客散后，与汝母杂谈，动至夜分。返津两日，来客稍希，夕间辄与汝母对酌微醺，甚乐也（久不御黄酒，归来开陈酿，至乐，但饮后觉不甚受用，数日后亦拟节之矣）。思成辈皆渐知向学，幼者亦益可爱，家庭中春气盎然，惟汝不在旁，美犹有憾耳。

吾自欧游后，神气益发皇，决意在言论界有所积极主张，居北方不甚便，两月后决南下，在上海附近住，想汝亦必以为然也。汝在仰光病已数次，两孙亦常不适，当是水土所致。汝曹生长在较北之地，久居炎方，恐非所宜，早日宁家为妙。今年吾与汝母合成百岁，吾生日汝既未归，深望汝母生日时作一大团聚。汝来禀屡言明春必归，能早数月更慰老怀也。

前书言中比公司事,顷股本咄嗟[1]已满,不必复求林振宗矣。惟吾欲在上海办一大学,彼若有志能相助最善(彼新房落成,礼物日内当即写送)。吾拟别作一英文书与言,汝谓何如?

父示思顺,并问希哲。

三月廿五日　旧历二月六日

---

[1] 咄嗟:指呼吸之间,比喻时间短暂。

ND
1921年

与思顺　学问是生活,生活是学问

题解:这是1921年5月30日写给思顺的信。此年因受党争的影响,周希哲的外交工作受到影响。梁启超认为凡是为社会任事,必然会有风波,自己数十年就是在风波中度过的。所谓"学问是生活,生活是学问",是指学问需在生活中应用,且从实际生活中求学问,此处是指修养性学问,亦即王阳明"知行合一"之旨。

我间数日辄得汝一书,欢慰无量。昨晚正得汝书,言大学校长边君当来。今晨方起,未食点心,此老已来了。弄得我狼狈万状,把我那"天吴紫凤"[1]的英话都迫出来,对付了十多分钟,后来才偕往参观南开,请张伯苓当了一次翻译。彼今日下午即入京,我明晨仍入京,拟由讲学社请彼一次,但现在京中学潮未息,恐不能热闹耳。

某党捣乱,此意中事,希哲当不以介意。凡为社会任事之人,必受风波。吾数十年,日在风波中生活,此汝所见惯者,俗语所谓"见怪不怪,其怪自败",吾行吾素可耳。廷伟[2]为补一主事,甚好。尝告彼"学问是生活,生活是学问",彼宜从实际上日用饮食求学问,非专恃书本也。

汝三姑嘉礼日内便举行,吾著书已极忙,人事纷扰,颇以为苦,但家有喜事,总高兴耳。

王姨有病入京就医,闻已大痊矣。

父示娴儿。

五月三十

---

[1] 天吴紫凤:天吴是古代传说中的水神,紫凤是古代传说中的神鸟。此处比喻应急而用的古旧事物。
[2] 廷伟:梁启超侄子。

与思顺　吾日来极感希哲有辞职之必要

题解：这是1921年7月22日写给思顺的信。该月4日，梁启超三妹结婚，全家人都非常满意，他也为自己完成家庭一义务而快意，特向告知女儿此事。此信主要是建议女婿周希哲辞去加拿大总领事之职而向实业方面发展。希哲为马来西亚华侨，美国哥伦比亚大学国际法博士，在外交虽有才干，但由于当时政局不稳，其才能不易发挥出来，还面临失业的风险，况且政府又常拖欠薪水。在金融投资方面，希哲有时在国外偶试身手，往往获利颇丰。所以梁启超才有劝女婿辞去外交官而向实业发展的建议。不过希哲当时并未听取丈人的建议，而是继续留在加拿大任职。1929年终于辞去外交官回国，因国内实业发展的艰难，也没有向此方面发展，而是从事于教育事业，在北京的一些大学任国际法教授。

喜事办完，吾返家已一来复，又从事著述生涯，自觉其乐无量。廷伟已斥令归乡，不复以此自恼，汝勿以为忧也。汝三姑姻事（大约汝三姑丈将在久大[1]任一职，决不令彼作官矣），吾及汝母皆觉甚满足，全家人皆然，此为吾自完义务之一快事。使领馆经费补发无期（吾近来始知底细，盖两年来外交部恃船钞三成充此费，今已无着），日前晤长绶卿，彼言若呈部言家眷在津，则薪水（公费不在此限）可在津领，彼新放横滨总领事，亦只得托言眷一部分在津云云。可告希哲，即办一呈，言眷已返津，薪水托廷灿代领，望每月由津拨支云云，当可得也。

吾日来极感希哲有辞职之必要，盖此种鸡肋之官，食之无味。且北京政府倾覆在即，虽不辞亦不能久，况无款可领耶？希哲具有实业上之才能，若更做数年官，恐将经商机会耽阁，深为可惜。汝试以此意告希哲，若谓然，不妨步步为收束计（自然非立刻便辞）。汝母颇不以吾说为然，故吾久未语汝，但此亦不过吾一时感想，姑供汝夫妇参考耳。希哲之才，在外交官方面，在实业方面皆可自立，但作外交官则常须与

---

[1] 久大：指范旭东创办的久大盐业公司。

政局生连带关系,苦恼较多也。此所说者,并非目前立刻要实行,但将个中消息一透露,俾汝辈有审择之余裕耳。

父示娴儿。

廿二

1922 年

与思顺　　我不是不想你，却是没有工夫想

题解：1922 年 8 月至 1923 年 1 月，梁启超在国立东南大学作半年的短期讲学，主讲先秦政治思想史，期间还到上海、苏州、武昌、长沙等地作讲演。这是 1922 年 11 月 26—29 日写给思顺的信，主要向思顺叙述其在东大的忙碌情形以及自己的身体状况（包括生病）。

我的宝贝思顺：

我接到你这封信，异常高兴，因为我也许久不看见你的

信了,我不是不想你,却是没有工夫想。四五日前吃醉酒。(你勿惊,我到南京后已经没有吃酒了,这次因陈伯严老伯请吃饭,拿出五十年陈酒来吃,我们又是二十五年不见的老朋友,所以高兴大吃。)忽然想起来了,据廷灿说,我那晚拿一张纸写满了"我想我的思顺""思顺回来看我"等话,不知道他曾否寄给汝看。

以上廿六日写

你猜我一个月以来做的什么事,我且把我的功课表写给汝看。

每日下午二时至三时在东南大学[1]讲"中国政治思想史",除来复日停课外,日日如是。

每来复五晚为校中各种学术团体讲演,每次二小时以上。

每来复四晚在法政专门讲演,每次二小时。

---

[1] 东南大学:1902年张之洞于南京创建三江师范学堂。1914年改为南京高等师范学校,1921年经近代著名教育家郭秉文倡导,以南京高等师范学校为基础建立国立东南大学,成为当时国内仅有的两所国立综合性大学之一。当时的校址位于南京鸡笼山下四牌楼。

每来复二上午为第一中学讲演,每次二小时。

每来复六上午为女子师范讲演,每次二小时。

每来复一、三、五从早上七点半起至九点半(最苦是这一件,因为六点钟就要起来),我自己到支那内学院[1]上课,听欧阳竟无先生讲佛学。

此外各学校或团体之欢迎会等,每来复总有一次以上。

讲演之多既如此,而且讲义都是临时自编,自到南京以来(一个月)所撰约十万字。

张君劢跟着我在此,日日和我闹,说"铁石人也不能如此做",总想干涉我,但我没有一件能丢得下。前几天因吃醉酒(那天是来复二晚),明晨坐东洋车往听佛学,更感些风寒,归来大吐,睡了半日。君劢硬说我有病,到来复四日我在讲堂下来,君劢请一位外国医生等着诊验我的身体。奇怪,他说

---

[1] 支那内学院:中国现代著名佛学院之一。欧阳竟无创办于南京。因古印度称中国为"支那",佛教自称"内学",其实就是"中国佛学院"的意思。1918年在南京金陵刻经处研究部设立筹备处,1920年7月正式成立。梁启超在南京讲学时,曾前往第一期研究部试学班听欧阳竟无讲解法相唯识学要典。

我有心脏病,要我把讲演著述一概停止(说我心脏右边大了,又说常人的脉只有什么七十三至,我的脉到了九十至)。我想我身子甚好,一些不觉得什么,我疑心总是君劢造谣言。那天晚上是法政学校讲期,我又去了,君劢在外面吃饭回来,听见大惊,一直跑到该校,从讲堂上硬把我拉下来,自己和学生讲演,说是为国家干涉我。再明日星期五,我照例上东南大学的讲堂,到讲堂门口时,已见有大张通告,说梁先生有病放假,学生都散了,原来又是君劢捣的鬼。他已经立刻写信各校,将我所有讲演都停一星期再说。

以上廿八日写

医生说不准我读书、著书、构思、讲演,不准我吃酒,(可以)吃茶、吃烟。我的宝贝,你想这种生活我如何能过得。

廿八晚写

神经过敏的张君劢,听了医生的话,天天和我吵闹,说我的生命是四万万人的,不能由我一个人作主,他既已跟着我,他便有代表四万万人监督我的权利和义务。我们现在磋商的条件：

1. 除了本校正功课每日一点钟外，其余讲演一切停止；

2. 除了编《中国政治思想史》讲义，其余文章一切不做；

3. 阳历十二月三十一日以前截止功课，回家休息；

4. 每星期一、三、五之佛学听讲照常上课——此条争论甚烈，君劢现已许我；

5. 十日后医生诊视说病无加增则照此实行，否则再议。

我想我好好的一个人，吃醉了一顿酒，被这君劢捉着错处（呆头呆脑的书呆子，又蛮不讲理），如此其欺负我，你说可气不可气。君劢声势汹汹，他说我不听他的话，他有本事立刻将我驱逐出南京，问他怎么办法？他说他要开一个"梁先生保命会"，在各校都演说一次，不怕学生不全体签名送我出境，你说可笑不可笑。

我从今日起已履行君劢所定契约了，也好，稍为清闲些。

懒得写了，下回再说。

以上廿九日

与思顺　我狠后悔,不该和你说那一套话

题解:这是1922年12月2日梁启超写给思顺的信,后悔上次不该写信告诉女儿自己生病之事,弄得她好担忧。可见父女情深之一斑。

我的宝贝思顺:

前书想收。我狠后悔,不该和你说那一大套话,只怕把我的小宝贝急坏了,不知哭了几场。我委实一点病也没有,若有,我不能不知到,但君劢相爱太过,我也只好容纳他的好意。现在已减少许多功课,决意阳历年内讲完,新年往上海顽几天。汝母生日以前,必回家休息,汝千万不许耽忧着急。我明年上半年决意停讲,在家中安住数月后。阴历三四月间,拟往庐山,即在彼过夏。

汝暂勿回来亦好,我虽想念汝,但汝来往一次亦大不易,

不必汲汲也。汝能继续求学甚好,汝学本未成,汝为我爱儿,学问仅如此,未为尽责也。

父谕。

十二月二日

1923 年

与思顺　　逢凶化吉,履险如夷,真是徼天之幸

题解:1923 年 5 月 7 日,思成、思永在北平城遭遇车祸,思成左腿骨折,而骨头未碎,思永嘴唇碰裂一块,腿上微伤。肇事车主为北洋政府陆军部次长金永炎。这是 8 日写给思顺的信,告知思成、思永的遭遇车祸之事。在这一事故中,可见梁家父子、兄弟之间的情感,尤其是思成受重伤后还安慰父亲。

宝贝思顺:

你看见今日《晨报》,定要吓坏了。我现在极高兴的告诉

你,我们借祖功宗德庇荫,你所最爱的两位弟弟,昨日从阎王手里把性命争回。

我在西山住了差不多一个月,你是知道的,昨日是你二叔生日,又是五七国耻纪念,学生示威游行,那三个淘气精都跟着我进城来了。约摸(午前)十一点时候,思成、思永同坐菲律宾带来的小汽车出门,正出南长街口,被一大汽车横撞过来,两个都碰倒在地。思永满面流血,飞跑回家,大家正在惊慌失色,他说快去救二哥罢,二哥碰坏了。等到曹五将思成背到家来,脸上一点血色也没有(两个孩子真勇敢得可爱,思成受如此重伤,忍耐得住,还安慰我们;思永伤亦不轻,还拼命看护他的哥哥),眼睛也几乎定了。思忠看见两个哥哥如此,"呱"的一声哭起来,几乎晕死。我们那时候不知伤在何处,眼看着更无指望,勉强把心镇定了,赶紧请医生。你三姑丈和七叔乘汽车去(幸我有借来的汽车在门),差不多一点钟才把医生捉来。出事后约摸二十多分钟,思成渐渐回转过来了,血色也有了,我去拉他的手,他使劲握着我不放,抱着亲我的脸,说道:"爹爹啊,你的不孝顺儿子,爹爹妈妈还没有完全把这身体交给我,我便把他毁坏了,你别要想我罢。"又说:"千万不可告诉妈妈。"又说:"姐姐在那里,我怎样能见他?"我那时候心真碎了,只得勉强说:"不要紧,不许着急。"但我看见他脸色回转过来,实在亦已经放心许多。我心里想,只要拾回性命,便残废也甘心。后来医生到了,全身检视一番,腹部以上丝毫无伤,只是左腿断了,随即将装载病人的汽车装来,送往医院。

初时大家忙着招呼思成,不甚留心思永何如。思永自己说没有伤,跟着看护他哥哥。后来思永也睡倒了,我们又担心他不知伤着那里,把他一齐送到医院检查。啊啊!真谢天谢地,也是腹部以上一点没有,不过把嘴唇碰裂了一块(腿上亦微伤),不能吃东西。

现在两兄弟都在协和医院同居一房,思永一个礼拜可以出院,思成约要八个礼拜。但思成也不须用手术(不须割),因为骨并未碎,只要扎紧,自会复原。今朝我同你二叔、三姑、七叔去看他们,他们哥儿俩已经说说笑笑,又淘气到了不得了。昨天中饭是你姑丈和三姑合请你二叔寿酒,晚上是我请,中饭全家都没有吃,晚饭我们却放心畅饮压惊了。我怕你妈妈着急发病,昨日一日瞒着没有报告,今朝我从医院出来,写了一封快信,又叫那两个淘气精各写一封去,大约你妈妈明天早车也要来看他们了。内中还把一个徽音也急死了,也饿着守了大半天(林家全家也跟着我们饿),如今大家都欢喜了。你二叔说,若使上帝告诉我们,说你的孩子总要受伤,伤什么地方听你自择,我们只有说是请伤这里。因为除此以外,无论伤那里,都是不了。

我们今天去踏查他们遇险的地方,只离一寸多,便是几块大石头,若碰着头部真是万无生理。我们今天在六部口经过,见一个死尸横陈,就是昨天下午汽车碰坏的人,至今还没殡殓,想起来真惊心动魄。今年正月初二,我一出门遇着那么一个大险,这回更险万倍,到底皆逢凶化吉,履险如夷,真是徼天之幸[1]。我本

---

[1] 徼天之幸:因为上天的眷顾得以偶然免去灾害。徼,音 jiǎo,通"侥"。

来不打算告诉你,因为《晨报》将情形登出,怕你一见吓倒,所以详细写这封信。我今日已经打了二十多圈牌了,我两三日后仍回西山,我在那里住的舒服极了(每日早起,又不饮酒)。

爹爹　阳历五月八日

旧历三月廿三日

与思顺　这回小小飞灾,狠看出弟兄两个勇敢和朊挚的性质

题解:这是 1923 年 5 月 11 日写给思顺的信,告知事故处理结果以及思成在医院读《论语》《孟子》《资治通鉴》等情形。梁启超认为,思成正可利用这段时间多读点国学经典,也是好事。

宝贝思顺:

你看见我第一封信,吓成怎么样?我叫思成亲自写几个字安慰你,你接到没有?思永现已出院了,思成大概还要住

院两月。汝母前日入京抚视他们,好在他们都已复原,所以汝母并未着急。汝母恨极金永炎,亲自入总统府见黄陂[1]诘责之。其后金某[2]来院慰问,适值汝母在,大大教训他一场。金某实在可恶,将两个孩子碰倒在地,连车也不下,竟自扬长而去。一直过了两日,连名片也没有一张来问候。初时我们因救命要紧,没有闲工夫和他理论,到那天晚上,惊魂已定,你二叔方大发雷霆,叫警察拘传司机人,并扣留其汽车。随后像有许多人面责金某,渠始来道歉。初次派人送片来院问候,被我教斥一番,第三日始亲来。汝二叔必欲诉诸法庭,汝母亦然。但此事责任仍在司机人,坐车人不过有道德责任而已。我见人已平安,已经心满意足,不欲再与闹。惟汝母必欲见黎元洪,我亦不阻止,见后黎极力替赔一番不是,汝母气亦平了,不致生病,亦大好事也。

思成今年能否出洋,尚是一问题,因不能赶大考也(现商

---

[1] 黄陂:即黎元洪,湖北黄陂人,时任中华民国总统。
[2] 金某:即金永炎,号晓峰,湖北黄陂人。

通融办法),但迟一年亦无甚要紧耳。我现课彼在院中读《论语》《孟子》《资治通鉴》,利用这时候多读点中国书也狠好。前两天我去看他们,思永嘴不能吃东西,思成便大嚼大啖去气他。思成腿不能动,思永便大跳大舞去气他。真顽皮得岂有此理。这回小小飞灾,狠看出他们弟兄两个勇敢和肫挚的性质,我狠喜欢。我昨日已返西山著我的书了。今晨天才亮便已起,现在是早上九点钟,我已成了二千多字,等一会蹇七叔们就要来(今日礼拜六)和我打牌了。

爹爹　五月十一日　翠微山秘魔岩

与思成

欲汝在院两月中取《论语》《孟子》有益修身之文句,细加玩味

题解:这是1923年5月某日写给思成的信。思成在医院治疗

骨折需要两个月，梁启超要求儿子利用这段时间，首先温习诵读《论语》《孟子》，细加玩味其中有益修身的文句，其次浏览《左传》《战国策》，有余力再读《荀子》。需注意三种书的次第和读法不同，其效果也有"修身""益神智""助文采"的不同。思成带着伤痛，却要读这么多书，这是一般家长无法想象的。梁启超强调在忧患中成才，于此可见一斑。其实，这正是一种精神教育，读书正可忘怀一切，包括伤痛。梁启超教子在医院读书大有深意。

父示思成：

吾欲汝以在院两月中取《论语》《孟子》，温习谙诵，务能略举其辞，尤于其中有益修身之文句，细加玩味。次则将《左传》《战国策》全部浏览一遍，可益神智，且助文采也。更有余日读《荀子》则益善。各书可向二叔处求取。《荀子》颇有训诂难通者，宜读王先谦《荀子集解》。可令张明去藻玉堂[1]老王处取一部来。

爹爹

---

[1] 藻玉堂：民国时期天津、北京各有一家名藻玉堂的书店。

与思成 小挫折正是磨练德性之好机会

题解：这是1923年7月26日写给思成的信。5月7日思成因遭遇车祸，影响了原定的出国留美计划，因此颇为着急。梁启超劝慰儿子不可着急、失望，而小挫折正可磨练德性。

汝母归后说情形，吾意以迟一年出洋为要，志摩[1]亦如此说，昨得君劢[2]书，亦力以为言。盖身体未完全复元，旋行恐出毛病，为一时欲速之念所中，而贻终身之戚，甚不可也。人生之旅历途甚长，所争决不在一年半月，万不可因此着急失望，招精神上之萎苶。汝生平处境太顺，小挫折正磨练德性之好机会，况在国内多预备一年，即以学业论，亦本未

---

[1] 志摩：即徐志摩(1897—1931)，浙江海宁人，现代诗人，梁启超入室弟子。
[2] 君劢：即张君劢(1887—1969)，现代政治家、哲学家，江苏宝山人，梁启超的朋友。

尝有损失耶。吾星期日或当入京一行,届时来视汝。

爹爹　七月二十六日

与思顺　吃完后五个人坐汽车兜圈子到马厂一带,把几位小孩子欢喜得了不得

题解:这是1923年8月1日写给思顺的信。与以下两封信一起,说的是暑假带孩子们出去游玩的事,可以看到梁启超与孩子们的融洽关系。

宝贝思顺:

得复电,大慰。我因久不得汝信,神经作用,无端疑汝有病耳。

昨日在南开讲毕,思永、思忠留校中听别人讲演。我独携思庄去吃大餐。随后你妈妈把思达、思懿带来,吃完后五

个人坐汽车兜圈子到马厂[1]一带,把几位小孩子欢喜到了不得。你妈妈说,我居然肯抛弃书桌上一点钟工夫,作此雅游,真是稀奇。我和思庄说,明年姐姐回来,我带着你们姊妹去逛地方,不带男孩子了。庄、懿都拍掌说,哥哥们太便宜了,让他们关在家里哭一回。思达说他要加入女孩子团体,思庄已经答应他了。

我今日起得甚早,随意写几句告诉你。

爹爹　八月一日

与思顺　忠忠、庄庄两个天天撒泼,要我带他们逛北戴河

题解:这是1923年8月8日写给思顺的信。梁启超给孩子

---

[1] 马厂:此处指赛马场。天津1860年开埠后,英籍德国人德璀琳在英租界开设了赛马场,民国初年马场道一带已经成了天津市民的游憩场所。又1917年7月张勋在北京策动逊帝溥仪复辟,随即段祺瑞率领第八师官兵,在梁启超的协助下誓师马厂,讨伐张勋。该马厂为另一处地名,位于天津以南约60公里的河北省青县马厂乡津浦铁路旁,为新编陆军第八师驻扎地。

们的信里时常模仿孩子们的话打趣,读起来非常自然,除了体现出父子、父女之间的其乐融融之外,也展露了梁启超心地的纯真天然。

顺儿:

前几天,天天记挂你,打电问你,回电来了后,便接连得你好几封信,快活极了(却还没有一封给我的,可恶,可恶)。

你妈妈半个月前有点呕思成的气。现在久已无事了。思成、徽音来信,寄你一看,便可知道他们现时情状(也可以见那位不害羞的女孩儿如何可爱)。

忠忠、庄庄两个天天撒泼,要我带他们逛北戴河(最好笑是徐志摩也加入他们队里帮着运动)。我被他们磨不过,已经答应了。只要借得房子,便带他们去。他们说,姊姊不知占了多少便宜。其实,你并没有跟着我逛过多少地方,不过他们眼红罢了。你们这些孩子们,实在难揍,一个个长大了,越发成群结党来打老子主意了,你当老姊姊的都不管管他们吗？

爹爹 八月八日

与思顺　此十二日间,游极乐,我们一个个都晒黑了

题解：这是 1923 年 8 月 22 日写给思顺的信。梁启超履行诺言，带着几个孩子到北戴河玩了 12 天，继续当孩子王，还开起了孔夫子的玩笑。

宝贝思顺：

今日从北戴河归，明日便入京，归时连得汝三信，欣慰之至。当发电之前数日，我天天记挂你，总疑心是有病，不意果病了。现在斐儿何如？希哲无传染耶？甚念。

此十二日间，游极乐。弟弟、妹妹们寄你的明信片想不少，我没有都看见，不知说些什么有趣话，只可惜思成向隅

了。我们一个个都晒黑了,庄庄尤其厉害,像比忠忠还黑,但他的凫水成绩狠好,思永已许他小学毕业了。我也天天入海,却只学得个三十岁的孔夫子[1],可笑之至。一群孩子都要求明年再游,他们私自商量,说若是爹妈打不起兴致,把姐姐请来,领头运动,一定成功。只怕不日就要联衔向你请愿了。

我明晨六点钟车入京(近来总是搭这躺最早的车),现在要睡觉了。

爹爹　八月廿二日

与思顺　我对于你们的婚姻,得意得了不得

题解:这是1923年11月5日写给思顺的信。前一日,松坡图

---

[1] 三十岁的孔夫子:调侃语。因孔子有"三十而立"之说,此处戏言自己不会游泳,只能站立在水中。

书馆成立(松坡为蔡锷的字,此馆为纪念蔡锷而立),梁启超告知图书馆成立和家庭诸事。其中对于思顺、思成的爱情、婚姻极为满意,这都是梁启超悉心促成的。思顺丈夫周希哲是马来西亚华侨,后成为梁启超的学生,徽音是梁启超好友林长民的女儿,都是他留心观察看定后,才经人介绍给女儿、儿子的,然后由他们自己去接触、决定。可以说,这种爱情婚姻模式既有旧时代的色彩,又带有新时代的特点。作为一个父亲,对于儿女一生的幸福,真是费心、尽心。此外,对于做人,梁启超认为天下事业无大小,只要在自己责任内,尽自己力量去做,便是第一等人物。这就是儒家所谓的人皆可以为尧舜,人人都可成为圣人。

宝贝思顺:

昨日松坡图书馆成立(馆在北海快雪堂,地方好极了,你还不知道呢,我每来复四日住清华,三日住城里,入城即住馆中),热闹了一天。今天我一个人独住在馆里,天阴雨,我读了一天的书,晚间独酌醉了(好孩子别要着急,我并有恁么[1]醉,酒亦不是常常多吃的),书也不读了,找我最爱的

---

[1] 有恁么:应是"没有恁么",即没那么。

孩子谈谈罢。谈什么呢？想不起来了。

哦，想起来了。

你报告希哲在那边商民爱戴的情形，令我喜欢得了不得。我常想，一个人要用其所长（人才经济主义）。希哲若在国内混沌社会里头混，便一点看不出本领，当领事真是模范领事了。我常说天下事业无所谓大小（士大夫救济天下和农夫善治其十亩之田，所成就一样），只要在自己责任内，尽自己力量做去，便是第一等人物。希哲这样勤勤恳恳做他本分的事，便是天地间堂堂地一个人，我实在喜欢他。

好孩子，你气不分[1]弟弟妹妹们，希哲又气不分你，有趣得狠（你请你妈妈和我打弟弟们替你出气，你妈妈给思成们的信帮他们，他们都拍手欢呼胜利，我说我帮我的思顺，他们淘气实在该打）。平心而论，爱女儿那里会不爱女婿呢，但总是间接的爱，是不能为讳的。徽音我也狠爱她，我常和你妈妈说，又得一个可爱的女儿。但要我爱她和爱你一样，终

---

[1] 气不分：气不过。

久是不可能的。

我对于你们的婚姻,得意得了不得,我觉得我的方法好极了,由我留心观察看定一个人,给你们介绍,最后的决定在你们自己,我想这真是理想的婚姻制度。好孩子,你想希哲如何,老夫眼力不错罢。徽音又是我第二回的成功。我希望往后你弟弟妹妹们个个都如此(这是父母对于儿女最后的责任)。我希望普天下的婚姻都像我们家孩子一样,唉,但也太费心力了。像你这样有恁么多弟弟妹妹,老年心血都会被你们绞尽了,你们两个大的我所尽力总算成功,但也是各人缘法侥幸碰着,如何能确有把握呢?好孩子,你说我往后还是少管你们闲事好呀,还是多操心呢?

你妈妈在家寂寞得狠,常和我说放暑假时候狠高兴,孩子们都上学便闷得慌,这也是没有法的事。像我这样一个人独处一年,我也不闷,因为我做我的学问便已忙不过来,但天下人能有几个像我这种脾气呢?

王姑娘近来体气大坏(因为你那两个殇弟产后缺保养),

我狠担心,他也是我们家庭极重要的人物。他狠能伺候我,分你们许多责任,你不妨常常写些信给他,令他欢喜。

我本来答应过庄庄,明年暑假绝对不讲演,带着你们顽一个夏天。但前几天我已经答应中国公学暑期学校讲一月了(他们苦苦要我,我耳朵软,答应了)。

我明春要到陕西讲演一个月,你回来的时候还不知我在家不呢。酒醒了,不谈了。

耶告　十一月五日

这两个字是王右军给他儿女信札的署名法。

1925 年

与思顺、思庄　　思庄远行,我心里着实有点难过

题解:这是1925年4月17日写给思顺、思庄的信。几日前,思顺跟随丈夫往加拿大赴任,思庄也随同前往(16岁的思庄跟随希哲、思顺夫妇先在加拿大读中学,然后再考入大学)。两爱女走后,梁启超感到非常寂寞,尤其是思庄离开,心里着实难过。从感情说,梁启超愿意儿女们待在身边,但是为了他们的前途,总是让其漂洋过海去外国留学。

宝贝思顺、小宝贝庄庄:

你们走后,我狠寂寞。当晚带着忠忠听一次歌剧,第二日

整整睡了十三个钟头起来,还是无聊无赖,几次往床上睡,被阿时、忠忠拉起来,打了几圈牌,不到十点又睡了,又睡十个多钟头。

思顺离开我多次了,所以倒不觉怎样。庄庄这几个月来天天挨着我,一旦远行,我心里着实有点难过。但为你成就学业起见,不能不忍耐这几年。

庄庄跟着你姊姊,我是十二分放心了,但我十五日早晨吩咐你那几段话,你要常常记在心里,等到再见我时,把实行这话的成绩交还我,我便欢喜无量了。

我昨天闷了一天,今日已经精神焕发,和你七叔讲了一会书,便着手著述,已成二千多字。现在十一点钟,要睡觉了,趁砚台上余墨,写这两纸寄你们。

你们在日本看过什么地方？寻着你们旧游痕迹没有？在船上有什么好玩(小斐儿曾唱歌否)？我盼望你们用日记体写出,详细寄我(能出一份《特国周报》临时增刊尤妙)。

我打算礼拜一入京,那时候你们还在上海呢。在京至多十日便回家,决意在北戴河过夏,可惜庄庄不能跟着,不然当得许多益处。

祝你们一路安适,两个礼拜后我就盼你们电报,四个礼拜后就会得你们温哥华来信,内中也许夹着有思成、思永信了。

十七晚　爹爹

与思顺、思成、思永、思庄　忠忠也碰着和我所遭相类的事

题解:这是1925年5月9日写给思顺、思成、思永、思庄的信。主要告诉儿女们两件事:一是梁启超被人游说、哀求,几乎答应担任宪法起草会会长,后遭大多数好友反对,自己也清醒过来,拒绝了;二是18岁的思忠和一个女孩恋爱,而梁启超从弟启勋信中得知此人父女德性均太差,所以严重告诫思忠,并要姐姐哥哥们也写信警告。所谓"忠忠也碰着和我所遭相类的事",就是说被人诱惑,几乎上当。

五月七日正午接到温哥华安电,十分安慰。六日早晨你妈妈说是日晚上六点钟才能到温,到底是不是?没出息的小庄庄,到底还晕船没有?你们到温那天,正是十五,一路上看着新月初生直到圆时,谅来在船上不知唱了多少次"江上何人初见月,江月何年照初人"了。我晚上在院子里徘徊,对着月想你们,也在这里唱起来,你们听见没有?

我多少年不做诗了,君劢的老太爷做寿,我忽然高兴,做了一首五十五韵的五言长古,极其得意,过两天钞给你们看。

我近来大发情感,大做其政论文章,打算出一份周报,附在《时》《晨》两报[1]送人看,大约从六月初旬起便发印。到我要讲的话都讲完,那周报也便停止,你们等着看罢。

我前几天碰着一件狠窘的事——当你们动身后,我入京时,所谓善后会议[2]者正在闭会。会议的结果,发生所谓

---

[1]《时》《晨》两报:《时事新报》与《晨报》。
[2] 1924年秋,冯玉祥联合奉系推翻直系政府后,推举皖系段祺瑞出任临时政府执政,并邀请孙文入京共商国是。1925年2月1日善后会议在北京召开,参会的有各省军阀代表及政客百余人。4月18日会议通过国民会议条例。因国民会议缺乏基本民意基础与法理授权机制,善后会议无疾而终。

宪法起草会者,他们要我做会长。由林叔叔来游说我,我已经谢绝,以为无事了。不料过了几天,合肥派姚震带了一封亲笔信来,情词恳切万分。那姚震哀求了三个钟头,还说执政说:"一次求不着,就跑两次、三次、五次天津,□□要答应才罢。"吾实在被他磨不过,为情感所动,几乎松口答应了。结果只得说容我考虑考虑,一礼拜回话。我立刻写信京、沪两处几位挚友商量,觉得不答应便和绝交一样,意欲稍为迁就。到第二天平旦之气一想,觉得自己糊涂了,决定无论如何非拒绝不可。果然隔一天,京中的季常、宰平、崧生、印昆、博生,天津的丁在君一齐反对,责备我主意游移。跟着上海的百里、君劢、东苏来电来函,也是一样看法。大家还大怪宗孟,说他不应该因为自己没有办法,出这些鬼主意,来拖我下水。现在我已经有极委婉而极坚决的信向段谢绝了。以后或者可以不再来麻烦。至于交情呢,总不能不伤点,但也顾不得了。

政局现有狠摇动的样子。奉天新派五师入关,津浦路从今日起又不通了。但依我看,一二个月内还不会发生什么事,早则八月,迟则十月,就难保了。

忠忠也碰着和我所遭相类的事。你二叔今日来的快信,寄给你们看。信中所讲那陈某我是知道的,纯然是一个流氓,他那个女孩也真算无耻极了。我得着你二叔信,立刻写了一千多字的信严重告诫忠忠。谅来这孩子不致被人拐去,但你们还要随时警告他。因为他在你们弟兄姐妹中性情是最流动的,你妈妈最不放心也是他。

思永要的书,廷灿今日寄上些,当与这信前后到。

思成身子究竟怎么样?思顺细细看察,和我说真实话。

成、永二人赶紧各照一相寄我看看。我本来打算二十后就到北戴河去,但全国图书馆协会月底在京开成立会,我不能不列席,大约六月初四五始能成行。

与孩子们　　我的宗教观、人生观的根本在此

题解:这是1925年7月10日写给孩子们的信(略有删节),主要是对思庄和思成说。其中最重要的内容是阐述他的"业报说",此因思顺、徽音去年两人闹矛盾而"说法"。梁启超认为,每人造过的"业",无论善恶,总要受"报"。若造恶业,就住"地狱"(即遭受痛苦);若造善业,则住"天堂"(即享受清凉)。而他自己住天堂比住地狱的时候多,因为少造恶业之故。这种人生观、宗教观,正是他切实受用之所在。

孩子们:

我像许久没有写信给你们了。但是前几天寄去的相片,每张上都有一首词,也抵得过信了。

今天接着大宝贝五月九日、小宝贝五月三日来信,狠高兴。那两位"不甚宝贝[1]"的信,也许明后天就到罢?

---

[1] 不甚宝贝:不是很宝贝,戏指思成、思永。

我本来前十天就去北戴河,因天气狠凉,索性等达达放假才去。他明天放假了,却是还在狠凉。一面张、冯[1]开战消息甚紧,你们二叔和好些朋友都劝勿去,现在去不去还未定呢。

我还是照样的忙。近来和阿时、忠忠三个人合作做点小顽意,把他们做得兴高采烈。我们的工作多则一个月,少则三个礼拜,便做完。做完了,你们也可以享受快乐。你们猜猜干些什么(把这行小字涂了罢,免得你们易猜)?

庄庄,你的信写许多有趣话告诉我,我喜欢极了。你往后只要每水船都有信,零零碎碎把你的日常生活和感想报告我,我总是喜欢的。我说你"别耍孩子气",这是叫你对于正事——如做功课,与及料理自己本身各事等——自己要拿主意,不要依赖人。至于做人带几分孩子气,原是好的。你看爹爹有时还"有童心"呢!

你入学校还是在加拿大好。你三个哥哥都受美国教育,

---

[1] 张、冯:指张作霖、冯玉祥。

我们家庭要变"美国化"了！我狠想你将来不经过美国这一级（也并非一定如此，还要看环境的利便），便到欧洲去，所以在加拿大预备像更好。稍旧一点的严正教育，受了狠有益，你还是安心入加校罢。至于未能立进大学，这有什么要紧，"求学问不是求文凭"，总要把墙基越筑得厚越好。你若看见别的同学都入大学，便自己着急，那便是"孩子气"了。

思顺对于徽音感情完全恢复，我听见真高兴极了。这是思成一生幸福关键所在，我几个月前，狠怕思成因此生出精神异动，毁掉了这孩子，现在我完全放心了。思成前次给思顺的信说："感觉着做错多少事，便受多少惩罚，非受完了不会转过来。"这是宇宙间惟一真理，佛教说的"业"和"报"，就是这个真理（我笃信佛教就在此点，七千卷《大藏经》也只说明这点道理）。凡自己造过的"业"，无论为善为恶，自己总要受"报"，一斤报一斤，一两报一两，丝毫不能躲闪，而且善和恶是不准抵消的。佛对一般人说轮回，说他（佛）自己也曾犯过什么罪，因此曾入过某层地狱，做过某种畜生；他自己又也曾做过许多好事,所以亦也曾享过什么福。……如此,恶业受完了报,才算善业的账。若使正在享善业的报的时候,又做些恶业,善报受完了,又算恶业的账。并非有个什么上帝做主宰,全是"自业自得"。又并不是像耶教说的"到世界末日算总账",全是"随作随受"。又不是像耶教说的"多大罪恶一忏悔便完事",忏悔后固然得好处,但曾经造过的恶业,并不因忏悔而灭,是要等"报"受完了才灭。佛教所说的精理,大略如此。他说的六道轮回等等,不过为一般浅人说法,说些有形的天堂地狱。其实我们刻刻在轮回中,一生不知经过多少天堂地狱。即如思成和徽音,去年便有几个月在刀山剑树上过活!这种地狱,比城隍庙十王殿里画出来还可怕!因为一时造错了一点业,便受如此惨报,非受完了不会转头。倘若这业是故意造的,而且不知忏悔,则受报连绵下去,无有尽时。因为不是故意的,而且忏悔后又造善业,所以地狱的报受够之后,天堂又到了。若能绝对不造恶业(而且常造善业——最大善业是"利他"),则常住天堂(这是借用俗教名词),佛说是"涅槃"(涅槃的本意是"清凉世界")。我虽不敢说常住涅槃,但我总算心地清凉的时候多,换句话说,我住天堂时候比住地狱的时候多,也是因为我比较的少造恶业的缘故。我的宗教观、人生观的根本在此,这些话都是我切实受用的所在。因思成那封信像是看见一点这种真理,所以顺便给你们谈谈。

思成看着许多本国古代美术,真是眼福,令我羡慕不已。甲胄的扣带,我看来总算你新发明[1]了(可得奖赏)。或者书中有讲及,但久已没有实物来证明。

昭陵石马怎么会已经流到美国去,真令我大惊!那几只马是有名的美术品,唐诗里"可要昭陵石马来","昭陵风雨埋冠剑,石马无声蔓草寒",向来诗人讴歌不知多少。那些马都有名字——是唐太宗赐的名,画家、雕刻家都有名字可考据的。我所知道的,现在还存四只(我们家里藏有拓片,但太大,无从裱,无从挂,所以你们没有看见),怎么美国人会把他

---

[1] 发明:此为发现之意。

搬走了！若在别国,新闻纸不知若何鼓噪,在我们国里,连我怎么一个人,若非接你信,还连影子都不晓得呢！可叹！可叹！

希哲既有余暇做学问,我狠希望他将国际法重新研究一番。因为欧战以后,国际法的内容和从前差得太远了。十余年前所学,现在只好算古董！既已当外交官,便要跟着潮流求自己职务上的新智识。还有中国和各国的条约全文,也须切实研究。希哲能趁这个空闲做这类学问最好。若要汉文的条约汇纂,我可以买得寄来。

和思顺、思永两人特别要说的话,没有什么,下次再说罢。

思顺信说"不能不管政治",近来我们也狠有这种感觉。你们动身前一个月,多人凝议,也就是这种心理的表现。现在除我们最亲密的朋友外,多数稳健分子,也都拿这些话责备我,看来早晚是不能袖手的。现在打起精神做些预备工夫（这几年来抛空了许久,有点吃亏）,等着时局变迁再说罢。

老 Baby[1]好顽极了,从没有听见哭过一声,但整天的喊和笑,也狠够他的肺开张了。自从给亲家收拾之后,每天总睡十三四个钟头,一到八点钟,什么人抱他,他都不要,一抱他,他便横过来表示他要睡,放在床上爬几爬,滚几滚,就睡着了。这几天有点可怕!——好咬人,借来磨他的新牙,老郭每天总要着他几口。他虽然还不会叫亲家,却是会填词送给亲家,我问他:"是不是要亲家和你一首?"他说"得,得,得","对,对,对"。

夜深了,不和你们顽了,睡觉去。

七月十日　爹爹

前几天填得一首词,词中的寄托,你们看得出来不?

浣溪沙·端午后一日夜坐

乍有官蛙闹曲池;

更堪鸣砌露蛩悲!

隔林辜负月如眉。

---

[1] 老 Baby:指思礼。

坐久漏签催倦夜,

归来长簟梦佳期。

不因无益废相思。

(李义山诗:"直道相思了无益"。)

与孩子们 对岸一大群可爱的孩子们

题解:这是1925年8月3日写给孩子们的信。在信中,他和子女们聊家常、家事,包括自己的饮食起居、思庄的学费、妻子墓园的建造、北戴河房子的购买等,有的事还征询他们的意见,可谓娓娓道来,如与朋友谈话般亲切有味。

对岸一大群可爱的孩子们:

我们来北戴河已两星期了,这里的纬度和阿图和[1]差

---

[1] 阿图和:Ottawa,今译为渥太华,加拿大首都。

不多。来后刚碰着雨季，天气狠凉，穿夹的时候狠多，舒服得狠，但下起雨来，觉得有些潮闷罢了。

我每天总是七点钟以前便起床，晚上睡觉没有过十一点以后，中午稍为憩睡半点钟。酒没有带来，故一滴不饮。天晴便下海去，每日多则两次，少则一次。散步时候也狠多，脸上手上都晒成漆黑了。

本来是来休息，不打算做什么功课，但每天读的书还是不少，著述也没有间断。每天四点钟以后便打打牌，和"老白鼻"顽顽，绝不用心。所以一上床便睡着，从没有熬夜的事。

我向来写信给你们都是在晚上，现在因为晚上不执笔，所以半个月竟未曾写一封信，谅来忠忠们去的信也不少了。

庄庄跟着驼姑娘补习功课，好极了，我想不惟学问有长进，还可以练习许多实务，我们听见都喜欢得了不得。

庄庄学费每年七百美金便够了吗？今年那份，我回去便替他另折存储起来。今年家计总算狠宽裕，除中原公司外，各种股分利息都还照常。执政府每月八百元夫马费，已送过半年,现在还不断。商务印书馆售书费两节共收到将五千元。从本月起清华每月有四百元。预计除去各种临时支出——如办葬事,修屋顶,及寄美洲千元等——之外,或者尚有敷余,我便将庄庄这笔提出(今年不用,留到他留学最末的那年给他)。便是达达、司马懿、六六的游学费,我也想采纳你的条陈,预早(从明年)替他们贮蓄些,但须看力量如何才来定多少。至于老白鼻那份,我打算不管了,到他出洋留学的时候,他有恁么多姊姊哥哥,还怕供给他不起吗?

坟园工程已择定八月十六日动工了,一切托你二叔照管。昨天正把图样、工料价格各清单寄来商量。若圹内用石门四扇(双圹,连我的生圹[1]合计),则共需千二百余元(连围墙工料在内);若不用石门,只用砖墙堵住洞口,则六百余元便够。我想四周用"塞门德[2]"灰泥,底下用石床,洞口用砖也毂坚固了。四扇石门价增一倍,实属糜费,已经回信你

---

[1] 生圹:为活人准备的墓穴。
[2] 塞门德:英文 cement 的音译,即水泥。

二叔不用石门了（如此则连买地及葬仪种种合计二千元尽够了）。你们意思如何？若不以为然，可立即回信，好在葬期总在两个月后，便加增也来得及。

我打算做一篇小小的墓志铭，自作自写，埋在圹中，另外请陈伯严先生做一篇墓碑文，请姚茫父写，写好藏起，等你们回来后才刻石树立。因为坟园外部的工程，打算等思成回来布置才好。

现在有一件事和希哲、思顺商量。我们现在北戴河借住的是章仲和的房子，他要出卖，索价万一千，大约一万便可得。他的房子在东山，据说十亩有零的面积。但据我们看来像不止此数。房子门前直临海滨，地点极好，为海浴计，比西山好多了。西山那边因为中国人争买，地价狠高（东山这边都是外国人房子，中国人只有三家），靠海滨的地，须千元以上一亩，还没有肯让。仲和这个房子，工料还坚固，可住的房子有八间，开间皆甚大。若在现时新建，只怕六千元还盖不起。家具也齐备坚实，新置恐亦须千五百元以上。现在各项虽旧,计最少亦还有十多年好用。若将房子、家具作五千元计,那么地价只合五千元,合不到五百元一亩,总算便宜极了。我想我们生活根据地既在京、津一带,北戴河有所房子,每年来住几个月(仲和初买来时费八千元,现在他忙着钱用,所以要卖,将来地价必涨,我们若转卖也不致亏本),于身体上、精神上都有益,所以我狠想买他。但现在家计情形勉强对付,五千元认点利息也还可以,一万元便太吃力了。所以想和你们打伙平分,你们若愿意,我便把他留下。

房子在高坡上,须下三十五级阶石才到平地。那平地原有一个打球场,面积约比我们天津两院合计一样大。我们买过来之后,将来若有余钱,可以在那里再盖一所房子。思成回来便可以拿做试验品。我想思成、徽音听见一定高兴。

瞻儿有人请写对子,斐儿又会讲书,真是了不得,照这样下去,不久就要比公公学问还高了。你们要什么奖品呢?快写信来,公公就寄去。

达达快会凫水了,做三姊[1]的若还不会,子细他笑你哩!

老白鼻来北戴河,前几天就把"鸦片烟"[2]戒了,一声也没有哭过,真是乖。但他至今还不敢下海,大约是怕冷吧。

三姊白了许多,小白鼻[3]红了许多,老白鼻却黑了许多了。昨天把秃瓜瓜越发剃得秃。三姊听见又要怄气了。今天把亲家送的丝袜穿上,有人问他"亲家送的袜子",他便卷起脚来,他这几天学得专要在地下跑(扶着我的手杖充老头),恐怕不到两天便变成泥袜了。

现在已到打牌时候,不写了。

八月三日　爹爹

思成、思永到底来了没有,若他们不能越境,连我也替你们双方着急。

---

[1] 三姊:指思庄。思庄本是次女,大约在思顺与思庄之间有一个女儿早夭折了。
[2] 鸦片烟:比喻母乳。
[3] 小白鼻:即梁启超第九子思同,比思礼小一岁,故称小白鼻(思礼被称为老白鼻)。

与孩子们　这种子弟之礼，是要常常在意的

题解：这是1925年9月13日写给孩子们的信。他此时已在北戴河度完暑假，回到清华任课，再过20天亡妻的灵柩就要下葬。亡妻墓园的建造是其二弟启勋一手在操办的。梁启超认为这本是思成、思永该做的事，所以他要儿女们感谢二叔，在家的要当面磕头叩谢，在国外的要人人写信恳切陈谢。在梁启超看来，这种子弟之礼，是要常常在意的，目的是要让儿女们懂得感恩。

孩子们：

前日得思成八月十三日、思永十二日信，今日得思顺八月四日及十二日两信，庄庄给忠忠的信也同时到，成、永此时想已回美了，我狠着急。不知永去得成去不成，等下次信就揭晓了。

我搬到清华已经五日了（住北院教员住宅第二号）。因此次乃自己租房住，不受校中供应，王姑娘又未来（因待送司

马懿入学),廷灿又围因在广东至今未到,我独自一人住着不便极了。昨天大伤风(连夜不甚睡得着),有点发烧。想洗热水澡也没有,找如意油、甘露茶也没有,颇觉狼狈,今日已渐好了。王姨大约一二日也来了,以后便长住校中,你们来信可直寄此间,不必由天津转了。

校课甚忙——大半也是我自己找着忙——我狠觉忙得有兴会。新编的讲义极繁难,费的脑力真不少。盼望老白鼻快来,每天给我舒散舒散。

葬期距今仅有二十天了。你二叔在山上住了将近一月,以后还须住一月有奇,住在一个小馆子内,菜也吃不得,每天跑三十里路,大烈日里在坟上监工。从明天起搬往香山见心斋住(稍为舒服点),但离坟更远,跑路更多了。这等事本来是成、永们该做的,现在都在远,忠忠又为校课所迫,不能效一点劳,倘若没有这位慈爱的叔叔,真不知如何办得下去。我打算到下葬后,叫忠忠们向二叔磕几头叩谢。你们虽在远,也要各各写一封信,恳切陈谢(庄庄也该写),谅来成、永写信给二叔更少。这种子弟之礼,是要常常在意的,才算我们家的乖孩子。

厨子事等王姨来了再商量。现在清华电灯快灭了,我试上床去,看今晚睡得着不。晚饭后用脑,便睡不着,奈何!奈何!

九月十三日　爹爹

与孩子们
做成一篇告墓祭文,把我一年多蕴积的哀痛,尽情发露

题解:这是 1925 年 9 月 29 日写给思顺、思成、思永、思庄的信。亡妻李夫人将于 10 月 3 日(农历八月十六日)下葬,梁启超于 9 月 28 日(农历八月十一日)用一天时间撰成《告墓文》一篇,第二日写信给女儿们,并将该文寄给他们读。在信中,梁启超向儿女们吐露心中对亡妻的忏悔之情,以减轻自己的罪过。此信可与本书第二部分《亡妻李夫人葬毕告墓文》合观。

顺、成、永、庄：

我昨日用一日之力,做成一篇告墓祭文,把我一年多蕴积的哀痛,尽情发露。顺儿啊,我总觉得你妈妈这个怪病,是我们打那一回架打出来的。我实在哀痛之极,悔恨之极,我怕伤你们的心,始终不忍说,现在忍不住了,说出来也像把自己罪过减轻一点。我经过这几天剧烈的悲悼,以后便刻意将前事排去,决不更伤心,你们放心罢。

祭文本来该焚烧的,我想读一遍,你妈妈已经听见,不如将原稿交你保存(将来可装成手卷)。你和庄庄读完后,立刻钞一份寄成、永传观(《晨报》已将稿钞去,如已登出,成、永便得见,不必再钞了。十月三日补写),过些日子我有空还打算另写一份寄思成。葬礼一切都预备完成了。王姨今日晚车返天津,把达达们带来。十五[1]清晨行周忌祭礼,十点钟发引,忠忠一人扶柩,我们都在山上迎接。在山上住一夜,十六日八点钟安葬。

爹爹　九月廿九日

---

[1] 十五:即农历八月十五日,下面十六日也是指农历。

与孩子们　从此之后,你妈妈真音容永绝了

题解：这是1925年10月3日写给思顺、思成、思永和思庄的信。该日上午李夫人灵柩下葬,下午梁启超回到清华园,晚上就给儿女们写信,告诉他们母亲的葬礼以及墓圹的修建情况。对于其弟启勋于墓园建造的功劳,此信再次提到要思顺等四人都要写信叩谢；对于《告墓文》,梁启超希望儿女包括徽音熟诵之,以增长性情。此外,梁启超和儿女们大谈他们夫妻墓圹的设计以及将来他的安葬,根本不忌讳死亡问题。可以说,此文和上二文对于梁家儿女而言,既是一种情感教育,也是一种生死教育。

爱儿思顺、思成、思永、思庄：

葬礼已于今日（十月三日,即旧历八月十六日）上午七点半钟起至十二点钟止,在哀痛庄严中完成了。

葬前在广惠寺作佛事三日。昨晨八点钟行周年祭礼,九点钟行移灵告祭礼,九点二十分发引,从两位舅父及姑丈起,

亲友五六十人陪我步行同送到西便门（步行），时已十一点十分（沿途有警察照料），我们先返，忠忠、达达扶柩赴墓次。二叔先在山上预备迎迓（二叔已经半月未下山了）。我回清华稍憩，三点半钟带同王姨、懿、宁、礼赴墓次。直至日落时忠等方奉柩抵山。我们在甘露旅馆一宿，思忠守灵，小六、煜生陪他一夜。有警察四人值夜逻巡，还有工人十人告奋勇随同陪守。

今晨七点三十五分移灵入圹。从此之后，你妈妈真音容永绝了。全家哀号，悲恋不能自胜，尤其是王姨，去年产后，共劝他节哀，今天尽情一哭，也稍抒积痛。三姑也得尽情了。最可怜思成、思永，到底不能够凭棺一恸。人事所限，无可如何，你们只好守着遗像，永远哀思罢了。我的深痛极恸，今在祭文上发泄，你们读了便知我这几日间如何情绪。下午三点钟我回到清华。现在虽余哀未忘，思宁、思礼们已嬉笑杂作了。唐人诗云："纸灰飞作白蝴蝶，血泪染成红杜鹃。日落狐狸眠冢上，夜归儿女笑灯前。"真能写出我此时实感。

昨日天气阴霾,正狠担心今日下雨,凌晨起来,红日杲杲,始升葬时,天无片云,真算大幸。

此次葬礼并未多通告亲友,然而会葬者竟多至百五六十人。各人皆黎明从城里乘汽车远来,汽车把卧佛寺前大路都挤满了。祭席共收四十余桌,送到山上的且有六桌之多,盛情真可感。

你们二叔的勤劳,真是再没有别人能学到了。他在山上住了将近两个月,中间仅入城三次,都是或一宿而返,或当日即返,内中还开过六日夜工,他便半夜才回寓。他连椅子也不带一张去,终日就在墓次东走走西走走。因为有多方面工程他一处都不能放松。他最注意的是圹内工程,真是一砖一石,都经过目,用过心了。我窥他的意思,不但为妈妈,因为这也是我的千年安宅,他怕你们少不更事,弄得不好,所以他趁他精力尚壮,对于他的哥哥尽这一番心。但是你们对于这样的叔叔,不知如何孝敬,才算报答哩。今天葬礼完后,我叫忠忠、达达向二叔深深行一个礼,谢谢二叔替你们姐弟担任这一件大事。你们还要每人各写一封信叩谢才好。

我昨日到清华憩息时,刚接到你们八月三十日来信。信上说起工程的那几句话,那里用着你们耽心,二叔早已研究清楚了。他说先用塞门特不好,要用塞门特和中国石灰和合做成一种新灰,再用石卵或石末或细砂来调(某处宜用石卵,某处宜用细砂,我亦说不清楚,但你二叔讲起来如数家珍)。砖缝上一点泥没有用过,都是用他这种新灰,冢内圹虽用砖,但砖墙内尚夹有石片砌成的圹,石坛都用新灰灌满,圹内共用新灰原料,专指塞门特及石灰,所调之砂石等在外,一万二千余斤。二叔说算是全圹熔炼成一整块新石了。开穴入地一丈三尺,圹高仅七尺,圹之上培以新灰炼石三尺,再培以三尺普通泥土,方与地平齐。二叔说圹外工程随你们弟兄自出心裁,但他敢保任你们要起一座大塔,也承得住了。据我看果然是如此。

圹内双冢,你妈妈居右,我居左。双冢中间隔以一墙,墙厚二尺余,即由所谓新灰炼石者制成。墙上通一窗,丁方[1]尺许。今日下葬后,便用浮砖将窗堵塞。二叔说到将来我也到了,便将那窗的砖打开,只用红绸蒙在窗上。合葬办法原有几种:(一)是同一冢,内置两石床。这是同时并葬乃合用。既分先后,则第二次葬时恐伤旧冢,此法当然不适用。(二)是同一坟园分造两冢。但此已乖同穴之义,我不愿意。(三)便是现今所用两冢同一圹,中隔以一墙。第二次葬时旧冢一切不劳惊动,这是再好不过了。还有一件是你二叔自出意匠:他在双冢前另辟一小院子,上盖以石板,两旁用新灰炼石,墙前面则此次用砖堵塞。如此则今次封圹之后,泥土不能侵入左冢,将来第二次葬时将砖打开,葬后再用新灰炼石造一墙,便千年不启。你二叔今日已将各种办法,都详细训示思忠。因为他说第二次葬时,不知他是否还在,即在也怕老迈不能经营了。所以要你们知道,而且遵守他的计画。他过天还要画一圹内的图,将尺寸说明,预备你们将

---

[1] 丁方:即长宽。

来开圹行第二次葬礼时用。你们须留心记着,不可辜负二叔两个月来心血。

工程坚美而价廉,亲友参观者无不赞叹。盖因二叔事事考究,样样在行,工人不能欺他,他又待工人有恩礼,个个都感激他,乐意出力。他说从前听见罗素说:中国穿短衣服的农人、工人,个个都有极美的人生观。他前次不懂这句话怎么解,现在懂得了。他说,住在都市的人都是天性已漓。他这两个月和工人打伙,打得滚热,才懂得中国的真国民性。我想二叔这话狠含至理,但非其人,也遇着看不出罢了。

二叔说他这两个月用他的科学智识和工人的经验合并新发明的东西不少,建筑专门家或者还有些地方要请教他哩。思成你写信给二叔,不妨提提这些话,令他高兴。二叔当你妈妈病时,对于你狠有点怄气,现在不知气消完了没有。你要趁这机会,大大的亲热一下,令他知道你天性未漓,心里也痛快。你无论功课如何忙,总要写封较长而极恳切的信给二叔才好。

我的祭文也算我一生好文章之一了。情感之文极难工,非到情感剧烈到沸点时,不能表现他(文章)的生命,但到沸点时又往往不能作文。即如去年初遭丧时,我便一个字也写不出来。这篇祭文,我做了一天,慢慢吟哦改削,又经两天才完成。虽然还有改削的余地,但大体已狠好了。其中有几段,音节也极美,你们姊弟和徽音都不妨熟诵,可以增长性情。

昨天得到你们五个人的杂碎信,令我于悲哀之中得无限欢慰。但这封信完全讲的葬事,别的话下次再说罢。我也劳碌了三天,该早点休息了。

十月三日　旧八月十六日

与孩子们　这才是我们忠厚家风哩

题解:这是1925年11月9日写给孩子们的信,涉及国事、家事。该年国内各种政治势力处于复杂的斗争中,梁启超的朋友(如林长民)、学生(如蒋百里)也因个人的政治倾向转入不同派系斗争中,梁启超觉得国家前途毫无希望,但也不放弃自己政治上的责任,百忙中仍发表各种政论和演说。此外,关于家事之艰难也有所谈及,其中对于思顺的经济状况,告诫她"总要知足才好"。

国内近来乱事[1]想早知道了,这回怕狠不容易结束,现在不过才发端哩。因为百里[2]在南边(他实是最有力的主动者),所以我受的嫌疑狠重,城里头对于我的谣言狠多,一会又说我到上海(报纸上已不少,私人揣测更多),一会又说我到汉口。尤为奇怪者,林叔叔[3]狠说我闲话,说我不该听百里们胡闹,真是可笑。儿子长大了,老子也没有法干涉他们的行动,何况门生和后辈?即如宗孟去年的行动,我并不赞成,然而外人看着也许要说我暗中主使,我从那里分

---

[1] 乱事:主要指孙传芳以五省联军攻击盘踞江苏的奉系军队。
[2] 百里:即蒋百里(1882—1938),名方震,百里为其字,浙江海宁人,民国著名军事理论家、军事教育家,保定陆军军官学校校长,梁启超的门生。
[3] 林叔叔:即林徽音的父亲林长民,字宗孟,下面提到他,又称宗孟。

辩呢？外人无足怪，宗孟狠可以拿己身作比例，何至怪到我头上呢？总之，宗孟自己走的路太窄，成了老鼠入牛角，转不过来，一年来已狠痛苦，现在更甚。因为二十年来的朋友，这一年内都分疏了，他心里想来非常难过，所以神经过敏，易发牢骚，本也难怪，但觉得可怜罢了。

国事前途仍无一线光明希望。百里这回卖怎么大气力（许多朋友亦被他牵在里头），真不值得（北洋军阀如何能合作）。依我看来，也是不会成功的。现在他与人共事正在患难之中，也万无劝他抽身之理，只望他到一个段落时，急流勇退，留着身子为将来之用。他的计画像也是如此。

我对于政治上责任固不敢放弃（近来愈感觉不容不引为己任），故虽以近来讲学，百忙中关于政治上的论文和演说也不少（你们在《晨报》和《清华周刊》上可以看见一部分），但时机总未到，现在只好切实下预备工夫便了。

葬事共用去三千余金。葬毕后忽然看见有两个旧碑狠便宜，已经把他买下来了。那碑是一种名叫汉白玉的，石高一丈三,阔六尺四,厚一尺六,驼碑的两只石龟长九尺,高六尺。新买总要六千元以上,我们花六百四十元,便买来了。初买得来狠高兴,及至商量搬运,乃知丫头价钱比小姐阔的多。碑共四件,每件要九十匹骡,才拖得动,拖三日才能拖到,又卸下来及竖起来,都要费莫大工程,把我们吓杀了。你二叔大大的埋怨自己,说是老不更事,后来结果花了七百多块钱把他拖来,但没有竖起,将来竖起还要花千把几百块。现在连买碑共用去四千五百余,存钱完全用光,你二叔还垫出八百余元。他从前借我的钱,修南长街房子,尚有一千多未还,他看见我紧,便还出这部分。我说你二叔这回为葬事,已经尽心竭力,他光景亦不佳,何必汲汲,日内如有钱收入,我打算仍还他再说。

今年狠不该买北戴河房子,现在弄到非常之窘,但仍没有在兴业[1]透支。现在在清华住着狠省俭,四百元薪水还用不完,年底卖书有收入,便可以还二叔了。日内也许要兼

---

[1] 兴业:指天津兴业银行。

一项职务,月可有五六百元收入,家计更不至缺乏。

现在情形,在京有固定职务,一年中不走一趟天津,房子封锁在那边,殊不妥(前月着贼,王姨得信回去一趟,但失的不值钱的旧衣服)。我打算在京租一屋,把书籍东西全份搬来,便连旧房子也出租,或者并将新房子卖去,在京另买一间,你们意思如何?

思成体子复元,听见异常高兴,但食用如此俭薄,全无滋养料,如何要得? 我决定每年寄他五百美金左右,分数次寄去。日内先寄中国银二百元,收到后留下二十元美金给庄庄零用,余下的便寄思成去。

思顺所收薪水公费,能敷开销,也算好了,我以为还要赔呢。你们夫妇此行,总算替我了两桩心事:第一件把思庄带去留学,第二件给思成精神上的一大安慰。这两件事有补于家里真不少。何况桂儿姊弟亦得留学机会,顺自己还能求学呢。一二年后调补较好的缺,亦意中事,现在总要知足才好。留支薪俸若要用时,我立刻可以寄去,不必忧虑。

待文杏如此,甚好甚好。这才是我们忠厚家风哩。

廷灿今春已来。他现在有五十元收入,勉强敷用,还能积存些。你七叔明年或可以做我一门功课的助教,月得百元内外。

现在四间半屋子挤得满满的。我卧房一间,书房一间,王姨占一间,七叔便住在饭厅,阿时和六六住半间,倒狠热闹。老白鼻病了四五天,全家都感寂寞,现在全好了,每天拿着亲家相片叫家家,将来见面一定只知道这位是亲家了。

爹爹　十一月九日

与思成　人之生也,与忧患俱来,知其无可奈何,而安之若命

题解:这是1925年12月27日写给思成的信。1925年11月21日,奉军将领郭松龄起兵反抗奉系军阀张作霖,并托人游说林长民(林徽因父、林觉民兄,曾任民国参议院秘书长、司法总长等)出

关。林长民感念郭松龄知遇之恩,于11月30日乘郭松龄专车秘密离京,12月某日途中受到奉军王永清部的袭击,被流弹击中身亡。梁启超从报纸上得知林长民身亡的消息(他当时还抱有万一幸存的希望),然后写信告知思成,要他镇定并安慰徽音。其中最有力量的话是:"人之生也,与忧患俱来,知其无可奈何,而安之若命。"希望思成、徽音学习用理性镇摄感情。

今日报纸上传出可怕的消息,我不忍告诉你,又不能不告诉你,你要十二分镇定着,看这封信和报纸。

我们总还希望这消息是不确的,我见报后,立刻叫王姨入京,到林家探听,且切实安慰徽音的娘,过一两点他回来,或者有别的较好消息也不定。

林叔叔这一年来的行动,实亦有些反常,向来狠信我的话,不知何故,一年来我屡次忠告,他都不采纳。我真是一年到头替他捏着一把汗,最后这一着真是更出我意外。他事前若和我商量,我定要尽我的力量扣马而谏,无论如何决不让他往这条路上走。他一声不响,直到走了过后第二日,我才在报纸上知道,第三日才有人传一句口信给我,说他此行是以进为退,请我放心。其实我听见这消息,真是十倍百倍的替他提心吊胆,如何放心得下。当时我写信给你和徽音,报告他平安出京,一面我盼望在报纸上得着他脱离虎口的消息,但此虎口之不易脱离,是看得见的。

前事不必提了,我现在总还存万一的希冀,他能在乱军中逃命出来。万一这种希望得不着,我有些话切实嘱咐你。

第一,你要自己十分镇静,不可因刺激太剧,致伤自己的身体。因为一年以来,我对于你的身体,始终没有放心,直到你到阿图和后,姊姊来信,我才算没有什么挂虑。现在又要挂虑起来了,你不要令万里外的老父为着你寝食不宁,这是第一层。徽音遭此惨痛,惟一的伴侣,惟一的安慰,就只靠你。你要自己镇静着,才能安慰他,这是第二层。

第二,这种消息,谅来瞒不过徽音。万一不幸,消息若确,我也无法用别的话解劝他,但你可以传我的话告诉他:我和林叔叔的关系,他是知道的,林叔的女儿,就是我的女儿,何况更加以你们两个的关系。我从今以后,把他和思庄一样的看待他,在无可慰藉之中,我愿意他领受我这种十二分的同情,渡过他目前的苦境。他要鼓起勇气,发挥他的天才,完成他的学问,将来和你共同努力,替中国艺术界有点贡献,才不愧为林叔叔的好孩子。这些话你要用尽你的力量来开解他。

人之生也,与忧患俱来,知其无可奈何,而安之若命。你们都知道我是感情最强烈的人,但经过若干时候之后,总能拿出理性来镇住他,所以我不致受感情牵动,糟蹋我的身子,妨害我的事业。这一点你们虽然不容易学到,但不可不努力学学。

徽音留学总要以和你同时归国为度。学费不成问题,只算我多一个女儿在外留学便了,你们更不必因此着急。

十二月廿七日

1926 年

与思成
着急也无益,只有努力把自己学问学够了,回来创造世界才是

题解:这是 1926 年 1 月 5 日梁启超写思成的信,告知林长民确已身亡,现丧事在办理中,其家庭事务也正在商量处理。梁启超认为,现在处于天下大乱之时,只好随遇而安,劝思成、徽音不要着急,以完成学业为重。

思成:

我初二进城,因林家事奔走三天,至今尚未返清华。前

星期因有营口安电,我们安慰一会。初二晨,得续电又复绝望(立刻电告你并发一信,想俱收。徽音有电来,问现在何处?电到时此间已接第二次凶电,故不覆)。昨晚彼中脱难之人,到京面述情形,希望全绝。今日已发丧了。遭难情形,我也不忍详报,只报告两句话:

(一)系中流弹而死,死时当无大痛苦。(二)遗骸已被焚烧,无从运回了。

我们这几天奔走后事,昨日上午我在王熙农家连四位姑太太都见着了,今日到雪池见着两位姨太太。现在林家只有现钱三百余元,营口公司被张作霖监视中(现正托日本人保护,声称已抵押日款,或可幸全),实则此公司即能保全,前途办法亦甚困难。字画一时不能脱手,亲友赙奠[1]数恐亦甚微。目前家境已难支持,此后儿女教育费更不知从何说起。现在惟一的办法,仅有一条路,即国际联盟会长一职,每月可有二千元收入(钱是有法拿到的)。我昨日下午和汪年伯商

---

[1] 赙奠:办丧事别人送的礼金。赙,音 fù。

量,请他接手,而将所入仍归林家,汪年伯慷慨答应了。现在与政府交涉,请其立刻发表。此事若办到,而能继续一两年,则稍为积储,可以充将来家计之一部分。我们拟联合几位朋友,连同他家兄弟亲戚,组织一个抚养遗族评议会,托醒楼及王熙农、卓君庸三人专司执行。因为他们家里问题狠复杂,兄弟亲戚们或有见得到而不便主张者,则朋友们代为主张。这些事过几天(待丧事办完后),我打算约齐各人,当着两位姨太太面前宣布办法,分担责成(家事如何收束等等,经我们议定后,谁也不许反抗)。但现在惟一希望,在联盟会事成功,若不成,我们也束手无策了。

徽音的娘,除自己悲痛外,最挂念的是徽音要急杀。我告诉他,我已经有狠长的信给你们了。徽音好孩子,谅来还能信我的话。我问他还有什么(特别)话要我转告徽音没有,他说:"没有,只有盼望徽音安命,自己保养身体,此时不必回国。"我的话前两封信都已说过了,现在也没有别的话说,只要你认真解慰便好了。

徽音学费现在还有多少,还能支持几个月,可立刻告我,我日内当极力设法,筹多少寄来。我现在虽然也狠困难,只好对付一天是一天,倘若家里那几种股票还有利息可分(恐怕最靠得住的几个公司都会发生问题,因为在丧乱如麻的世界中,什么事业都无可做),今年总可勉强支持,明年再说明年的话。天下大乱之时,今天谁也料不到明天的事,只好随遇而安罢了。你们现在着急也无益,只有努力把自己学问学够了,回来创造世界才是。

十五年一月五日晚　爹爹　北海图书馆写

与孩子们　　思成、徽音总要努力镇摄自己,免令老人耽心才好

题解:这是1926年2月18日写给孩子们的信。谈自己因病住院,却查不出病源;对思庄说很满意她的成绩,学业不必着急,告诫思庄、思成不要太节省、要保养身体。"人之生也,与忧患俱来,知

其无可奈何,而安之若命。"信中又提到这一句话,认为这是立身第一要诀。

孩子们:

我从昨天起被关在医院里了。看这神气,三两天内还不能出院,因为医生还没有找出病源来。我精神奕奕,毫无所苦。医生劝令多仰卧,不许用心,真闷杀人。

以上正月初四写。

入医院今已第四日了,医生说是膀胱中长一疙瘩,用折光镜从溺道中插入检查,颇痛苦(但我对此说颇怀疑,因此病已阅半年,小便从无苦痛,不似膀胱中有病也)。已照过两次,尚未检出,检出后或须用手术。现已电唐天如[1]速来。但道路梗塞,非半月后不能到。我意非万不得已不用手术,因用麻药后,体子总不免吃亏也。

阳历新年前后顺、庄各信次第收到。庄庄成绩如此,我

---

[1] 唐天如(1877—1961):字恩溥,广东新会人,名医,梁启超好友。

狠满足了。因为你原是提高一年,和那按级递升的洋孩子们竞争,能在三十七人考到第十六,真亏你了。好乖乖,不必着急,只须用相当的努力便好了。

寄过两回钱,共一千五百元,想已收。日内打算再汇二千元。大约思成和庄庄本年费用总够了。思永转学后谅来总须补助些,需用多少,即告我。徽音本年需若干,亦告我,当一齐筹来。

庄庄该用的钱就用,不必太过节省。爹爹是知道你不会乱花钱的,再不会因为你用钱多生气的。思成饮食上尤不可太刻苦。前几天见着君劢的弟弟,他说思成像是滋养品不够,脸色狠憔悴。你知道爹爹常常记挂你,这一点你要令爹爹安慰才好。

徽音怎么样？我前月有狠长的信去开解他,我盼望他能领会我的意思。"人之生也,与忧患俱来,知其无可奈何,而安之若命",是立身第一要诀。思成、徽音性情皆近狷急,我深怕他们受此刺激后,于身体上、精神上皆生不良的影响。

他们总要努力镇摄自己,免令老人耽心才好。

我这回的病总是太大意了,若是早点医治,总不至如此麻烦。但病总是不要紧的,这信到时,大概当已全愈了。但在学堂里总须放三两个月假,觉得有点对不住学生们罢了。

前几天在城里过年,狠热闹,我把南长街满屋子都贴起春联来了。

军阀们的仗还是打得一塌糊涂。王姨今早上送达达回天津,下半天听说京、津路又不通了(不知确否),若把他关在天津,真要急杀他了。

二月十八日　爹爹　德国医院三十四号

与孩子们　(思成)毕业后转学建筑工程何如

题解:这是1926年2月27日写给孩子们的信。2月梁启超因患便血病甚剧,入北京德国医院治疗。写此信时,他正在接受治疗,但对自己的病并未担心,而是在病中考虑儿女未来的前程和发展。如思成当时正在美国学建筑、美术,考虑到思成结婚后必须迎养徽因的母亲,首先得解决生计问题,故问他毕业后能否再转学建筑工程(实用性学科相对容易就业),但他对此也不太了解,故希望思成仔细审度。对于思永、思庄,则希望他们将来做自己的助手。

孩子们:

我住医院忽忽两星期了,你们看见七叔信上所录二叔笔记,一定又着急又心疼,尤其是庄庄只怕急得要哭了(忠忠真没出息,他在旁边看着出了一身大汗,随后着点凉,回学校后竟病了几天,这样胆子小,还说当大将呢。那天王姨送达达回天津没有在旁,不然也许要急出病来)。其实用那点手术,并没什么痛苦,受麻药过后也没有吐,也没有发热,第二天就和常人一样了。检查结果,既是膀胱里无病,于是医生当作血管破裂(极微细的)医治,每日劝多卧少动作,说"安静是第一良药"。两三天以来,颇见起色,惟血尚未能尽止(比前好多了)。而每日来看病的人络绎不绝(因各报皆登载我在德医院,除《晨报》外),实际上反增劳碌。我狠想立刻出院,克礼说再住一礼拜才放我,只好忍耐着。许多中国医生说这病狠寻常,只须几服药便好。我打算出院后试一试,或奏奇效,亦未可知。

天如回电不能来,劝我到上海,我想他在吴佩孚处太久,此时来北京,诚有不便。打算吃谭涤安的药罢了。

忠忠、达达都已上学去,惟思懿原定三月一号上学,现在京、津路又不通了,只好留在清华。他们常常入城看我,但城里流行病极多(廷灿染春温病极重),恐受传染,今天已驱逐他们都回清华了,惟王姨还常常来看(二叔、七叔在此天天来看),其实什么病都没有,并不须人招呼,家里人来看亦不过说说笑笑罢了。

前两天徽音有电来,请求彼家眷属留京(或彼立归国云云)。得电后王姨亲往见其母,其母说回闽属既定之事实,日内便行(大约三五日便动身),彼回来亦不能料理家事,切嘱安心求学云云。他的叔叔说十二月十五(旧历)有详信报告情形,他得信后当可安心云云。我看他的叔叔狠好,一定能令他母亲和他的弟妹都得所。他还是令他自己学问告一段落为是。

却是思成学课怕要稍为变更。他本来想思忠学工程,将来和他合作。现在忠忠既走别的路,他所学单纯是美术建筑,回来是否适于谋生,怕是一问题。我的计画,本来你们姊妹弟兄个个结婚后都跟着我在家里三几年,等到生计完全自立后,再实行创造新家庭。但现在情形,思成结婚后不能不迎养徽音之母,立刻便须自立门户,这便困难多了。所以生计问题,刻不容缓。我从前希望他学都市设计,只怕缓不济急。他毕业后转学建筑工程何如?我对专门学科情形不熟,思成可细细审度,回我一信。

我所望于思永、思庄者,在将来做我助手。第一件,我做的中国史非一人之力所能成,望他们在我指导之下,帮我工作。第二件,把我工作的结果译成外国文。永、庄两人当专作这种预备。

正在偷偷写信,被克礼闯进来看见,又唠叨了好些话,不写了。

二月廿七日　爹爹

今日是元宵,外边花爆声狠热闹。

与思顺　几个孙子叫他们尝尝寒素风味,实属有益

题解:这是1926年6月11日梁启超写思顺的信。当时北洋政府要调周希哲到热带殖民地某个国家去任领事,虽薪水高些,但他们宁愿继续待在加拿大。梁启超也同意他们的想法,认为在加拿大任职虽然清贫,但让孩子们尝尝寒素风味,对他们的成长实属有益。

顺儿:

前次以为失掉了你一封信,现在也收到了,系封在阿时

信内,迟了一水船才到。

弟弟们把我的信扣留,我替你出个法子,你只写信给他们说,若不肯将信寄回来,以后爹爹有信到,你便藏着不给他们看,他们可就拗你不过了。

你们不愿意调任及调部也是好的,知足不辱,知止不殆,只要不至冻馁,在这种半清净、半热闹的地方,带着孩子们读书最好,几个孙子叫他们尝尝寒素风味,实属有益。试拿他们在斐律宾过的生活和你们在日本时比较,实在太过分了。若再调到热带殖民地去,虽多得几个钱,有什么用处呢?

你们也不必变更计划,打算早回来,我这病绝不要紧,已经证明了。你们还是打四五年后回来的主意最好,总之到我六十岁生日时算来全部都回来了,岂不大高兴?

这一两年内,我终须要到美国玩一躺,你们等着罢。再过一星期就去北戴河了。

六月十一日　爹爹

与孩子们　不可和轻浮的人多亲近

题解：这是1926年9月4日写给孩子们的信。该年9月思庄从加拿大渥太华中学毕业，到美国见哥哥和游玩，梁启超对她即将独立生活、学习有些担心，特别提醒她交友是最要紧的事，最当谨慎，不可和轻浮的人多亲近。

孩子们：

今天接顺儿八月四日信，内附庄庄由费城去信，高兴得狠。尤可喜者，是徽音待庄庄那种亲热，真是天真烂熳好孩子。庄庄独立的多走些地方，多认识些朋友，性质格外活泼些，甚好，甚好。但择交是最要紧的事，宜慎重留意，不可和轻浮的人多亲近。庄庄以后离开家庭渐渐的远，要常常注意这一点。大学考上没有？我天天盼这个信，谅来不久也到了。

忠忠到美，想你们姊弟兄妹会在一块，一定高兴得狠，有什么有趣的新闻,讲给我听。

我的病从前天起又好了,因为碰着四姑的事[1],病翻了五天(五天内服药无效)。这两天哀痛过了,药又得力了。昨日已不红,今日狠清了,只要没有别事刺激,再养几时,完全断根就好了。

四姑的事,我不但伤悼四姑,因为细婆太难受了,令我伤心。现在祖父祖母都久已弃养,我对于先人的一点孝心,只好寄在细婆身上。千辛万苦,请了出来,就令他老人家遇着绝对不能宽解的事(怕的是生病)。怎么好呢?这几天全家人合力劝慰他,哀痛也减了好些,过几日就全家入京去了。

清华八日开学,我六日便入京,在京(城里)还有许多事要料理,王姨及细婆等迟一礼拜乃去。

张孝若丁忧,已辞职,我三日前写一封信给蔡廷幹讲升任事,能成与否,入京便见分晓。

思永两个月没有信来,他娘狠记挂,屡屡说"想是冲气

---

[1] 四姑的事:指梁启超的四妹病故。

吧",我想断未必,但不知何故没有信。你从前来信说不是悲观,也不是精神异状,我狠信得过是如此,但到底是年轻学养未到,我因久不得信,也不能不有点担心了。

国事局面大变,将来未知所届,我病全好之后,对于政治不能不痛发言论了。

九月四日　爹爹

与孩子们　　做首长的人,劳于用人而逸于治事

题解:这是1926年9月14日写给孩子们的信。此年2月,梁启超因患便血病,入北京德国医院治疗。3月转协和医院,割去右肾一枚,仍未查出病原所在。其实右肾没有病变,完全是割错了。正是这次医疗事故导致了梁启超三年后英年早逝。尽管发生了这样的医疗事故,但他却放心了,因为肾脏本没有病,以为现在只需静养,等左肾长大到能兼代右肾的功能,就能恢复身体健康。然而一项重大任务又压在梁启超的身上。1926年秋,民国政府准备成立

司法储才馆,欲聘请梁启超担任首任馆长(相当于校长)。他曾任民国司法总长,又是民国初期著名的法学家,担任馆长可谓深孚众望。于是只好挑起这一重任。他认为做首长要"劳于用人而逸于治事",只要辛苦一两个月,将人事安排好,就可以清闲了。

孩子们:

我本月六日入京,七日到清华,八日应开学礼讲演,当日入城,在城中住五日,十三日返清华。王姨奉细婆亦以是日从天津来,我即偕同王姨、阿时、老白鼻同到清华。此后每星期大抵须在城中两日,余日皆在清华。北院二号之屋(日内将迁居一号)只四人住着,狠清静。

此后严定节制,每星期上堂讲授仅二小时,接见学生仅八小时,平均每日费在学校的时刻,不过一小时多点。又拟不编讲义,且暂时不执笔属文,决意过半年后再作道理。

我的病又完全好清楚,已经十日没有复发了。在南长街住那几天,你二叔天天将小便留下来看,他说颜色比他的还好,他的还像普洱茶,我的简直像雨前龙井了。自服天如先生药后之十天，本来已经是这样，中间遇你四姑之丧，陡然复发，发得狠厉害。那时刚刚碰着伍连德到津，拿小便给他看，他说"这病绝对不能不理会"，他入京当向协和及克礼等详细探索实情云云。五日前在京会着他，他已探听明白了。他再见时，尿色已清，他看着狠赞叹中药之神妙（他本来不鄙薄中药）。他把药方抄去。天如之方以黄连、玉桂、阿胶三药为主（近闻有别位名医说，敢将黄连和玉桂合在一方，其人必是名医云云）。他说狠对狠对，劝再服下去。他说本病就一意靠中药疗治便是了。却是因手术所发生的影响，最当注意。他已证明手术是协和孟浪错误了，割掉的右肾，他已看过，并没有丝毫病态，他狠责备协和粗忽，以人命为儿戏，协和已自承认了。这病根本是内科，不是外科。在手术前克礼、力舒东、山本乃至协和都从外科方面研究，实是误入歧途。但据连德的诊断，也不是所谓"无理由出血"，乃是一种轻微肾炎。西药并不是不能医，但狠难求速效，所以他对于中医之用黄连和玉桂，觉得狠有道理。但他对于手术善后问题，向我下狠严重的警告。他说割掉一个肾,情节狠是重大,必须俟左肾慢慢生长,长到大能完全兼代右肾的权能,才算复原。他说"当这内部生理大变化时期中(一种革命的变化),左肾极吃力,极辛苦,极娇嫩,易出毛病,非十分小心保护不可。惟一的戒令,是节劳一切工作,最多只能做从前一半,吃东西要清淡些"等等。我问他什么时候才能生长完成?他说"没有一定,要看本来体气强弱及保养得宜与否,但在普通体气的人,总要一年"云云。他叫我每星期验一回小便(不管色红与否),验一回血压,随时报告他,再经半年才可放心云云。连德这番话,我听着狠高兴。我从前狠想知道右肾实在有病没有,若右肾实有病,那么不是便血的原因,便是便血的结果。既割掉而血不止,当然不是原因了,若是结果,便更可怕,万一再流血一两年,左肾也得同样结果,岂不糟吗?我屡次探协和确实消息,他们为护短起见,总说右肾是有病(部分腐坏),现在连德才证明他们的谎话了。我却真放心了,所以连德忠告我的话,我总努力自己节制自己,一切依他而行(一切劳作比前折半)。

但最近于清华以外,忽然又发生一件职务,令我欲谢而不能,又已经答应了。这件事因为这回法权会议的结果,意外良好,各国代表的共同报告书,已承诺撤回领事裁判权,只等我们分区实行。但我们却有点着急了,不能不加工努力。现在为切实预备计,立刻要办两件事:一是继续修订法律,赶紧颁布;二是培养司法人才,预备"审洋鬼子"。头一件要王亮俦担任。第二件要我担任(名曰司法储才馆)。我入京前一礼拜,亮俦和罗钧任几次来信来电话,催我入京。我到京一下车,他们两个便跑来南长街,不由分说,责以大义,要我立刻允诺。这件事关系如此重大,全国人渴望已非一日,我还有什么话可以推辞,当下便答应了。现在只等法权会议签字后(本礼拜签字),便发表开办了。经费呢,每月有万余元,确实收入可以,不必操心(在关税项下每年拨十万元,学费收入约四万元)。但创办一学校事情何等烦重,在静养中当然是狠不相宜,但机会迫在目前,责任压在肩上,有何法逃避呢?好在我向来办事专在"求好副手"上用工夫,我现在已得着一个人替我全权办理,这个人我提出来,亮俦、钧任们都拍手,谅来你们听见也大拍手。其人为谁？林宰平便是。他是司法部的老司长,法学湛深,才具开展,心思致密,这是人人共知的。他和我的关系,与蒋百里、蹇季常相仿佛,他对于我委托的事,其万分忠实,自无待言。储才馆这件事,他也认为必要的急务,我的身体要静养,又是他所强硬主张的(他屡主张我在清华停职一年),所以我找他出来,他简直无片词可以推托。政府原定章程,是"馆长总揽全馆事务"。我要求增设一副馆长,但宰平不肯居此名,结果改为学长兼教务长,你二叔当总务长兼会计。我用了这两个人,便可以"卧而治之"了。初办时教员、职员之聘任,当然要我筹画,现在亦已大略就绪。教员方面因为经费充足,兼之我平日交情关系,能网罗第一等人才,如王亮俦、刘崧生等皆来担任功课,将来一定声光狠好。职员方面,初办时大大小小共用二十人内外,一面为事择人,一面为人择事,你十五舅和曼宣都用为秘书(月俸百六十元,一文不欠),乃至你姑丈(六十元津贴)及黑二爷(廿五元)都点缀到了。藻孙若愿意回北京,我也可以给他二百元的事去办(我比较撙节[1]的制成个预算,每月尚敷余三千至四千)。大概这件事我当初办时,虽不免一两月劳苦,以后便可以清闲了。你们听见了不必忧虑(这一两个月却工作不轻。研究院新生有三十余人,加以筹画此事,恐对于伍连德的话,须缓期实行)。

做首长的人,"劳于用人而逸于治事",这句格言真有价值。我去年任图书馆长以来,得了李仲揆及袁守和任副馆长及图书部长,外面有范静生替我帮忙,我真是行所无事。我自从入医院后(从入德医院起),从没有到馆一天,忠忠是知道的。这回我入京到馆两个半钟头,他们把大半年办事的纪录和表册等给我看,我于半年多大大小小的事都了然了。真办得好,真对得我住!杨鼎甫、蒋慰堂二人从七月一日起到馆,他们在馆办了两个月事,兴高采烈,觉得全馆朝气盎然,为各机关所未有,虽然薪水微薄(每人每月百元),他们都高兴得狠。我信得过宰平替我主持储才馆(亮俦在外面替我帮

---

[1] 撙节:节约、节省。撙,音 zǔn。

忙,也和范静生之在图书馆差不多),将来也是这样。

希哲升任智利的事,已和蔡耀堂面言,大约八九可成,或者这信到时已发表亦未可知(若未发表,却恐是无望了)。

思顺八月十三日信,昨日在清华收到。忠忠抵美的安电,王姨也从津带来,欣慰之至。正在我写这信的时候,想来你们姊弟五人正围着高谈阔论,不知多少快活哩。庄庄入美或留坎[1]问题,谅来已经决定,下次信可得报告了。

思永给思顺的信说"怕我因病而起的变态心理",有这种事吗?何至如是!你们从我信上看到这种痕迹吗?我决不如是,忠忠在旁边看着是可以证明的。就令是有,经这回唐天如、伍连德诊视之后,心理也豁然一变了。你们大大放心罢。写得太多了,犯了连德的禁令了,再说罢。

九月十四日　爹爹

老白鼻天天说要到美国去,你们谁领他,我便贴四分邮票寄去。

---

[1] 坎:全称"坎拿大",即加拿大。

与孩子们　饮食最要当心，交朋友最当谨慎

题解：这是1926年9月26日写给孩子们的信。思庄打算到美国读大学，梁启超虽然心里不太愿意（由下一封信可知），但不加干涉，只是谆谆叮嘱，离开家庭孤身在外，要注意身体，谨慎交友。

孩子们：

今日二叔寄来廿四日来电，属电汇学费六百元，今日星期，明晨即办（汇美金六百），大约须廿七八乃能收到也。

计日期，忠忠早已到[1]，你们姊弟兄妹想都欢会过，现在分途上学去了。这电大约是庄庄决定留美之结果，我看着狠喜欢，但也有点惦念，喜欢是我的庄庄居然入大学了，惦念是他完全离开家庭，一个小女孩子孤孤另另怪可怜的。庄

---

[1] 按：1926年7月思忠启程赴美留学，计日期，当已早到了。

庄，你以后每月务须有一封回家来报告你日常生活情形，免得家人悬望。饮食最要当心，若有点不舒服，便立刻请医生，万不可惹出病来，交朋友最当谨慎，一切事都常常请姊姊哥哥们当顾问，我就放心了。

我这几天小便异常之清，大约病完全好了。伍连德叫我每星期验血压，前日已开始往验，验得一百十四度，极中和。一切可放心。

今日已由北院二号迁到一号。许多话下次再说。

九月廿六晚　爹爹

与孩子们　　我狠不愿意全家变成美国风

题解：这是1926年9月29日写给孩子们的信。当时，思成、思永和思忠均在美国留学，周希哲在加拿大任外交官，思顺随夫也在加拿大。思庄最终决定返回加拿大，入蒙特利尔麦基尔大学。梁启超非常高兴,并希望思庄在加拿大毕业后,再继续往欧洲深造,而不愿思庄跟哥哥们一样在美国读书,从而使全家变成美国风。这反映了梁启超广博开阔的学术胸怀,希望儿女们能学习、吸收不同国家的学问,感受不同国家的学风。后来思成和徽因在美国毕业后,准备回国,他又让二人去欧洲考察一番,然后再回国,也是此意。

孩子们:

今天从讲堂下来,接着一大堆信——坎拿大三封,内夹成、永、庄寄坎的好几封,庄庄由纽约来的一封,又前日接到思永来一封,忠忠由域多利[1]来的一封,令我喜欢得手舞足蹈。我骤然看见域多利的信封,狠诧异!那一个跑到域多利去呢?拆开一看,才知忠忠改道去先会姊姊。前接阿图和电说忠忠十一日到,我以为是到美境哩,谁知便是那天到阿图和!忠忠真占便宜,这回放洋,在家里欢天喜地的送他,比着两位哥哥,已经天渊之别了;到了那边,又分两回受欢迎,不知多少高兴。

---

[1] 域多利:即加拿大维多利亚。

我最喜欢的是庄庄居然进了大学了。尤其喜欢是看你们姊弟兄妹们来往信,看出那活泼样子。我原来有点怕庄庄性情太枯寂些,因为你妈妈素来管得太严;他又不大不小夹在中间,挨着我的时候不多——不能如老白鼻的两亲家那样——所以觉得欠活泼。这一来狠显出青年的本色,我安慰极了。

回坎进大学,当然好极了。我前次信说赞成留美,不过怕顺儿们有迁调时,他太寂寞。其实这也不相干。满地可[1]我也到过,离坎京[2]极近,暂时我大大放心了。过得一两年,年纪更长大,当然不劳我挂念了。我狠不愿意全家变成美国风。在坎毕业后往欧洲入研究院,是最好不过的。

我的"赤祸"[3]大概可以扫除净尽了,最近已二十多天没有再发。实际上讲,自忠忠动身时,渐渐肃清,中间惟四姑死后发了一礼拜,初到清华发了三天(中秋日小发,但不甚,

---

[1] 可:即加拿大蒙特利尔。
[2] 坎京:即加拿大首都渥太华。
[3] 赤祸:指梁启超所犯的尿血症。

过一天便好),此外都是极好。今年我不编讲义(叫周传儒笔记,记得极好,你们在《周刊》上可以看见),工夫极轻松。每星期只上讲堂两点钟,在研究室接见学生五点钟(私宅不许人到)。我从来没有过这样清闲。我恪守伍连德的忠告,决意等半年后完全恢复,再行自由工作。

时局变化极剧,百里所处地位极困难,又极重要。他最得力的几个学生都在南边,蒋介石三番四覆拉拢他,而孙传芳又卑礼厚币,要仗他做握鹅毛扇的人。孙、蒋间所以久不决裂,都是由他斡旋。但蒋军侵入江西,逼人太甚(俄国人迫他如此),孙为自卫,不得不决裂。我们的熟人如丁在君、张君劢、刘厚生等,都在孙幕参与密勿,他们都主战,百里亦不能独立异,现在他已经和孙同往前敌去了。老师打学生(非寻常之师弟),岂非笑话?好在唐生智所当的是吴佩孚方面(京汉路上吴已经是问题外的人物),孙军当面接触的是蒋介石。这几天江西的战争,关系真重大。若孙败(百里当然跟着毁了),以后黄河以南便全是赤俄势力;若孙胜蒋败,以后便看百里手腕如何。百里的计画,是要把蒋、唐分开,蒋败后谋孙、唐联和。果能办到此着,便将开一斩(崭)新局面。国事大有可为,能成与否,不能不付诸气数了。

顺儿们窘到这样,可笑可怜,你们到底已经负债多少(看这情形,你们是博览会都看不成了)?这回八月节,使馆经费一文也发不出!将来恐亦无望,我实在有点替你们心焦!调任事一时更谈不到了(现在纯陷于无政府状态)。我想,还是勉强支持一两年(到必要时,我可以随时接济些),招呼招呼弟妹们,令我放心,一面令诸孙安定一点,好好的上学,往后看情形再说罢。

前所言司法储才馆事,现因政府搁浅,也暂时停顿,但此事为收回法权的主要预备,早晚终须办,现时只好小待。

小老白鼻今天该洗三[1]了。别人还不怎么,独有细婆,欢喜得连嘴都合不拢来。自从四姑的事情以后,细婆没有过笑容,这两天异常高兴,令我们也都安慰。

---

[1] 洗三:中国传统诞生礼,婴儿出生第三日,举行祝贺仪式。

王姨产后经过极良好,不消远念。

老白鼻爱小弟弟爱到无以复加,隔几分钟就去摸一回,整天价说"背背驼驼他"。老白鼻新近又长进一种学问,昨日起阿时教他认五个字,今日居然完全记得。

你们大的都不在跟前,狠有点感寂寞。现在就是阿时挨着我。我回到天津时,南开中学本来要请他当教习,月脩七十元,他倒狠想去(他狠想找点钱帮补姑丈)。我一来怕他学问太浅,交代不过,二来也要他跟着我,所以暂留他一年,明年也不能不让他去了。

九月廿九日　爹爹

与孩子们　青年为感情冲动,不能节制,乃是自投苦恼的罗网

题解:这是 1926 年 10 月 4 日写给孩子们的信。前一日,徐志

摩(梁启超弟子)和陆小曼在北海画舫斋举行婚礼,梁启超作为证婚人,在婚礼上发表训词,对两人大大地教训一番(这篇训词后寄给子女们看)。梁启超写信将此事告诉孩子们,并为徐志摩未来的婚姻生活担忧。

孩子们:

我昨天做了一件极不愿意做之事——去替徐志摩证婚。他的新妇是王受庆[1]夫人,与志摩恋爱上,才和受庆离婚,实在是不道德之极。我屡次告诫志摩而无效。胡适之、张彭春苦苦为他说情,到底以姑息志摩之故,卒徇其请。我在礼堂演说一篇训词,大大教训一番,新人及满堂宾客无一不失色,此恐是中外古今所未闻之婚礼矣。今把训词稿子寄给你们一看。青年为感情冲动,不能节制,任意决破礼防的罗网,其实乃是自投苦恼的罗网,真是可痛!真是可怜!

徐志摩这个人其实聪明,我爱他不过,此次看着他陷于

---

[1] 王受庆:即王赓(1895—1942),字受庆,江苏无锡人,民国时期高级军官,陆小曼前夫,也是梁启超的学生。

灭顶,还想救他出来,我也有一番苦心。老朋友们对于他这番举动,无不深恶痛绝,我想他若从此见摈于社会,固然自作自受,无可怨恨,但觉得这个人太可惜了,或者竟弄到自杀。我又看着他找得这样一个人做伴侣,怕他将来苦痛更无限,所以想对于那个人当头一棒,盼望他能有觉悟(但恐甚难),免致将来把志摩弄死,但恐不过是我极痴的婆心(便)〔罢〕了。

闻张歆海近来也狠堕落,日日只想做官(志摩却是狠高洁,只是发了恋爱狂——变态心理——变态心理的犯罪),此外还有许多招物议之处,我也不愿多讲了。品性上不曾经过严格的训练,真是可怕。我因昨日的感触,专写这一封信给思成、徽音、思忠们看看。

十月四日　爹爹

附:徐志摩婚礼上的训词

题解:这是 1926 年 10 月 3 日梁启超在徐志摩、陆小曼婚礼上的训词。后来梁启超还将训词裱成手卷交徐志摩保存,希望弟子时时能以此提醒自己。其实,徐志摩婚后生活更加糟糕,在上文中梁启超说自己这番训词是"免致将来把志摩弄死",想不到这些话竟一语成谶。这篇训词虽然是讲给徐、陆两人听的,但他将其寄给儿女们看,对他们而言,其实也是一种爱情婚姻之教育。

徐志摩!陆小曼!你们的生命,从前狠经过些波澜,当中你们自己感受不少的痛苦!社会上对于你们还惹下不少的误解。这些痛苦和误解,当然有多半是别人给你们的;也许有小半由你们自招吧?别人给你们的,当然你们管不着;事过境迁之后,也可以无容再管。但是倘使有一部分是由你们自招吗,那,你们从今以后,真要有谨严深切的反省和勇猛精勤的悔悟——如何把苦痛根芽,划除净尽,免得过去的创痕,遇着机会,便为变态的再发,如何使社会上对我们误解的人,得着反证,知道从前的误解,真是误解。我想这一番工作,在今后你们的全生命中,狠是必要。这种工作,全靠你们自己,任何相爱的人,都不能相助。这种工作,固然并不难,但也不十分容易,你们努力罢!

你们基于爱情,结为伴侣,这是再好不过的了。爱情神圣，我狠承认；但是须知天下神圣之事，不止一端，爱情以外，还多着哩。一个人来这世界上一趟，住几十年，最少要对于全世界人类和文化，在万刼岸头添上一撮土。这便是人之所以为人之最神圣的意义和价值。徐志摩！你是有相当天才的人，父兄师友，对于你有无穷的期许，我要问你，两性爱情以外，还有你应该作的事情没有，从前因为你生命不得安定，父兄师友们对于你，虽一面狠忧虑，却一面常常推情原谅，苦心调护，我要问你，你现在，算得着安定没有，我们从今日起，都要张开眼睛，看你从新把坚强意志树立起，堂堂的作个人哩！你知道吗？陆小曼，你既已和志摩作伴侣，如何的积极的鼓舞他，作他应作的事业，我们对于你，有重大的期待和责备，你知道吗？就专以爱他而论，爱情的本体是神圣，谁也不能否认，但是如何才能令神圣的本体实现，这确在乎其人了。徐志摩！陆小曼！你们懂得爱情吗？你们真懂得爱情，我要等着你们继续不断的，把它体现出来。你们今日在此地，还请着许多亲友来，这番举动，到底有什么意义呢？这是我告诉你们对于爱情神，负有极严重的责任，你们至少对于我证婚人梁启超，负有极严重的责任，对于满堂观礼的亲友们，负有更严重的责任。你们请永远的郑重的记着吧！

徐志摩！陆小曼！你们听明白我这一番话没有？你们愿意领受我这一番话吗？你们能够时时刻刻记得起我这一番话吗？那么，狠好！我替你们祝福！我盼望你们今生今世勿忘今日，我盼望你们从今以后的快乐和幸福常如今日。

与思顺　小小的病何足以灰我的心

题解：这是1926年10月7日梁启超写思顺的信。他在信中告诉思顺，肾脏手术出院以后，小小病不足以使其灰心，现早已兴会淋漓地工作了，叫思顺不要回国来探望他。面对疾病乃至医疗事故，梁启超体现出了极为乐观的精神。

顺儿：

九月七日、十日信收到，计发信第二日忠忠便到阿图和，你们姊弟相见，得到忠忠报告好消息，一切可以释然了。

我的信有令你们难过的话吗？谅来那几天忠忠正要动身，有点舍不得，又值那几天病最厉害（服天如药以前，小便觉有点窒塞），所以不知不觉有些感慨的话。其实，我这个人你们还不知道吗，我有什么看不开，小小的病何足以灰我的心？我现在早已兴会淋漓的做我应做的工作了，你们不信，只要问阿时便知道了。

我现在绝对的不要你回来，即使这点小病未愈也不相干，何况已经完好了呢！你回来除非全眷回来，不然隔那么远，你一心挂两路，总是不安。你不安，我当然也不安，何必呢！现在几个孙子已入学校，若没别的事，总令他们能多继续些时候才好。

我却不想你调别处，若调动就是回部补一个实缺参事，但不容易办到不（部中情形我不熟）？又不知你们愿意不？

来信顺便告诉我一声。现在少川又回外部,本来智利事可以说话,但我也打算慢点再说(因为我根本不甚愿意你们远调),好在外交总长总离不少这几个人,随时可以说的。

我倒要问你一件事,一月前我在报纸上看见一段新闻,像是说明年要在加拿大开万国教育大会,不知确否?你可就近一查,若确,那时我决定要借这名目来一趟,看看我一大群心爱的孩子。你赶紧去查明,把时日先告诉我,等我好预备罢。

我现在新添了好些事情——司法储才馆和京师图书馆(去年将教育部之旧图书馆暂行退还不管,现在我又接过来),好在我有好副手替我办——储才馆托给林宰平,你二叔帮他;旧图书馆托给罗孝高,何擎一帮他。我总其大成,并不劳苦我一天,还是在清华过我的舒服日子。

曾刚父年伯病剧,他的病和你妈妈一样,数月前已发,若早割尚可救,现在已溃破,痛苦万状,看情形还不能快去。我数日前去看他,联想起你妈妈的病状,伤感得狠。他穷得可怜，我稍为送他的钱，一面劝他无须找医生白花钱了。

陈伯严老伯也患便血病，但他狠痛苦，比我差多了。年纪太大（七十二了），怕不容易好。中年以后，亲友们死亡、疾病的消息常常络绎不绝，这也是无可如何的事（伯严的病由酒得来，我病后把酒根本戒绝，总是最好的事）。

二叔和老白鼻说，把两个小妹妹换他的小弟弟，他答应了。回头忽然问："那个小弟弟？"二叔说："你们这个。"他说："不，不，把七叔的小弟弟给你。"你们看他会打算盘吗？

十月七日　爹爹

与孩子们　现在每日有相当的工作，我越发精神焕发了

题解：这是1926年10月14日梁启超写给孩子们的信，告诉

孩子们不要担心他的病,他并未受疾病的影响,现在每日有相当的工作,越发精神焕发了。其实,梁启超自从手术失败后,受到疾病的严重折磨,但凭着乐观的精神和修养的工夫,在生命的最后三年仍然对生活充满热忱和激情。对梁家儿女而言,这是一种言传,更是一种身教。

孩子们:

忠忠到阿图和的信收到了。你们何以担心我的病担心到如此厉害,或者因我在北戴河那一个多月去信太少吗?或者我的信偶然多说几句话,你们神经过敏疑神疑鬼吗?但忠忠在家天天跟着我,难道还看不出我的样子来,我心里何尝有不高兴呢?大抵我这个人太闲也是不行,现在每日有相当的工作,我越发精神焕发了。

美洲我是时时刻刻都想去的,但这一年内能否成行,仍是问题。因为新近兼兜揽着两件事——京师图书馆(重新接收过来)、司法储才馆都是创办,虽然有好帮手,不致甚劳,但初期规画仍是我的责任,我若远行,恐怕精神涣散,难有成绩，且等几个月后情形如何再说。又欲筹游费，总须借个名目，若自己养病玩耍，却不好向任何方面要钱，所以我狠想打听明年的万国教育会是否开在阿图和，若是在暑假期间开，我无论如何总要想法来一趟的。

明日是重阳，我打算带着老白鼻去上坟，我今年还没有到过坟上哩！小老白鼻也狠结实，他娘娘体子也狠好。再过两礼拜，打算带着他回津一行。

十月十四日　爹爹

与思永　我已立刻写信给他(李济)，告诉以你的志愿及条件

题解：这是1926年12月10日写给思永的信。1926年10月开始，清华国学研究院和美国弗利尔艺术馆共同组织对山西省夏县西阴村进行田野考古发掘，由李济(字济之)、袁复礼主持发掘工作。李济时任清华国学院讲师，与梁启超同事。当时思永在哈佛大学读

考古学和人类学专业,曾参与过印第安人遗址的发掘,梁启超想让儿子参与这次考古发掘,从而使其进一步得到实践上的锻炼。

思永:

得十一月七日信,喜欢之极。李济之[1]现在山西(非陕西)乡下,正采掘得兴高采烈,我已立刻写信给他,告诉以你的志愿及条件,大约十日内外可有回信。我想他们没有不愿意的,只要能派你实在职务,得有实习机会,盘费、食住费等等都算不了什么大问题,家里景况,对于这点点钱还担任得起也。

你所问统计一类的资料,我有一部分可以回答你,一部分尚须问人。我现在忙极,要过十天半月后再回你,怕你悬望,先草草回此数行。

我近来真忙,本礼拜天天有讲演(城里的学生因学校开不了课,组织学术讲演会,免不了常去讲演),又著述之兴不

---

[1] 李济之:即李济(1896—1979),字受之,后改为济之,湖北钟祥人,中国现代考古学家、人类学家。

可遏,已经动手执笔了(半月来已破戒,亲自动笔)。还有司法储才馆和国立图书馆都正在开办,越发忙得要命。最可喜者,旧病并未再发,有时睡眠不足,小便偶然带一点黄或粉红,只须酣睡一次,就立刻恢复了。因为忙,有好多天没有给你们信(只怕十天八天内还不得空),你这信看完后立刻转给姊姊他们,免得姊姊又因为不得信挂心。

十二月十日　爹爹

你娘娘身体狠好,"小无名氏"非常之乖,食、睡、哭都有一定时候。细婆天天催要他的名字,我还不得空。

与孩子们　《王阳明知行合一之教》印出后寄给你们读

题解:这是1926年12月20日写给孩子们的信。所涉及内容较多,其中提到耶路(鲁)大学赠送他博士学位、政局动荡、希哲生计等,其中最值得关注者,是他打算将新著《王阳明知行合一之教》印出后寄给儿女们读。梁启超晚年看到现代学校几乎变成了"智识贩卖所",而缺乏人格修养的学问,学生精神无所寄托。他认为阳明的"知行合一""致良知"之教,是这一弊病的"唯一的救济法门",为学界"独一无二之良药"。所以大力弘扬阳明学,不仅在学校对学生宣讲阳明学,而且希望子女们也接受阳明学。此可与本书第三部分《王阳明知行合一之教》合观。

孩子们:

寄去美金九十元作压岁钱,大孩子们每人十元,小孩子们共二十元,可分领买糖吃去。

我近来因为病已全愈,一切照常工作,渐渐忙起来了。新近著成一书,名曰《王阳明知行合一之教》,约四万余言,印出后寄给你们读。

前两礼拜几乎天天都有讲演,每次短者一点半钟,多者继续至三点钟,内中有北京学术讲演会所讲三次,地点在前众议院(法大第一院),听众充满全院(约四千人),在大冷天并无火炉(学校穷,生不起火),讲时要狠大声,但我讲了几次,病并未发,可见是全愈了。

前几天耶路大学[1]又有电报来,再送博士,请六月廿二到该校,电辞极恳切,已经覆电答应去了。你二叔不甚赞成,说还要写信问顺儿以那边详细情形,我想没有什么要紧的,只须不到唐人街(不到西部),不上杂碎馆,上落船时稍为注意,便够了。我实在想你们,想得狠,借这机会来看你们一躺,最好不过,我如何肯把他轻轻放过。

时局变迁非常剧烈,百里联络孙、唐、蒋的计画全归失败,北洋军阀确已到末日了。将此麻木不仁的状态打破,总是好的,但将来起的变症如何,现在真不敢说了。

希哲的生活方向现真成了问题,北京政府看着是要塌了,使领经费绝对的不会有办法(顾少川虽然在那里打主意,我想都不会成功)。从前欠薪,恐怕也没甚希望,似此赔累下去,如何能久?若不能调到有收入的地方,便须另走一条路。国内混乱状态未知所极,生意是无从做起的。除非在海外想方法,此虽非一时立决之事。但不能不早为之备,请注意

---

[1] 耶路大学:即耶鲁大学。

为幸。

去年,徽音有明年二月归国之说,不知现在已改变否?我想大可以不必。现在回来北京是无用的,徒增伤心,福州现亦在混乱时代,回来恐省亲之愿亦不易达到,何苦跋涉呢?只要学费勉强可以支持,等到和思成一齐归来最好。这句话我屡次写信都忘了,今补说。

思庄近来还常常想家吗?我看你的来信及你给姊姊的信最高兴。我最希望你特别注重法文,将来毕业后最少也留法一年,你愿意吗?

思忠来信叙述入学后情形,我和你娘娘都极高兴。你既学政治,那么进什么团体是免不了的,我一切不干涉你,但愿意你十分谨慎,须几经考量后方可加入。在加入前先把情形告诉我,我也可以做你的顾问。

思永回来的事,李济之尚未回信,听说他这回采掘狠有所得,不久也要回京一次。

小老白鼻有了名字了,我看他的面孔狠像大同的"同"

字,就叫他做思同(胖的那脸成个正方形,眼孔小小的,连眉毛像一画,张开口像个口字),我不大理会他,比老白鼻那时候差多了。

十二月二十日　爹爹

1927 年

与孩子们　　我常感觉我的工作,还不能报答社会上待我的恩惠

题解:这是 1927 年 1 月 2 日写给孩子们的信。当时国家政局、社会处于动荡、混乱之中,谋生艰难。对于在国外的思顺夫妇、国内的弟弟和妻弟等亲人,甚至朋友,梁启超都极力想办法解决他们经济或生计困难。由于司法储才馆开学、清华大学功课增加以及在燕京大学兼课,梁启超又进入极为忙碌的状态。他自认为身体已完全恢复,可以放心工作。其实,这是在进一步透支自己的身体。如果梁启超这一两年能少承担些社会和家庭责任,继续静养,那么他的身体可能会有较好的恢复,不至于 1929 年 1 月即与世长辞,中年而卒(当然梁启超乐观、超然,不然可能还会更早离世)。当然,对于社会、家庭责任,他无所逃避,只要一息尚存,他仍会如此,这就是

梁启超的宿命和天命！

孩子们：

今天总算我最近两个月来最清闲的日子，正在一个人坐在书房里拿着一部杜诗来吟哦。思顺十一月廿九、十二月四日，思成十二月一日的信，同时到了，真高兴。

今天是阳历年初二，又是星期，所有人大概都进城去了。我昨天才从城里回来。达达、司马懿、六六三天前已经来了。今天午饭后他们娘娘带他们去逛颐和园，老郭、曹五都跟去，现在只剩我和小白鼻看家。

写到这里，他们都回来了。满屋子立刻喧闹起来，和一秒钟以前成了两个世界。

你们十个人，刚刚一半在那边，一半在这边，在那边的一个个都大模大样，在这边的都是"小不点点"，真是有趣。

相片看见了，狠高兴。庄庄已经是个大孩子了，为什么没有戴眼镜？比从前漂亮得多。思永还是那样子。思成为什么这样瘦呢?像老了好些。思顺却像更年轻了。桂儿、瞻儿那幅不大清楚,不甚看得出来。小白鼻牵着冰车好顽极了,老白鼻绝对不肯把小儿子让给弟弟,和他商量半天,到底不肯,只肯把烂名士让出一半(老白鼻最怕的爹爹去美国,比吃泻油还怕)。他把这小干儿子亲了几亲,连冰车一齐交给老郭替他"收收"了。

以下说些正经事。

思成信上说徽音二月间回国的事,我一月前已经有信提过这事,想已收到。徽音回家看他娘娘一躺,原是极应该的,我也不忍阻止,但以现在情形而论,福州附近狠混乱,交通极不便,有好几位福建朋友们想回去也回不成。最近三几个月中,总怕恢复原状的希望狠少,若回来还是蹲在北京或上海,岂不更伤心吗?况且他的娘,屡次劝他不必回来,我想还是暂不回来的好。至于清华官费,若回来考,我想没有考不上的。过两天我也把招考章程叫他们寄去,但若打定主意不回来,则亦用不着了。

思永回国的事,现尚未得李济之回话。济之三日前已经由山西回到北京了,但我刚刚进城去,还没有见着他。他这回采掘大有所获,捆载了七十五箱东西回来,不久便在清华考古室(今年新成立)陈列起来了,这也是我们极高兴的一件事。思永的事,我本礼拜内准见着他,下次的信便有确答。

忠忠去法国的计画,关于经费这一点毫无问题,你只管预备着便是。

思顺们的生计前途,却真可忧虑,过几天我试和少川切实谈一回,但恐没有什么办法,因为使领经费据我看是绝望的,除非是调一个有收入的缺。

司法储才馆下礼拜便开馆,以后我真忙死了,每礼拜大概要有三天住城里。清华功课有增无减(因为清华寒假后兼行导师制,这是由各教授自愿的,我完全不理也可以,但我不肯如此。每教授担认指导学生十人,大学部学生要求受我指导者已十六人,我不好拒绝),又在燕京担任有钟点(燕京学生比清华多,他们那边师生热诚恳求我,也不好拒绝),真没有一刻空闲了。但我体子已完全复原,两个月来旧病完全不发,所以狠放心工作去。

上月为北京学术讲演会作四次公开的讲演,讲坛在旧众议院,每次都是满座,连讲两三点钟,全场肃静无哗,每次都是距开讲前一两点钟已经人满。在大冷天气,火炉也开不起,而听众如此热诚,不能不令我感动。我常感觉我的工作,还不能报答社会上待我的恩惠。

我游美的意思还没有变更,现在正商量筹款,大约非有万金以上不够(美金五千),若想得出法子,定要来的,你们没有什么意见吧?

时局变迁极可忧,北军阀末日已到,不成问题了。北京政府命运谁也不敢作半年的保险,但一党专制的局面谁也不能往光明上看,尤其可怕者是利用工人鼓动工潮。现在从汉口、九江,大大小小铺子,什有九不能开张,车夫要和主人同桌吃饭(我想他们到了北京时,我除了为党派观念所逼,不能不亡命外,大约还可以勉强住下去,因为我们家里的工人老郭、老吴、曹五三位,大约还不至和我们捣乱,你二叔那边只怕非二叔亲自买菜,二婶亲自煮饭不可了),结果闹到中产阶级不能自存,而正当的工人也全部失业。放火容易救火难,党人们正不知如何以善其后也。现在军阀游魂尚在,我们殊不愿对党人宣战,待彼辈统一后,终不能不为多数人自由与彼辈一拼耳。

思顺们的留支似已寄到十一月,日内当再汇上七百五十元,由我先垫出两个月,暂救你们之急。

寄上些中国画给思永、忠忠、庄庄三人挂挂书房。思成处来往的人,谅来多是美术家,不好的倒不好挂,只寄些影片,大率皆故宫所藏名迹也。

现在北京灾官[1]们可怜极了。因为我近来担任几件事,穷亲戚、穷朋友们稍为得点缀。十五舅处东拼西凑三件事,合得二百五十元(可以实得到手),勉强过得去。你妈妈最关心的是这件事,我不能不尽力设法。其余如杨鼎甫也在

---

[1] 灾官:被辞退、失业的官员。

图书馆任职得百元,黑二爷(在储才馆)也得三十元(玉衡表叔也得六十元),许多人都望之若登仙了。七叔得百六十元,廷灿得百元,和别人比较,其实都算过份了。

细婆近来心境渐好,精神亦健,是我们最高兴的事。现在细婆、七婶都住南长街,相处甚好,大约春暖后七叔或另租屋住。

老白鼻一天一天越得人爱,非常聪明,又非常听话,每天总逗我笑几场。他读了十几首唐诗,天天教他的老郭念,刚才他来告诉我说:"老郭真笨,我教他念《少小离家》,他不会念,念成'乡音无改把猫摔'!"(他一面说一面抱着小猫就把那猫摔下地,惹得哄堂大笑)他念:"两人对酌山花开,一杯一杯又一杯。我醉欲眠君且去,明朝有意抱琴来。"总要找一个人和他对酌,念到第三句便躺下,念到第四句便去抱一部书当琴弹。诸如此类每天趣话多着哩。

我打算寒假时到汤山住几天,好生休息,现在正打听那边安静不安静。我近来极少打牌,一个月打不到一次,这几天司马懿来了,倒过了几回桥。酒是久已一滴不入口,虽宴会席上有极好的酒,看着也不动心。写字倒是短不了,近一个月来少些,因为忙得没有工夫。

十六年一月二日　爹爹

与思永　关于你回国一年的事情,今天已经和济之仔细商量

题解:这是1927年1月10日写给思永的信。此日,山西考古发掘结束,思永无法赶上。但梁启超仍希望儿子回国参与相关科研活动,如有机会就参加清华国学院后续的田野考古挖掘,如无法外出考古发掘,则帮助整理此次考古挖掘的材料。对于李济和袁复礼夸奖思永是"中国第一位考古专门学者",梁启超既高兴又惶恐,故勉励思永努力用功,要对得起这一名誉。

思永读:

今天李济之回到清华,我给他商量你归国事宜,那封信

梁启超（1873—1929）

双涛园群童，1908年摄于日本神户

梁启超妻子李蕙仙（左一）偕长女思顺（左三）、长子思成（左四）、次子思永（左二）在日本，约摄于1908年

宝贝思顺：昨天松坡图书馆成立典礼，馆在北海快雪堂，地方好极了，你还不知道呢。我连日住四日，住清华三日，住城里，城里傍晚开了一天，今天我一箇人独住在馆里头。昨晚我读了一天的书，晚间独酌醉了，读什么呢？想不纪（记）来了，也不读了。我我最爱的孩子谈谈耍。好孩子别要着急。我益有怎么瞰沺六不是要吃的哦想起来了，你报告希哲在那边商民爱戴的情形，令我喜欢得了不得。我常想一箇人要

1906年,摄于日本东京,梁启超(左二)、思顺(右一)、思成(左一)和思永(右二)。照片上方为梁启超自题:新民丛报时代任公及顺成永三儿

梁启超与子女思忠、思庄合影

1928年,梁思成与林徽因在欧洲度蜜月

鹊桥仙 自题小像寄思成

也匆匆安睡，也还健饭，也处处此心闲暇。胡来照拾镜中颜，好像此十年胖些？ 此诗是王姑

天涯游子，一年恶梦，多少痛、愁、惊、怕！闲减还汝百温存，"爹，裹好寻妈吗"。欲和句用来信诗意

也是昨天从山西打回头他才接着,怪不得许久没有回信。

他把那七十六箱成绩平平安安运到本校,陆续打开,陈列在我们新设的考古室了。今天晚上他和袁复礼(是他同伴,学地质学的)在研究院茶话会里头作长篇的报告演说,虽以我们门外汉听了,也深感兴味。他们演说里头还带着讲"他们两个人都是半路出家的考古学者(济之是学人类学的),真正专门研究考古学的人还在美国——梁先生之公子"。我听了替你高兴又替你惶恐,你将来如何才能当得起"中国第一位考古专门学者"这个名誉,总要非常努力才好。

他们这回意外的成绩,真令我高兴。他们所发掘者是新石器时代的石层,地点在夏朝都城——安邑的附近一个村庄,发掘得的东西略分为三大部分:(一)陶器,(二)石器,(三)骨器。此外,他们最得意的是得着半个蚕茧,证明在石器时代已经会制丝。其中陶器花纹问题最复杂,这几年来(民国九年以后),瑞典人安迪生在甘肃、奉天发掘的这类花纹的陶器,力倡中国文化西来之说,自经这回的发掘,他们想翻这个案。

最高兴的是,这回所得的东西完全归我们所有(中华民国的东西暂陈设在清华),美国人不能搬出去,将来即以清华为研究的机关,只要把研究结果报告美国那学术团体便是,这是济之的外交手段高强,也是因为美国代表人卑士波到中国三年无从进行(他初到时我还请他吃过一顿饭),最后非在这种条件之下和我们合作不可,所以只得依我们了。这回我们也狠费点事,头一次去算是失败了(我曾有两封信给阎锡山,此外还有好几位的信),第二次居然得意外的成功(听说美国国务总理还有电报来贺卑士波成功哩)。

他们所看定采掘的地方,开方八百亩,已经采掘的只有三分——一亩十分之三——竟自得了七十六箱,倘若全部掘完,只怕故宫各殿的全部都不够陈列了。以考古学家眼光看,中国遍地皆黄金,可惜没有人会捡,真是不错。

关于你回国一年的事情,今天已经和济之仔细商量。他说可采掘的地方是多极了,但是时局不靖,几乎寸步难行,不敢保今年秋间能否一定有机会出去,即如山西这个地方,本来可继续采掘,但几个月后变迁如何,谁也不敢说。还有一层,采掘如开矿一样,假使另觅一个新地方的话,也许失败,白费几个月工夫,毫无所得。你老远跑回来,或者会令你失望。但是有一样,现在所掘得七十六箱东西,整理研究便须莫大的工作,你回来后看时局如何(还有安迪生所掘得的有一部分放在地质调查所中,也要整理),若可以出去,他便约你结伴,若不能出去,你便在清华帮他整理研究(跟着李、袁两人同做工作,一定狠有益)。两者任居其一也,断不至白费这一年光阴云云,你的意思如何?据我看是狠好的,回来后若不能出去,除在清华做这种工作外,我还可以介绍你去请教几位金石家,把中国考古学的常识弄丰富一点,再往美两年,往欧一两年,一定益处更多(城里头几个博物院你除看过武英殿外,故宫博物院、历史博物馆都是新近成立或发展的,回来实地研究所益亦多)。

关于美国团体出川资或薪水这一点,我和济之商量,不提为是。因为这回和他们订的条件是他们出钱我们出力,东西却是全归我们所有。所以这两次出去一切费用由他们担任,惟济之及袁复礼却是领学校薪俸,不是他们的雇佣,将来我们利用他这个机关的日子正长(这机关钱极多,济之说他的名字,我不懂英文,写不出来),犯不着贬低身份,受他薪水,别人且然,何况你是我的孩子呢?只要你决定回来,这点来往盘费,家里还拿得出,我等你回信便立刻汇去。

至于回来后,若出去便用他的费用,若在清华便在家里吃饭,更不成问题了。

我们散会已经十一点钟。这封信第二叶以下都是点洋蜡写的,我因为极高兴,写完了才睡觉,别的事都改日再说罢。

济之说要直接和你通信,已经把你的信封要去,想不日也到。

十六年一月十日　爹爹

老白鼻这几天闹牙痛,娘娘昨天带他到北京拔了一个牙,只怕还要拔第二个,好不令人心疼。

使领经费或者有点办法,替思顺稍为放心一点。

与孩子们　　困难境遇正是磨炼身心最好机会

题解:这是1927年1月27日写给孩子们的信。其中重要内容是关于周希哲调动事教导思顺,认为思顺不必为希哲调动事着急和愁闷,批评她临事不得力,平日学问工夫没有到家。在梁启超看来,现在的困难境遇,正是磨炼身心的最好机会;从全国的形势看,未来的苦日子还多着呢,现在正好做点磨炼身心的预备工夫。

孩子们:

昨天正寄去一封长信,今日又接到思顺十二月廿七日(内夹成、永信)、思忠廿二日信。前几天正叫银行待金价稍落时汇五百金去,至今未汇出,得信后立刻叫电汇,大概总赶得上交学费了。

寄留支事已汇去三个月的七百五十元,想早已收到。

调新加坡事倒可以商量,等我打听情形再说罢。调智利事幸亏没有办到,不然才到任便裁缺,那才狼狈呢!大抵凡关于个人利害的事只是"随缘"最好,若勉强倒会出岔子。希哲调新加坡时,若不强留那一年,或者现在还在新加坡任上,也未可知。这种虽是过去的事,然而经一事长一智,正可作为龟鉴。所以我也不想多替你们强求。若这回二五附加税项下使领经费能够有着落,便在冷僻地方——人所不争的多蹲一两年也未始不好。

顺儿着急和愁闷是不对的,到没有办法时卷起铺盖回国,既已打定这个主意,便可心安理得。凡着急愁闷无济于事者,便值不得急他愁他,我向来对于个人境遇都是如此看法。顺儿受我教育多年,何故临事反不得力,可见得是平日学问没有到家。你小时候虽然也跟着爹妈吃过点苦,但太小了,全然不懂。及到长大以来,境遇未免太顺了。现在这种困难境遇,正是磨炼身心最好机会,在你全生涯中不容易碰着的,你要多谢上帝玉成的厚意,在这个档口做到"不改其乐"的工夫,才不愧为爹爹最心爱的孩子哩。

近来耳目所接,都是不忍闻不忍见的现象。河南、山东人民简直是活不成,湖南、江西人民也简直活不成,在两种恶势力夹攻之下,全国真成活地狱了。将来我们受苦日子多着哩,现在算什么,我们只有磨炼身心,预备抵抗,将来还可以替国家做点事业,教小孩子们也要向这条苦路进行。

不惟唐生智头痛,连蒋介石们也头痛,总而言之,共产党受第三国际的训练,组织力太强了,现在真是无敌于天下。我们常说"他们有组织,我们没有组织",谁知陈铭枢给他的朋友的信说的也正是这两句话(我亲看见的)。现在倒蒋、陈,倒唐之声大盛于两湖、江西,李济深在广东想自己练些非共产的军队(四师),到底被他们破坏,练不成功。蒋、唐他们自己安慰自己,说道:"好在军队不在他们手里。"不错,现在南方军人确非共产派,但他们将来必倒在共产派手上无疑。现在南方只是工人世界。"智识阶级"四个字已成为"反革命"的代名词(两湖、江西大小公私学校完全封闭,以改组名义封闭,但开学总不会有期)。而所谓工人又全是不做工的痞子流氓,看着生产事业都要停止,真是不了。

忠忠的信狠可爱,说的话狠有见地,我在今日若还不理会政治,实是对不起国家,对不起自己的良心。不过出面打起旗帜,时机还早,只有密密预备便是。我现在担任这些事业,也靠着他可以多养活几个人才(内中固然有亲戚故旧,勉强招呼不以人才为标准者)。近来多在学校演说,多接见学生,也是为此——虽然你娘娘为我的身子天天唠叨我,我还是要这样干——中国病太深了,症候天天变,每变一症,病深一度,将来能否在我们手上救活转来,真不敢说。但国家生命、民族生命总是永久的(比个人长的),我们总是做我们责任内的事,成效如何,自己能否看见,都不必管。

庄庄狠乖,你的法文居然赶过四哥了,将来我还要看你的历史学等赶过三哥呢。

思永的字真难认识,我每看你的信,都狠费神,你将来回国跟着我,非逼着你写一年九宫格不可。

达达昨日入协和,明日才开刀,大概要在协和过年了。我拟带着司马懿、六六们在清华过年(先令他们向你妈妈相片拜年),元旦日才入城,向祖宗拜年,过年后打算去汤山住一礼拜,因为近日太劳碌了,寒假后开学恐更甚。

每天老白鼻总来搅局几次,是我最好的休息机会(他又来了,又要写信给亲家了)。

我游美的事你们意见如何?我现在仍是无可无不可,朋友们却反对得厉害。

一月廿七日　旧历十二月廿四日　爹爹

与思庄　不必太苦,反变成寒酸

题解:这是1927年2月10日写给孩子们的信中给思庄的部

分。思庄在加拿大留学刻苦好学,且非常节俭。虽然梁启超平时要儿女养成吃苦耐劳的精神,但又认为生活不必太苦,太苦反成寒酸。当然,这一方面是因为他心痛女儿,另一方面是他对生活持中庸之道,所谓"过犹不及"。

前信未写完,昨天又接到思顺一月四日、八日两信,庄庄一月四日信,趁现在空闲,一总回信多谈些罢。

庄庄功课样样及格,而且副校长狠夸奖他,我听见真高兴。就是你姊姊快要离开加拿大,我有点舍不得你独自一人在那边,好在你已成了大孩子了,我一切都放心。你去年的钱用得狠省俭,也足见你十分谨慎。但是我不愿意你们太过刻苦,你们既已都是狠规矩的孩子,不会乱花钱,那么便不必太苦,反变成寒酸。你赶紧把你预算开来罢!一切不妨预备松动些,暑假中到美国旅行和哥哥们会面是必要的。你总把这笔费开在里头便是,年前汇了五百金去,尚缺多少?我接到信立刻便汇去。

张君劢愿意就你们学校的教职,我已经有电给姊姊了,他大概暑期前准到。他的夫人是你们世姊妹,姊姊走了,他来也和自己姊妹差不多。这是我最替庄庄高兴的事。却是你要做衣服以及要什么东西,赶紧写信来,我托他多多的给你带去。

思顺调新加坡的事,我明天进城便立刻和顾少川说去,若现任人没有什么特别要留的理由,大概可望成功吧。成与不成,此信到时当已揭晓了。使领经费仍不见靠得住,因为二五附加税问题狠复杂,恐怕政府未必能有钱到手。你们能够调任一两年,弥补亏空,未尝不好。至于调任后,有无风波谁也不敢说,只好再看罢。

以上二月十日写

与孩子们　　我盼望你们都能应用我这点精神

题解：这是1927年2月16日写给孩子们的信。主要是指导思成、思永、思忠如何为学,其中对思成的疑问解答尤详,可圈点者甚多,如关于学问的有用无用、规矩与巧等问题的论述。尤其对于成就问题,梁启超认为现在不必考虑,只要尽能力去做即可。他告诉儿女,平生最服膺曾国藩的"莫问收获,但问耕耘",其学问正得力于此,并盼望儿女们学习、应用这种精神。梁启超对于儿女们这种学问上的指点,亲切可信,耐人寻味。

思成和思永同走一条路,将来互得联络观摩之益,真是再好没有了。思成来信问有用无用之别,这个问题狠容易解答,试问唐开元、天宝间李白、杜甫与姚崇、宋璟比较,其贡献于国家者孰多?为中国文化史及全人类文化史起见,姚、宋之有无,算不得什么事,若没有了李、杜,试问历史减色多少呢?我也并不是要人人都做李、杜,不做姚、宋。要之,要各人自审其性之所近何如,人人发挥其个性之特长,以靖献[1]于社会,人才经济莫过于此。思成所当自策厉者,惧不能为我国美术界作李、杜耳。如其能之,则开元、天宝间时局之小小安危,算什么呢?

---

[1] 靖献:奉献。靖,恭敬。

你还是保持这两三年来的态度,埋头埋脑做去便对了。

你(按:指思成)觉得自己天才[1]不能副你的理想,又觉得这几年专做呆板工夫,生怕会变成画匠。你有这种感觉,便是你的学问在这时期内将发生进步的特征,我听见倒喜欢极了。孟子说:"能与人规矩,不能使人巧。"凡学校所教与所学总不外规矩方面的事,若巧则要离了学校方能发见。规矩不过求巧的一种工具,然而终不能不以此为教、以此为学者,正以能巧之人,习熟规矩后,乃愈益其巧耳(不能巧者,依着规矩可以无大过)。你的天才到底怎么样,我想你自己现在也未能测定,因为终日在师长指定的范围与条件内用功,还没有自由发摅自己性灵的余地。况且凡一位大文学家、大美术家之成就,常常还要许多环境与及附带学问的帮助。中国先辈屡说要"读万卷书,行万里路"。你两三年来蛰居于一个学校的图案室之小天地中,许多潜伏的机能如何便会发育出来?即如此次你到波士顿一躺,便发生许多刺激,

---

[1] 天才:此处指天分。

区区波士顿算得什么,比起欧洲来真是"河伯"之与"海若",若和自然界的崇高伟丽之美相比,那更不及万分一了。然而令你触发者已经如此,将来你学成之后,常常找机会转变自己的环境,扩大自己的眼界和胸次,到那时候或者天才会爆发出来,今尚非其时也。今在学校中只有把应学的规矩,尽量学足,不惟如此,将来到欧洲回中国,所有未学的规矩也还须补学,这种工作乃为一生历程所必须经过的,而且有天才的人绝不会因此而阻抑他的天才,你千万别要对此而生厌倦,一厌倦即退步矣。至于将来能否大成,大成到怎么程度,当然还是以天才为之分限。我生平最服膺曾文正两句话:"莫问收获,但问耕耘。"将来成就如何,现在想他则甚?着急他则甚?一面不可骄盈自慢,一面又不可怯弱自馁,尽自己能力做去,做到那里是那里,如此则可以无入而不自得,而于社会亦总有多少贡献。我一生学问得力专在此一点,我盼望你们都能应用我这点精神。

思永回来一年的话怎么样?主意有变更没有?刚才李济之来说,前次你所希望的已经和毕士卜谈过,他狠高兴,已经有信去波士顿博物院,一位先生名罗治者和你接洽,你见面后所谭如何可即回信告我。现在又有一帮瑞典考古学家要大举往新疆发掘了,你将来学成归国,机会多着呢!

忠忠会自己格外用功,而且埋头埋脑不管别的事,好极,好极。姊姊、哥哥们都有信来夸你,我和你娘娘都极喜欢。西点[1]事三日前已经请曹校长再发一电给施公使,未知如何,只得尽了人事后听其自然。你既走军事和政治那条路,团体的联络是少不得的,但也不必忙,在求学时期内,暂且不以此分心也是好的。

旧历新年期内,我着实顽了几天。许久没有打牌了,这次一连打了三天也狠觉有兴。本来想去汤山,因达达受手术,他娘娘离不开,也没有去成。

昨日清华已经开学了,自此以后我更忙个不了,但精神健旺,一点不觉得疲倦。虽然每遇过劳时,小便还带赤化,但既与健康无关,绝对的不管他便是了。

---

[1] 西点:即西点军校,当时思忠准备入西点军校留学。

阿时已到南开教书。北院一号只有我和王姨带着两个白鼻住着,清静得狠。

相片分寄你们,都收到没有?还有第二次照的呢,过几天再寄。

二月十六日　爹爹

思成信上讲钟某的事,狠奇怪。现在尚想不着门路去访查,若能得之,则图书馆定当想法购取也。

Lodge 此人为美国参议院前外交委员长之子,现任波士顿博物院采集部长。关于考大学事拟与思永有所接洽。毕士卜已有信致彼,思永或可直往访之。

与孩子们　绝对的消极旁观,非独良心所不许,事势亦不容如此

题解：这是 1927 年 2 月 28 日写给孩子们的信。此信所谈,其

中涉及梁启超对于国家政治之责任。此时他不再参与实际的政治活动,而是从学术上着手,不仅发表不少政论,而且还撰写专著《先秦政治思想史》。他总是想为国家、社会尽力,无法消极避世。

孩子们:

今年还是过旧历的生日(因为那天是星期),在城里热闹一两天,今日(旧正月廿七)才回到清华。却是这两天有点小小的不幸,小白鼻病得甚危险,这全然为日本医生所误,小白鼻种痘后有点着凉不舒服,已经几天了,二十五日早上同仁医院医生看过,还说绝不要紧(许是吃的药错了,早上还好好的),到晚上十一点钟时病转剧,电召克礼来,已说太迟了,恐怕保不住,连夜由王姨带去医院住,打了无数的药针来"争命",能否争得回来,尚不可知(但今天已比前天好得多了)。因此生日那天,王姨整天不在家,家里人都有些着急不欢样子(细婆最甚,因为他特别喜欢小白鼻),今日王姨也未回清华,倘若有救,怕王姨还要在城里住一两礼拜才行哩。

我在百忙中还打了两天牌,十四、十五舅,姑丈们在一块顽狠有趣,但我并没有吃酒,近一年来我的酒真算戒绝了,看着人吃,并不垂涎。

过两天细婆、二婶、大姑们要请我吃乡下菜,各人亲自下厨房,每人做两样,绝对不许厨子动手,菜单已开好出来了,真有趣。本来预备今日做,一因我在学校有功课,定要回来,二因王姨没有心神,已改到星期五了(今日是星期一),只有那时小白鼻病好,便更热闹了。

回来接着思顺一月廿六、忠忠一月十九的信,和庄庄一月十一日给阿时的信,知道压岁钱已收到了。前几个月我记得有过些时候因功课太忙,许久没有信给你们(难怪你们记挂),最近一两个月来信却像是狠多,谅来早已放心了。总之,我体子是好极了,近来精神尤为旺盛,倘使偶然去信少些,也不过是因为忙的缘故,你们万不可以胡猜。

使领经费有无着落,还要看一个月方能定,前信说向外国银行借垫,由外交部承认的办法,希哲可以办到不?目前除此恐无他法。

君劢可以就坎大学之聘,我曾有电报告,并问两事:一问所授科目(君劢意欲授中国哲学),二问有中国书籍没有,若没有请汇万元来买(华银)。该电发去半月以上了,我还把回电的(十个字)电费都付过,至今尚未得回电,不知何故。

忠忠信上说的话狠对,我断不至于在这个档口出来做什么政治活动,亲戚朋友们也并没有那个怂恿我,你们可以大大放心。但中国现在政治前途,像我这样一个人,绝对的消极旁观,总不是一回事,非独良心所不许,事势亦不容如此。我已经立定主意,于最近期间内发表我政治上全部的具体主张,现在先在清华讲堂上讲起,分经济制度问题、政治组织问题、社会组织问题、教育问题四项。每礼拜一晚在旧礼堂讲演,已经讲过两回,今日赶回学校,也专为此。以这两回听讲情形而论,像还狠好。第二次比前一次听众增加,内中国民党员乃至共产党员听了像都首肯(研究院便有共产党二人,国民党七八人)。现在同学颇有人想自组织一精神最紧密之团体(周传儒、方壮猷[1]等),一面讲学,一面作政治运动,我只好听他们做去再看。我想忠忠听着这话最高兴了。

庄庄给时姊的信(时姊去南开教书了),娘娘看见了狠高兴。娘娘最记挂的是你,我前些日子和他说笑话,你们学校要请我教书,我愿意带着他和老白鼻们去,把达达们放在家里怎么样?他说狠愿意去一年看看你,却是老郭听着着急到了不得,因为舍不得离开老白鼻,真是好笑。

从讲堂下来,不想用心,胡乱和你们谈几句天,便睡觉去了。

　　二月廿八日　旧正月廿七日　晚十一时　爹爹

今天打电话往城里问小白鼻的病,转剧,恐怕不会好,只得听其自然。

　　　　　　　　　　　　三月一日下午

---

[1] 方壮猷(1902—1970):湖南湘潭人。1923年考入北京师范大学,两年后入清华国学研究院,师从梁启超。1929年后赴日本、法国留学,1936年回国。民族史、宋辽金元史专家。

与孩子们 我总是抱着"有一天做一天"主义

题解:这是1927年3月9日写给孩子们的信。此信一是告诉儿女们小弟弟思同得流行性肺炎死了,而大一点的思礼(老白鼻)所幸发现得早救过来了;二是告诉他们国内的动乱,叫希哲在国外找工作,思永暂不要回国。然而,梁启超却不因外境而悲观,抱着"有一天做一天"主义,"得做且做",反而兴会淋漓,心情活泼、愉快。

孩子们:

有件小小不幸事情报告你们,那小同同[1]已经死了。他的病是肺炎,在医院住了六天,死得像狠辛苦狠可怜。这是近一个月来京、津间的流行病,听说因这病死的小孩,每天总有好几个,初起时不甚觉得重大,稍迟已无救了。同同大概被清华医生耽阁了三天(一起病已吃药,但并不对症),克

---

[1] 小同同:即思同,梁启超最小的儿子,又称"小白鼻",一岁多即夭折。

礼来看时已是不行了。我倒没有什么伤感(几乎一点也没有,除却他病重时去看他,觉得不忍。我自始对于他便没有特别爱惜,不知何故),他娘娘在医院中连着五天五夜,几乎完全没有睡觉,辛苦憔悴极了。还好他还能达观,过两天身体与及心境都完全恢复了,你们不必担心。

当小同同病重时,老白鼻也犯同样的病,当时他在清华,他娘在城里,幸亏发现的早,立刻去医,也在德国医院住了四天,现在已经出院四天,完全安心了。克礼说若迟两天医也狠危险哩。说起来也奇怪,据老郭说,那天晚上他做梦,梦见你们妈妈来骂他道:"那小的已经不行了,老白鼻也危险,你还不赶紧抱他去看,走!走!快走!快走!"就这样的把他从睡梦里打起来了。他明天来和我说(没有说做梦,这些梦话是他到京后和王姨说的),老白鼻夜里咳嗽得颇厉害,但是胃口狠好,出恭狠好,谅来没什么要紧罢(本来因为北京空气不好,南长街孩子太多,不愿意他在那边住,所以把他带回清华)。我叫到清华医院看,也说绝不要紧,到底有点不放心,那天我本来要进城,于是把他带去,谁知克礼一看,说正是现在流行最危险的病,叫在医院住下。那天晚上小同便死了。他娘还带着老白鼻住院四天,现在总算安心了。你们都知道,我对于老白鼻非常之爱,倘使他有什么差池,我的刺激却太过了,老郭的梦虽然杳茫,但你妈妈在天之灵常常保护他一群心爱的孩子,也在情理之中。这回把老白鼻救转来,老郭一梦,实也功劳不小哩。

使领经费看着丝毫办法没有,真替思顺们着急,前信说在外国银行自行借垫,由外交部承认担保,这种办法希哲有方法办到吗? 望速进行,若不能办到,恐怕除回国外无别路可走。但回国也狠难,不惟没有饭吃,只怕连住的地方都没有。北京因连年兵灾,灾民在城圈里骤增十几万,一旦兵事有变动(看着变动狠快,怕不能保半年),没有人维持秩序,恐怕京城里绝对不能住。天津租界也不见安稳得多少,因为洋鬼子的纸老虎已经戳穿,那里还能靠租界做避世桃源呢? 现在武汉一带,中产阶级简直无生存之余地,你们回来又怎么样呢? 所以我颇想希哲在外国找一件职业,暂行维持生活,过一两年再作道理,你们想想有职业可找吗?

前信颇主张思永暑期回国,据现在情形,还是不来的好,也许我就要亡命出去了。

这信上讲了好些悲观的话,你们别要以为我心境不好,我现在讲学正讲得起劲哩,每星期有五天讲演,其余办的事,也兴会淋漓,我总是抱着"有一天做一天"的主义(不是"得过且过",却是"得做且做"),所以一样的活泼、愉快,谅来你们知道我的性格,不会替我担忧。

三月九日　爹爹

与孩子们

老守着我那"得做且做"主义,不惟没有烦恼,而且常时兴会淋漓

题解:这是1927年3月21日写给孩子们的信,主要是告诉儿

女们时局艰难,如全国到处闹革命、金融业破产等,但自己是挨得苦的人,满不在乎,随遇而安,甚至时常兴会淋漓。

孩子们:

今日正写起一封短信给思顺,尚未发,顺的二月十八、二十两封信同时到了,狠喜欢。

问外交部要房租的事,等我试问问顾少川有无办法,若得了此款,便能将就住一年倒狠好,因为回国后什么地方能安居,狠是渺茫。

今日下午消息狠紧,恐怕北京的变化意外迅速,朋友们多劝我早为避地之计(上海那边如黄炎培及东南大学稳健教授都要逃难),因为暴烈分子定要和我过不去,是显而易见的。更恐北京有变后,京、津交通断绝,那时便欲避不能。我现在正在斟酌中。本来拟在学校放暑假前作一结束,现在怕等不到那时了。

在这种情形之下,思永回国问题当然再无商量之余地,把前议完全打消罢。

再看一两星期怎么样,若风声加紧,我便先回天津;若天津秩序不乱,我也许可以安居,便屏弃百事,专用一两年工夫,做那《中国史》;若并此不能,那时再想方法。总是随遇而安,不必事前干着急。

南方最闹得糟的是两湖,比较好的是浙江。将来北方怕要蹈两湖覆辙,因为穷人太多了(浙江一般人生活状况还好,所以不容易赤化),我总感觉着全个北京将有大劫临头,所以思顺们立刻回来的事,也不敢十分主张。但天津之遭劫,总该稍迟而且稍轻。你们回来好在人不多,在津寓或可以勉强安居。

还有一种最可怕的现象——金融界破裂,我想这是免不了的事。狠难挨过一年,若到那一天,全国中产阶级真都要饿死了。现在湖南确已到这种田地,试举一个例:蔡松坡家里的人已经饿饭了,现流寓在上海。他们并非有意与松坡为难(他们狠优待他家),但买下那几亩田没有人耕,迫着要在外边叫化[1],别的人更不消说了。

恐怕北方不久也要学湖南榜样。

我本来想凑几个钱汇给思顺,替我存着,预备将来万一之需,但凑也凑不了多少,而且寄往远处,调用不便,现在打算存入花旗银行,作一两年维持生活之用(连兴业的透支可凑万元)。

这些话本来不想和你们多讲,但你们大概都有点见识,有点器量,谅来也不至因此而发愁着急,所以也不妨告诉你们。总之,我是挨得苦的人,你们都深知道全国人都在黑暗和艰难的境遇中,我当然也该如此(只有应该比别人加倍,因为我们平常比别人舒服加倍),所以这些事我满不在意,总是老守着我那"得做且做"主义,不惟没有烦恼,而且常时兴会淋漓。

电灯要灭了,睡觉去,再谈。

三月廿一晚　爹爹

---

[1] 叫化:乞讨。

与思永　我替你们学问前途打算的一段历史

题解：这是1927年4月21日、25日、27日梁启超分别写给思永的信合而为一者。3月10日他曾写信给思永，叫思永回国，而后考虑到时局不稳，他可能会离开北京，甚至亡命天涯，后又写信叫思永不要回国。4月他得到一个重要消息，瑞典学者斯温·哈丁组织一个团体前往新疆沙漠考古，他认为这是思永向欧洲学者学习的极佳机会，于是和哈丁联系，让思永参加考古。但最后因为思永回国赶不上同行，而中途单独去路上太危险，且绕道从俄国去也不可能，于是只好作罢。不过，仍希望思永回国参与李济主持的山西考古。此年暑假，思永回国任清华助教。因时局关系，无法到山西进行田野考古发掘，而是用约一年时间在清华整理考古挖掘材料，并写出了研究报告。其研究报告得到同行的高度赞扬。一年后，思永返哈佛大学继续求学。从为思永争取实习或学习的机会看，梁启超可谓千方百计为儿女创造学习、锻炼的条件、环境，真是一个尽心尽责的好父亲！

(一)

永儿：

前两封信叫你不必回来，现在又要叫你回来了。因为瑞典学者斯温·哈丁——他在中亚细亚、西藏等地过了三十多年冒险生涯，谅来你也闻他名罢——组织一个团体往新疆考古，有十几位欧洲学者和学生同去，到中国已三个多月了。初时中国人反对他、抵制他——十几个学术团体曾联合发表宣言，清华研究院、国立图书馆也列名。但我自始即不主张这种极端排外举动——直到最近才决定和他合作，彼此契约。今天或明天可以签字了，中国方面有十人去——五位算是学者，余五位是学生，其中自然科学方面只有清华所派的一位教授袁复礼（他和李济之同去山西，我们研究院担任他这回旅行的经费，不用北京学术团体的钱）。去的人我是大大不满意的——我想为你的学问计，这是千载难逢的机会，若错过了，以后想自己跑新疆沙漠一躺，千难万难。因此要求把你加入去，自备资斧——因为犯不着和那些北京团体分这点钱(钱少得可怜)——今日正派人去和哈丁接洽,明后日可以回信,大约十有九可望成功的。他们的计划时间一年半到两年,研究范围本来是考古学、地质学、气象学三门。后来因为反对他们拿古物出境,结果考古学变成附庸,由中国人办,他们立于补助地位——能否成功,就要看袁君和你的努力了(其他的人都怕够不上)——我想你这回去,能够有大发见固属莫大之幸,即不然,跟着欧洲著名学者作一度冒险吃苦的旅行,学得许多科学的研究方法,也是于终身学问有大益的。所以我不肯把机会放过,要求将你加入。他们预定一个月内(大约须一个月后)便动身,你是没有法子赶得上同行了。但他们沿途尚有逗留,你从后面赶上去,就令赶不上第一站(迪化[1]),总可以赶得上第二站(哈密)——不同行当然是狠麻烦的,但在迪化或哈密以东,我总可以托沿途地方官照料你——我明天入城和哈丁交涉妥洽,把路程日期计算

---

[1] 迪化:今乌鲁木齐。

清楚之后,也许由清华发电给监督处[1]及哈佛校长,要求把你提前放假。果尔,则此信到时,你或者已经动身了。若此信到时还未接有电报,那么或是事情有变动,或是可以等到放暑假才回来还赶得上,总之,你接到这封信时便赶紧预备罢!

我第二封信跟着就要来的(最多三天后),你若能成行——无论提前放假或暑假时来——大约到家只能住一两天便须立刻赶路。我和他们打听清楚,该预备什么东西,一切替你预备齐全,你回来除见见我和你娘娘及一二长辈,及上一上坟之外,恐怕一点不能耽阁了。我想你一定赞成我所替你决定的计画,而且狠高兴吧!别的话下次再说。

四月廿一日　爹爹

这封信本来想直寄给你,因为怕电报先到,你已动身,故仍由姊姊处转。

---

[1] 监督处:指美国庚子赔款使用监督处。

(二)

永儿：

今日接你三月廿九日信。那两幅画你竟如此喜欢，狠有点诧异，你喜欢送人，随便拿去送便是。

昨天有一长信，寄给你姊姊那里转（说叫你去新疆作冒险考古的事业），想已收到。今日我和李济之、袁复礼两君商量，结果已经决定不发电报叫你提前放假了，却是还主张你暑假回国，理由略述如下：

新疆之游并没有打销，但无论如何你到底赶不上和大帮人同行，既赶不上，那么一个人赶路却困难极了。我要过几天和斯温·哈丁切实研究一番到底可能不可能，因为那边道路不靖，恐怕单独一人是绝对行不得的（要和盗贼、猛兽及气候作战）。

假使勉强可行，我还是愿意你冒险前去，但是也不必提前放假，因为他们在迪化狠有耽阁，大概本年十月还在迪化（若赶得上同行，当然提前放假最好，既无论如何总赶不上，故不争一两个月)。你便放暑假回来——若还可以行的话——尽可以在十月前赶到迪化。

假使新疆不能去,你还是照三个月以前原定计划回来便是了,决不会白费你一年光阴,我中间有两封信,叫你中止回来的计画。因为时局剧变,怕下半年我不能住北京,连清华也有变动,怕你回来扑一个空,但据现在情形,北京也许有年把可以苟安——我下半年再来清华与否却未定,这事另信再谈——而李济之再到山西采掘的计画亦已大略决定(总算决定了,因为经费所需不多,已有着落)。你本来的意思,不外想到外边采掘,回来时若能到新疆固好,不然即山西亦何尝不好呢。所以我还是主张你照依最初计画,一放暑假便立刻起程回来。

你若想买些东西需钱用时,问姊姊在庄庄学费内挪用些便是,我不久当再汇点钱到姊姊那里去。

这封信若到在前两天所寄那封之前,你看着一定莫名其妙。但不久你姊姊就会把前信寄到了。

你来信所讲的中国时局,大半是隔靴搔痒,不知真相,我过几天打算再写一封长信告诉你们。

四月廿五日　爹爹

你娘娘回天津去一个礼拜了,明天当回京,老白鼻的病全好了。

(三)

永儿:

这是第三封信,我狠不愿意写的。因为要报告你以失望消息。

我今天会着斯温·哈丁了。他极高兴得你做同伴,然而事实上绝对办不到,因为他们三个礼拜内就动身了。你无论如何赶不上同行,然而单独行断断乎不可,从包头(京绥路终点)到哈密约摸要骑三个月骆驼。那条路大概自玄奘以后,没有单人独马走过的,这回这个冒险队,中外人连夫役合共六十一人,带机关枪一架,手枪二十多枝,饶是这样,还要和那边的马贼疏通好,花了不少的保镖钱才能成行。你一人赶上去万万来不得的,哈丁说盼望你从西伯利亚铁路赶到迪化去。但这事谭何容易。无论钱要化得狠多,而且中俄邦交已断,在俄国找护照也找不出。这事完全绝望了,令我白高兴几天(若早两个月发动,当然赶得上,但这并不是我怠慢,因为我们和哈丁的协定,昨天才签字,我在签字前五天已经打主意了,所以我并没有一点可懊悔处)。其实难怪,本来第一封信原是我一相情愿的话,完全没有把实际情形研究清楚,你前后几天工夫连接我三封信,前头所讲的话立刻取消,你们谅也觉得好笑。不过,这也算是我替你们学问前途打算的一段历史。我这几天的热心计划和奔走,我希望在你将来学问的生涯中也得有相当的好印象。

这回失望并不必灰心,因为我和哈丁谈话的结果又得了新希望,他们这回大举旅行,我探问他的费用,也不过预备三十万元便够两年。这点钱我们中国也不至拿不出来。这回我们加入那团体原稍为带一点监督的意思——怕他们把古物偷运出境——也带有跟着学习的意思。所以我和袁复礼说情,他将这回作为我们独立探险考古的预备,细细留意那些地方可以采掘,而且学得些经验(采掘和旅行两种经验),预备第二次自己来,那时你或者够上当一员发起人也未可知哩!

这事既不成,李济之却是还盼望你回来和他合作。据他说,山西的希望也许比新疆还大,他这回所以不肯加入哈丁团体(本来我们清华要派他的),就因为舍不得山西。他说,无论如何今年总要出去。打算七月底就到山西,在那边等着你,所以我还是愿意你回来的,来不来请你斟酌罢,若回来要钱用可问姊姊要。既已不赶新疆的路,那么虽回来也不必赶忙了,还是卒业后从从容容、摇摇摆摆回来就是,我在北戴河等着你。

四月廿七日　爹爹

与孩子们(节选)

我自己常常感觉我要拿自己做青年的人格模范

题解:这是1927年5月5日写给孩子们的信中给思忠的部分。思忠本打算归国从军锻炼自己,梁启超认为当时各路军阀火拼,左右两派也互相残杀,此时从军无异于去送命。所以反对思忠的想法。对于思忠所说"照这样舒服几年下去,便会把人格送掉",梁启超认为在舒服的环境中也不应该消磨志气,不因环境的困苦或舒服而堕落。其实,梁启超更强调儿女们要在困苦的环境中磨练,这显然是针对思忠的"因病发药"。梁启超认为自己困苦和舒服的日子都能过,可以做青年人的人格模范。

三个礼拜前,接忠忠信,商量回国,在我万千心事中又增加一重心事。我有好多天把这问题在我脑里盘旋。因为你要求我秘密,我尊重你的意思,在你二叔、你娘娘跟前也未提起,我回你的信也不由你姊姊那里转。但是关于你终身一件大事情，本来应该和你姊姊、哥哥们商量（因为你姊姊、哥哥不同别家，他们都是有程度的人）。现在得姊姊信，知道你有一部分秘密已经向姊姊吐露了，所以我就在这公信内把我替你打算的和盘说出，顺便等姊姊、哥哥们都替你筹画一下。

你想自己改造环境，吃苦冒险，这种精神是狠值得夸奖的，我看见你信非常喜欢。你们谅来都知道，爹爹虽然是挚爱你们，却从不肯姑息溺爱，常常盼望你们在困苦危险中把人格力磨练出来。你看这回西域冒险旅行，我想你三哥加入，不知多少起劲，就这一件事也狠可以证明你爹爹爱你们是如何的爱法了。所以我最初接你的信，倒有六七分赞成的意思，所费商量者，就只在投奔什么人——详情见前信，想早已收到——我当时回你信过后，我便立刻找蒋慰堂，叫他去商量白崇禧那里，又找林宰平商量李济深那里。你的秘密我就只告诉这两个人（前天季常来问起这事，我大吃一惊，连你二叔都不知道，他怎么会知道呢？原来是宰平告诉他，宰平也颇赞成）。现在都还没有回信——因为交通梗塞，通信极慢——但现在我主张已全变,绝对的反对你回来了。因为三个礼拜前情形不同,对他们还有相当的希望,觉得你到那边阅历一年总是好的。现在呢?对于白、陈[1]两人虽依然不绝望——假使你现在国内,也许我还相当的主张你去——但觉得老远跑回来一趟,太犯不着了。头一件,现在所谓北伐,已完全停顿,参加他们军队,不外是参加他们火拼,所为何来?第二件,自从党军发展之后,素质一天坏一天,现在已迥非前比。白崇禧军队算是极好的,到上海后纪律已大坏,人人都说远不如孙传芳军哩。跑进去不会有什么好东西学得来。第三件,他们正火拼得起劲——李济深在粤,一天内杀左派二千人,两湖那边杀右派也是一样的起劲——人人都有自危之心,你们跑进去,立刻便卷在这种危险漩涡中,危险固然不必避,但须有目的才犯得着冒险。像这样不分皂白切葱一般杀人,死了真报不出帐来。冒险总不是这种冒法。这是我近来对于你的行止变更主张的理由,也许你自己亦已经变

---

[1] "陈",疑"李"之误。

更了。我知道你当初的计划,是几经考虑才定的,并不是一时的冲动。但因为你在远,不知事实,当时几视党人为神圣,想参加进去,最少也认为是自己历练事情的唯一机会。这也难怪,北京的智识阶级,从教授到学生,纷纷南下者,几个月以前不知若干百千人,但他们大多数都极狼狈、极失望而归了。你若现成在中国,倒不妨去试一试(他们也一定有人欢迎你),长点眼识,但老远跑回来,在极懊丧、极狼狈中白费一年光阴,却太不值了。

至于你那种改造环境的计划,我始终是极端赞成的,早晚总要实行三几年,但不争在这一时。你说:"照这样舒服几年下去,便会把人格送掉。"这是没出息的话!一个人若是在舒服的环境中会消磨志气,那么在困苦懊丧的环境中也一定会消磨志气。你看你爹爹困苦日子也过过多少,舒服日子也经过多少,老是那样子,到底志气消磨了没有?——也许你们有时会感觉爹爹是怠惰了(我自己常常有这种警惧),不过你再转眼一看,一定会仍旧看清楚不是这样——我自己常常感觉我要拿自己做青年的人格模范,最少也要不愧做你们姊姊弟兄的模范。我又狠相信我的孩子们,个个都会受我这种遗传和教训,不会因为环境的困苦或舒服而堕落的。你若有这种自信力,便"随遇而安"的做现在所该做的工作,将来绝不怕没有地方、没有机会去历练,你放心罢。

你明年能进西点便进去,不能也没有什么可懊恼,进南部的"打人学校"也可,到日本也可,回来入黄埔也可(假使那时还有黄埔),我总尽力替你设法。就是明年不行,把政治经济学学得可以自信回来,再入那个军队当排长,乃至当兵,我都赞成。但现在殊不必牺牲光阴,太勉强去干。所以无论宰平们回信如何,我都替你取消前议了。你试和姊姊、哥哥们切实商量,只怕也和我同一见解。

这封信前后经过十几天,才陆续写成,要说的语还不到十分之一。电灯久灭了,点着洋蜡,赶紧写成,明天又要进城去。

你们看这信,也该看出我近来生活情形的一斑了。我虽然为政治问题狠绞些脑髓,却是我本来的工作并没有停。每礼拜四堂讲义都讲得极得意（因为《清华周刊》被党人把持，周传儒们不肯把讲义笔记给他们登载），每次总讲两点钟以上，又要看学生们成绩，每天写字时候仍极多。昨今两天给庄庄、桂儿写了两把小楷扇子，每天还和老白鼻顽得极热闹，陆续写给你们的信也真不少。你们可以想见爹爹精神何等健旺了。

五月五日　爹爹

与思顺　　能在困苦中求快活，才真是会打算盘

题解：这是1927年5月13日写给思顺的信。思顺本来希望丈夫希哲调到更好的地方去以提高收入，解决眼前经济困难，故为调动的事烦心焦虑，现在决定继续待在加拿大过苦日子。梁启超为此感到很欣慰。在此信中，他依然强调子女要保持寒素家风，要在艰难困苦的环境中磨练人格，要在精神上有一种元气淋漓的气象，如此才有前途事业可言。他认为修养工夫对于立身处世非常重要。

顺儿:

我看见你近日来的信,狠欣慰。你们缩小生活程度,暂在坎挨一两年,是最好的。你和希哲都是寒士家风出身,总不要坏自己家门本色,才能给孙子们以磨练人格的机会。生当乱世,要吃得苦,才能站得住(其实何止乱世为然)。一个人在物质上的享用,只要能维持着生命便够了。至于快乐与否,全不是物质上可以支配。能在困苦中求出快活,才真是会打算盘哩。何况你们并不算穷苦呢?拿你们(两个人)比你们的父母,已经舒服多少倍了,以后困苦日子,也许要比现在加多少倍,拿现在当作一种学校,慢慢磨练自己,真是最好不过的事,你们该感谢上帝。

你好几封信提小六还债事,我都没有答覆。我想你们这笔债权只好算拉倒罢。小六现在上海,是靠向朋友借一块两块钱过日子,他不肯回京,即回京也没有法好想,他因为家庭不好,兴致索然,我怕这个人就此完了。除了他家庭特别关系以外,也是因中国政治太坏,政客的末路应该如此(八百猪仔,大概都同一命运吧)。古人说"择术不可不慎",真是不错。但亦由于自己修养工夫太浅,所以立不住脚,假使我虽处他这种环境,也断不至像他样子。他还没有学下流,到底还算可爱,只是万分可怜罢了。

我们家几个大孩子大概都可以放心,你和思永大概绝无问题了。思成呢?我就怕因为徽音的境遇不好,把他牵动,忧伤憔悴是容易销磨人志气的(最怕是慢慢的磨)。即如目前因学费艰难,也足以磨人,但这是一时的现象,还不要紧,怕将来为日方长。我所忧虑者还不在物质上,全在精神上。我到底不深知徽音胸襟如何,若胸襟窄狭的人,一定抵当不住忧伤憔悴,若忧伤憔悴影响到思成,便把我的思成毁了。你看不至于如此吧。关于这一点,你要常常帮助着思成注意预防。总要常常保持着元气淋漓[1]的气象,才有前途事业之可言。

思忠呢,最为活泼,但太年轻,血气未定,以现在情形而

---

[1] 元气淋漓:指人精神饱满,充满生命活力。元气,指人的精神与生命力的本原。

论,大概不会学下流(我们家孩子断不至下流,大概总可放心)。只怕进锐退速,受不起打击。他所择的术——政治、军事——又最含危险性,在中国现在社会做这种职狠容易堕落。即如他这次想回国,原是一种极有志气的举动,我也狠夸奖他,但是发动得太孟浪[1]了。这种过度的热度,遇着冷水浇过来,就会抵不住。从前许多青年的堕落,都是为此。我对于他这种志气,不愿高压,所以只把事业上的利害慢慢和他解释,不知他听了如何?这种教育方法,狠是困难,一面不可以打断他的勇气,一面又不可以听他走错了路(走错了本来没有什么要紧,聪明的人会回头另走,但修养工夫未够,也许便因挫折而堕落),所以我对于他还有好几年未得放心,你要就近常常察看情形,帮着我指导他。

今日没有功课,心境清闲得狠,随便和你谈谈家常,狠是快活,要睡觉了,改天再谈罢。

五月十三日　爹爹

---

[1] 孟浪:鲁莽,轻率。

你们的留支稍为迟点再寄去,因为汇去美金五千,此间已无余钱,谅来迟一两个月还不碍事吧。

与孩子们　　悲观是腐蚀人心的最大毒菌

题解:这是1927年5月26日写给孩子们的信。此信主要内容是对思成说的,一是关于他的精神状态,二是关于他的职业问题,三是关于他的婚姻。第一点与修养相关,梁启超生怕徽音因父亲身亡、家庭困顿而悲观,从而影响到思成的精神状态,他告诫思成惟有"悲观病"不可医,悲观是腐蚀人心的最大毒菌。

孩子们:

我近来寄你们的信真不少,你们来信亦还可以,只是思成的太少,好像两个多月没有信来了,令我好生放心不下。我狠怕他感受什么精神上刺激苦痛,我以为一个人什么病都可医,惟有"悲观病"最不可医,悲观是腐蚀人心的最大毒菌。生当现在的中国人,悲观资料太多了。思成因有徽音的联带关系,徽音这种境遇尤其易趋悲观,所以我对思成格外放心不下。

关于思成毕业后的立身,我近几个月来颇有点盘算,姑且提出来供你们的参考——论理毕业后回来替祖国服务,是人人共有的道德责任。但以中国现情而论,在最近的将来,几年以内敢说绝无发展自己所学的余地,连我还不知道能在国内安居几时呢(并不论有没有党派关系,一般人都在又要逃命的境遇中)。你们回来有什么事可做呢?多少留学生回国后都在求生不能、求死不得的状态中,所以我想思成在这时候先打打主意,预备毕业后在美国找些职业,蹲三两年再说。这话像是"非爱国的",其实也不然,你们若能于建筑美术上实有创造能力,开出一种"兼综中西"的宗派,就先在美国试验起来,若能成功,则发挥本国光荣,便是替祖国尽了无上义务。我想可以供你们试验的地方,只怕还在美国而不在中国。中国就令不遭遇这种时局,以现在社会经济状况论,那里会有人拿出钱来做你们理想上的建筑呢?若美国的富豪在乡间(起平房的)别墅,你们若有本事替他做出一两所中国式最美的样子出来,以美国人的时髦流行性,或竟可以哄动一时,你们不惟可以解决生活问题,而且可以多得实验机会,令自己将来成一个大专门家,岂不是"一举而数善备"吗?这是我一个人如此胡猜乱想,究竟容易办到与否,我不知那边情形,自然不能轻下判断,不过提出这个意见备你们参考罢了。

我原想你们毕业后回来结婚,过年把再出去。但看此情形(指的是官费满五年的毕业)你们毕业时我是否住在中国还不可知呢?所以现在便先提起这问题,或者今年暑假毕业时便准备试办也可以。

因此,连带想到一个问题,便是你们结婚问题。结婚当然是要回国来才是正办,但在这种乱世,国内不能安居既是实情。你们假使一两年内不能回国,倒是结婚后同居,彼此得个互助才方便,而且生活问题也比较的容易解决。所以,我颇想你们提前办理,但是否可行,全由你们自己定夺,我断不加丝毫干涉。但我认为这问题确有研究价值,请你们子细[1]商量定,回我话罢。

你们若认为可行,我想林家长亲也没有不愿意的,我便正式请媒人向林家求婚,务求不致失礼。那边事情有姊姊替我主办,和我亲到也差不多,或者我特地来美一趟也可以。

问题就在徽音想见他母亲,这样一来又暂时耽阁下去了,我实在替他难过。但在这种时局之下回国,既有种种困难,好在他母亲身体还康强,便迟三两年见面也还是一样,所以也不是没有商量的余地。

至于思永呢,情形有点不同。我还相当的主张他回来一年,为的是他要去山西考古。回来确有事业可做,他一个人跑回来便是要逃难也没有多大累赘。所以回来一趟也好,但回不回仍由他自决,我并没有绝对的主张。

---

[1] 子细:即仔细。

学校讲课上礼拜已完了,但大考在即,看学生成绩非常之忙(今年成绩比去年多,比去年好)。我大约还有半个月才能离开学校,暑期住什么地方尚未定。旧病虽不时续发,但比前一个月好些,大概这病总是不要紧的,你们不必忧虑!

五月廿六日　爹爹

与孩子们

你们须知你爹爹是最富于情感的人,对于你们的爱情,十二分热烈

题解:这是1927年6月14日写给孩子们的信。该月2日,王国维自沉北京昆明湖,结束自己的生命。关于王国维自杀的原因,有种种说法,如为清室殉节、受罗振玉逼债迫害而死、因恐惧北伐军之进攻北京而死、为文化殉节等,至今无定论。梁启超写信告知儿女此事,认为王国维的自杀是由于对时局的悲观,特别是受最近叶德辉、王葆心被暴徒枪毙(按:王葆心被枪毙在当时是误传、谣传)的刺激,故效屈原自沉;总之,王国维乃为恶社会所杀。

梁启超之说当为一重要说法。对于王氏的自杀,作为同事的梁启超的心境是相当悲凉的,也因此增加了对不在身边的孩子们的忧虑和思念。

孩子们:

三个多月不得思成来信,正在天天悬念,今日忽然由费城打回头相片一包——系第一次所寄者(阴历新年),合家惊皇失措。当即发电坎京询问,谅一二日即得覆电矣。你们须知你爹爹是最富于情感的人,对于你们的爱情,十二分热烈。你们无论功课若何忙迫,最少隔个把月总要来一封信,便几个字报报平安也好。你爹爹已经是上年纪的人,这几年来,国忧家难,重重叠叠,自己身体也不如前,你们在外边几个大孩子,总不要增加我的忧虑才好。

我本月初三离开清华,本想立刻回津,第二天得着王静安[1]先生自杀的噩耗,又复奔回清华,料理他的后事及研

---

[1] 王静安:即王国维(1877—1927),字静安,号观堂,浙江海宁人,清华四大导师之一,梁启超同事,著名学者。

究院未完的首尾,直至初八才返到津寓。现在到津已将一星期了。

静安先生自杀的动机,如他遗嘱上所说:"五十之年,只欠一死,遭此世变,义无再辱。"他平日对于时局的悲观,本极深刻。最近的刺激,则由两湖学者叶德辉、王葆心之被枪毙。叶平日为人本不自爱(学问却甚好),也还可说是有自取之道。王葆心是七十岁的老先生,在乡里德望甚重,只因通信有"此间是地狱"一语,被暴徒拽出,极端棰辱,卒致之死地。静公深痛之,故效屈子沉渊,一瞑不复视。此公治学方法,极新极密,今年仅五十一岁,若再延寿十年,为中国学界发明,当不可限量。今竟为恶社会所杀,海内外识与不识莫不痛悼。研究院学生皆痛哭失声,我之受刺激更不待言了。

半月以来,京、津已入恐慌时代,亲友们颇有劝我避地日本者,但我极不欲往,因国势如此,见外人极难为情也。天津外兵云集,秩序大概无虞。昨遣人往询意[1]领事,据言意

---

[1] 意:指意大利,后面"意界"指意大利租界。

界必可与他界同一安全。既如此,则所防者不过暴徒对于个人之特别暗算。现已实行"闭门"二字,镇日将外园铁门关锁,除少数亲友外,不接一杂宾,亦不出门一步,决可无虑也。

以上六月十四写

与孩子们　　像你有我这样一位爹爹,也属人生难逢的幸福

题解:这是1927年8月29日写给孩子们的信。主要内容是谈学问以及指导儿女选专业。关于学问,一是谈学问与生活的问题。梁启超认为所学专业不能太过专门,以致把生活弄得很单调,生活太单调,就易生厌倦,厌倦即为苦恼,乃至堕落的根源。相反,学业内容的扩充,与生命内容的扩充成正比例,学业越扩充,生活就变得越丰富多彩,并因而激发生命,保持不厌不倦的精神。所以他希望思成除了专攻本专业建筑学以外,还要多学些常识,尤其是文学或人文科学中之某部;对思庄则说除了学专门科学之外,还要学一两样娱乐性的学问,如音乐、文学、美术等。这是梁启超"趣味主义"的教育观在家庭教育上的体现。二是谈学问工夫问题。梁启超

认为凡做学问要"猛火熬"与"慢火炖"两种工作循环交互进行,因为儿女们太过功,所以他特别强调"慢火炖"的工夫,即"优游涵饫,使自得之"。当然对一般人而言,还须先用"猛火熬"的工夫,不然哪有优游涵饫的资本?此外,该文提到康有为不会管教孩子,他的孩子没出息,与梁家形成鲜明对比。

孩子们:

一个多月没有写信,只怕把你们急坏了。

不写信的理由狠简单,因为向来给你们的信总在晚上写的,今年热得要命,加以蚊子的群众运动比武汉民党还要利害,晚上不是在院子外头,就是在帐子里头,简直五六十晚没有挨着书桌子,自然没有写信的机会了。加以思永回来后,谅来他去信不少,我越发落得躲懒了。

关于忠忠学业的事情,我新近去过一封电,又思永有两封信详细商量,想早已收到。我的主张是叫他在威士康逊[1]把政治学告一段落,再回到本国学陆军。因为美国决

---

[1] 威士康逊:即美国威斯康星大学。

非学陆军之地,而且在军界活动,非在本国有些"同学系"的关系不可以,所以"打人学校"[1]决不要进。至于国内何校最好,我在这一年内切实替你调查预备便是。

思成再留美一年,转学欧洲一年,然后归来最好。关于思成学业,我有点意见。思成所学太专门了,我愿意你趁毕业后一两年,分出点光阴多学些常识,尤其是文学或人文科学中之某部门,稍为多用点工夫。我怕你因所学太专门之故,把生活也弄成近于单调,太单调的生活,容易厌倦,厌倦即为苦恼,乃至堕落之根源。再者,一个人想要交友取益,或读书取益,也要方面稍多,才有接谈交换或开卷引进的机会。不独朋友而已,即如在家庭里头,像你有我这样一位爹爹,也属人生难逢的幸福。若你的学问兴味太过单调,将来也会和我相对词竭,不能领着我的教训,你全生活中本来应享的乐趣,也削减不少了。我是学问趣味方面极多的人,我之所以

---

[1] 打人学校:指美国弗吉尼亚军事学院。因训练严格、体罚学生,被人称为"打人学校"。

不能专精有成者在此，然而我的生活内容异常丰富，能够永久保持不厌不倦的精神，亦未始不在此。我每历若干时候，趣味转过新方面，便觉得像换个新生命，如朝旭升天，如新荷出水，我自觉这种生活是极可爱的，极有价值的。我虽不愿你们学我那泛滥无归的短处，但最少也想你们参采我那烂漫向荣的长处（这封信你们留着，也算我自作的小小像赞）。我这两年来对于我的思成，不知何故常常像有异兆的感觉，怕他渐渐会走入孤峭冷僻一路去。我希望你回来见我时，还我一个三四年前活泼有春气的孩子，我就心满意足了。这种境界，固然关系人格修养之全部，但学业上之薰染陶镕，影响亦非小。因为我们做学问的人，学业便占却全生活之主要部分。学业内容之充实扩大，与生命内容之充实扩大成正比例。所以我想医你的病，或预防你的病，不能不注意及此。这些话许久要和你讲，因为你没有毕业以前，要注重你的专门，不愿你分心，现在机会到了，不能不慎重和你说。你看了这信，意见如何（徽音意思如何）？无论校课如何忙迫，是必要回我一封稍长的信,令我安心。

你常常头痛,也是令我不能放心的一件事。你生来体气不如弟妹们强壮,自己便当自己格外撙节补救,若用力过猛,把将来一身健康的幸福削减去,这是何等不上算的事呀!前在费校[1]功课太重,也是无法,今年转校之后,务须稍变态度。我国古来先哲教人做学问方法,最重优游涵饫,使自得之。这句话以我几十年之经验结果,越看越觉得这话亲切有味。凡做学问总要"猛火熬"和"慢火炖"两种工作循环交互着用去。在慢火炖的时候,才能令所熬的起消化作用,融洽而实有诸己。思成,你已经熬过三年了,这一年正该用炖的工夫。不独于你身子有益,即为你的学业计,亦非如此不能得益。你务要听爹爹苦口良言。

庄庄在极难升级的大学中居然升级了,从年龄上你们姐妹弟兄们比较,你算是最早一个大学二年级生,你想爹爹听着多么欢喜。你今年还是普通科大学生,明年便要选定专门

---

[1] 费校:即位于费城的宾夕法尼亚大学。

了,你现在打算选择没有?我想你们弟兄姊妹,到今还没有一个学自然科学,狠是我们家里的憾事,不知道你性情到底近这方面不?我狠想你以生物学为主科,因为它是现代最进步的自然科学,而且为哲学、社会学之主要基础,极有趣而不须粗重的工作,于女孩子极为合宜,学回来后本国的生物随在可以采集试验,容易有新发明。截到今日止,中国女子还没有人学这门(男子也狠少),你来做一个"先登者"不好吗?还有一样,因为这门学问与一切人文科学有密切关系,你学成回来可以做爹爹一个大帮手,我将来许多著作,还要请你做顾问哩!不好吗?你自己若觉得性情还近,那么就选他,还选一两样和他有密切联络的学科以为辅。你们学校若有这门的好教授,便留校,否则在美国选一个最好的学校转去,姊姊、哥哥们当然会替你调查妥善,你自己想想定主意罢。

专门科学之外,还要选一两样关于自己娱乐的学问,如音乐、文学、美术等。据你三哥说,你近来看文学书不少,甚好,甚好。你本来有些音乐天才,能够用点功,叫他发荣滋长最好。

姊姊来信说你因用功太过,不时有些病。你身子还好,我倒不十分担心。但做学问原不必太求猛进,像装罐头样子,塞得太多太急,不见得便会受益。我方才教训你二哥,说那"优游涵饫,使自得之",那两句话,你还要记着受用才好。

你想家想极了,这本难怪,但日子过得极快,你看你三哥转眼已经回来了,再过三年你便变成一个学者回来帮着爹爹工作,多么快活呀!

思顺报告营业情形的信已到。以区区资本而获利如此其丰,实出意外,希哲不知费多少心血了。但他是一位闲不得的人,谅来不以为劳苦。永年保险押借款剩余之部及陆续归还之部,拟随时汇到你们那里经营。永年保险明年秋间便满期,现在借款认息八厘,打算索性不还他,到明年照扣便了。又国内股票公债等,如可出脱者(只要有人买),打算都卖去,欲再凑美金万元交你们(只怕不容易)。因为国内经济界全体破产即在目前,旧物只怕都成废纸了。

我们爷儿俩常打心电[1],真是奇怪。给他们生日礼一事,我两月前已经和王姨谈过,写信时要说的话太多,竟忘记写去,谁知你又想起来了。耶稣诞我却从未想起。现在可依你来信办理。几个学生都照给他们压岁钱、生日礼、耶稣诞各二十元。桂儿姊弟压岁、耶稣各十元,你们两夫妇却只给压岁钱,别的都不给了,你们不说爹爹偏心吗?

我数日前因闹肚子,带着发热,闹了好几天,旧病也跟着发得利害。新病好了之后,唐天如替我制一药膏,方服了三天,旧病又好去大半了。现在天气已凉,人极舒服。

这几天几位万木草堂老同学韩树园、徐君勉、伍宪子都来这里共商南海[2]先生身后事宜,他家里真是八塌糊涂,没有办法。最糟的是他一位女婿(三姑爷),南海生时已经种种捣鬼,连偷带骗,南海现在负债六七万,至少有一半算是欠他的(他串同外人来盘剥)。现在还是他在那里把持,二姨太

---

[1] 打心电:即所谓心灵感应。
[2] 南海:即康有为(1858—1927),广东南海人。

是三小姐的生母,现在当家,惟女儿女婿之言是听,外人有什么办法。君勉任劳任怨想要整顿一下,便有"干涉内政"的谤言,只好置之不理。他那两位世兄和思忠、思庄同庚,现在还是一点事不懂(远不及达达、司马懿),活是两个傻大少(人当不坏,但是饭桶,将来亦怕变坏)。还有两位在家的小姐,将来不知被那三姑爷摆弄到什么结果,比起我们的周姑爷和你们弟兄姊妹,真成了两极端了。我真不解,像南海先生这样一个人,为什么全不会管教儿女,弄成这样局面。我们公同商议的结果,除了刊刻遗书由我们门生负责外,盼望能筹些款,由我们保管着,等到他家私花尽(现在还有房屋、书籍、字画等所值不少),能够稍为接济那两位傻大少及可怜的小姐,算稍尽点心罢了。

思成结婚事,他们两人商量最好的办法,我无不赞成。在这三几个月当先在国内举行庄重的聘礼,大约须在北京,林家由徽的姑丈们代行,等商量好再报告你们。

福鬘来津住了几天,现在思永在京,他们当短不了时时见面。

达达们功课狠忙,但他们做得兴高采烈,都狠有进步。下半年都不进学校了,良庆(在南开中学当教员)给他们补些英文、算学,照此一年下去,也许抵得过学校里两年。

老白鼻越发好顽了。

爹爹　八月廿九日

两点钟了,不写了。

与孩子们
你们既不愿意立即结婚,那么总以暂行分住两地为好

题解:这是1927年10月29日写给孩子们的信。在信中提到,特别担心思成(包括身体健康和精神状态),因为思成近一年来信甚少。对于思成、徽音的婚事,也有所建议。最终他俩还是接受了梁启超的建议,即留学回国前先结婚,之后赴欧洲考察,然后再回国。

孩子们：

又像许久没有写信了，近一个月内连接顺、忠、庄好多信，独始终没有接到思成的，令我好生悬望。每逢你们三个人的信到时，总盼着一两天内该有思成的一封，但希望总是落空。今年已经过去十个月了，像仅得过思成两封信（最多三封），我最不放心的是他，偏是他老没有消息来安慰我一下。这两天又连得顺、忠的信了，不知三五天内可有成的影子来。

我自从出了协和，回到天津以来，每日在起居饮食上十二分注意，食品全由王姨亲手调理，睡眠总在八小时以上，心思当然不能绝对不用，但常常自己严加节制，大约每日写字时间最多，晚上总不做什么工作，"赤化"虽未能骤绝，但血压逐渐低下去，总算日起有功。

我给你们每人写了一幅字，写的都是近诗，还有余越园给你们每人写一幅画，都是极得意之作。正裱好付邮，邮局硬要拆开看，认为贵重美术品要课重税，只好不寄，替你们留在家中再说罢。别有扇子六把——希哲、思顺、思成、徽音、忠忠、庄庄各一。已经画好,一两天内便写成,即当寄去。

思成已到哈佛没有?徽音又转学何校?我至今未得消息,不胜怅望,你们既不愿意立即结婚,那么总以暂行分住两地为好,不然生理上、精神上或者都会发生若干不良的影响。这虽是我远地的幻想,或不免有点过忧,但这种推理也许不错,你们自己细细测验一下,当与我同一感想。

我在这里正商量替你们行庄重的聘礼,已和卓君庸[1]商定,大概他正去信福州,征求徽音母亲的意见,一两星期内当有回信了,届时或思永、福鬘的聘礼同时举行亦未可知。

成、徽结婚的早晚,我当然不干涉。但我总想你们回国之前,先在欧洲住一年或数月,因为你们学此一科,不到欧洲实地开开眼界是要不得的。回国后再作欧游,谈何容易,所以除了归途顺道之外,没有别的机会。既然如此,则必须结

---

[1] 卓君庸:卓定谋(1882—1965),字君庸。林长民的妹夫,林徽音的姑父。

婚后方上大西洋的船,殆为一定不易的办法了。我想明年暑假后,你们也应该去欧洲了,赶紧商议好,等我替你们预备罢。

还有一段事,实不能不告诉你们——若现在北京主权者不换人,你们婚礼是不能在京举行的。理由不必多说,你们一想便知,若换人时恐怕也带着换青天白日旗。北京又非我们所能居了,所以恐怕到底不是你们结婚的地点。

忠忠到维校[1]之后来两封信,都收到了。借此来磨练自己的德性是再好不过的了,你有这种坚强志意,真令我欢喜。纵使学科不甚完备,也是值得的,将来回国后,或再补入(国内)某个军官学校都可以。好在你年纪轻,机会多着呢。

你加入政治团体的问题,请你自己观察,择其合意者便加入罢。我现在虽没有直接作政治活动,但时势逼人,早晚怕免不了再替国家出一场大汗。现在的形势,我们起他一个名字,叫做"党前运动"——许多非国民党的团体要求拥戴领

---

[1] 维校:指弗吉尼亚军校。

袖作大结合(大概除了我,没有人能统一他们)。我认为时机未到,不能答应,但也不能听他们散漫无纪。现在办法,拟设一个虚总部(秘密的)——不直接活动而专任各团体之联络——大抵为团体(公开的),如美之各联邦,虚总部则如初期之费城政府,作极稀松的结合,将来各团事业发展后,随时增加其结合之程度。你或你的朋友也不妨自立一"邦",和现在的各"邦"同暗隶于虚总部之下,将来自会有施展之处。我现在只能给你这点暗示,你自己斟酌进行罢。

以上十月廿九日写

与孩子们　　庄庄学生物学和化学,好极了

题解:这是1927年10月31日写给孩子们的信。他由孩子们的回信中得知思成渐渐恢复了原来活泼的样子,非常高兴。思永又告诉父亲说:"我们兄弟姊妹都受了爹爹的遗传和教训,不会走到悲

观沉郁一路去。"可见,梁启超特别注重对儿女的人格和精神的培养,在这方面希望孩子们都能得到自己的"遗传"。与之对照的是,梁启超听说思庄要学生物和化学非常高兴,并且希望家里有更多的人学自然科学,但在这方面他从不干涉,希望孩子们根据自己的兴趣自由选择专业和事业。

昨日又得加拿大一大堆信,高兴得我半夜睡不着,虽然思成信还没有来,知道他渐渐恢复活泼样子,我便高兴了。前次和思永谈起,永说:"爹爹尽可放心,我们弟兄姊妹都受了爹爹的遗传和教训,不会走到悲观沉郁一路去。"果然如此,我便快乐了。

寒假把成、徽两人的溜到阿图和顽几天,好极了。他们得大姊姊温暖一度,只怕效力比什么都大。

庄庄学生物学和化学,好极了,家里学自然科学的人太少,你可以做个带头马,我希望达达以下还有一两个走这条路,还希望烂名士[1]将来也把名士气摆脱些,做个科学家。

---

[1] 烂名士:指思礼。

思永出外挖地皮去不成功,但现在事情也狠够他忙了。他所挂的头衔真不少——清华学校助教、古物陈列所审查员、故宫博物院(新改组)审查员——但都不领薪水(故宫或者有些少)。他在清华整理西阴遗物,大约本礼拜可以完功,他现在每礼拜六到古物陈列所,过几天故宫改组后开始办事。他或者有狠多的工作,他又要到监狱里测量人体,下月也开始工作,只怕要搬到城里住了。我出医院回津后,就没有看见他。过几天是他生日,要把他的溜回家顽一两天。

希哲替我经营,一切顺利,欣慰之至。一月以来,由二叔处寄汇两次,共三千美金,昨天又由天津兴业汇二千美金,想均收到。前后汇寄之款,皆由变卖国内有价证券而来(一部分是保险单押出之款陆续归还者),计卖去中国银行股票面二万,七年长期票面万八千,余皆以半价卖出——但不算吃亏。因为几年前买入的价格都不过三折余,已经拿了多次利息了——国内百业凋残,一两年后怕所有证券都会成废纸,能卖出多少转到美洲去,也不至把将来饭碗全部摔破。今年内最多只能再寄美金一千,明年下半年保险满期,当可得一笔稍大之款,照希哲这样经营得三两年,将来食饭当不至发生问题了。

以上十月三十一日写

与孩子们
你们这一辈青年,恐怕要有十来年,或者更长,要挨极艰难困苦的境遇

题解:这是1927年11月23日至24日写给孩子们的信,前半部分是回应孩子们对自己身体的担心,说"你们个个都是拿爹爹当宝贝,我是狠知道的",父子(女)之间感情之深厚,令人动容。后边告诫孩子们,你们未来可能要有十年或者更长的时间经历艰难困苦的境遇,"你们现在就要有这种彻底觉悟,把自己的身体和精神十二分注意锻炼、修养"。这是基于对时局和前景十分清醒、深刻的判断,而发出的深心的忠告,由此我们可以知道什么才是人生的根本,才是真正能够对抗时代风浪的资本。

孩子们：

有项好消息报告你们。我自出了协和以来，真养得大好而特好，一点药都没有吃，只是如思顺来信所说，拿家里当医院，王姨当看护，严格的从起居饮食上调养。一个月以来，"赤化"像已根本扑灭了，脸色一天比一天好，体子亦胖了些。这回算是思永做总司令，王姨执行他的方略，若真能将宿病从此断根，他这回回家，总算尽代表你们的职守了。我半月前因病已好，想回清华，被他听见消息，来封长信说了一大车唠叨话，现在暂且中止了。虽然著述之兴大动，也只好暂行按住。

思顺这次来信，苦口相劝，说每次写信便流泪。你们个个都是拿爹爹当宝贝，我是狠知道的，岂有拿你们的话当耳边风的道理。但两年以来，我一面觉得这病不要紧，一面觉得他无法可医，所以索性不理会他，今既证明有法可医，那么我有什么不能忍耐呢？你们放下十二个心罢。

却是因为我在家养病，引出清华一段风潮，至今未告结束。依思永最初的主张，本来劝我把北京所有的职务都辞掉，后来他住在清华，眼看着惟有清华一时还摆脱不得，所以暂行留着。秋季开学，我到校住数天，将本年应做的事，大略定出规模，便到医院去。原是各方面十分相安的，不料我出院后几天，外交部有改组董事会之举，并且章程上规定校长由董事中互选，内中头一位董事就聘了我。当部里征求我同意时，我原以不任校长为条件才应允（虽然王荫泰对我的条件没有明白答复认可），不料曹云祥怕我抢他的位子，便暗中运动教职员反对，结果只有教员朱某一人附和他。我听见这种消息，便立刻辞职。他也不知道，又想逼我并清华教授也辞去，好同清华断绝关系。于是由朱某运动一新来之研究院学生（年轻受骗）上一封书（匿名），说院中教员旷职，请求易人。老曹便将那怪信油印出来寄给我，讽示我自动辞职。不料事为全体学生所闻，大动公愤，向那写匿名信的新生责问，于是种种卑劣阴谋尽行吐露，学生全体跑到天津求我万勿辞职（并勿辞董事）。恰好那时老曹的信正到来，我只好顺学生公意,声明绝不自动辞教授,但董事辞函却已发出,学生们又跑去外交部请求,勿许我辞。他们未到前,王外长[1]的挽留函也早发出了。他们请求外部撤换校长及朱某,外部正在派员查办中,大约数日后将有揭晓。这类事情,我只觉得小人可怜可笑,绝不因此动气。而且外部挽留董事时,我复函虽允诺,但仍郑重声明以不任校长为条件,所以我也断不至因这种事情再惹麻烦,姑且当作新闻告诉你一笑罢。

我近来最高兴的是得着思成长信,知道你的确还是从前那活泼有春气的孩子,又知道身体健康也稍回复了——但因信中有"到哈佛后已不头痛"那句话,益证明我从前的担心并非神经过敏了。你若要我绝对放心,务要在寒假内找医生精密检查,看是否犯了神经衰弱的病,若有一点不妥,非把他根本治好不可。你这样小小年纪,若得了一种痼疾,不独将来不能替国家社会做事,而且自己及全家庭都受苦痛。这件事

---

[1] 王外长:指王荫泰(1886—1947),字孟群,山西临汾人,时任外交部总长。

我交给思顺替我监督着办,三个月后我定要一张医生诊断书看着才放心的。

思成的"中国宫室史"[1]当然是一件大事业,而且极有成功的可能,但非到到各处实地游历不可——大抵内地各名山、唐宋以来建筑物全都留存的尚不少,前乎此者也有若干痕迹——但现在国内情形真是一步不可行,不知何时才能有这种游历机会。思永这回种种计画都成泡影,恐以后只有更坏,不会往好处看,你回来后恐怕只能在北京城圈内外做工作,好在这种工作也够你做一两年了。

十二点过了,王姨干涉了好几次了,明天再写吧。

以上十一月廿三日

你来信说武梁祠堂[2],那不过是美术史上重要资料罢了。建筑上像不会看出什么旧型,你着手研究后所得如何?

---

[1] 中国宫室史:早在留学期间梁思成即萌生研究并写作中国建筑史的想法,后经过多年的调查、研究,于1945年出版《中国建筑史》一书。
[2] 武梁祠堂:武氏祠,俗称武梁祠,正式名称为"武氏墓群石刻"。位于山东嘉祥县纸坊镇,始建于东汉晚期,是中国现存最大、保存最完整的汉碑、汉墓画像石群。

只怕失望罢。

若亲到嘉祥县去实地用科学方法调查废址,也许有所得。

以上仍是廿三日

你们回国后职业问题大不容易解决,现在那里有人敢修房子呢?学校教授也非易,全国学校除北京外,几乎都关门了,但没法之中也许还是在当教书匠上想法,那么教的什么东西,不能不稍预备,我想你们在西洋美术史上多下一点工夫,何如?

我想你们这一辈青年,恐怕要有十来年——或者更长,要挨极艰难困苦的境遇,过此以往,却不是无事业可做,但要看你对付得过这十几二十年风浪不能。你们现在就要有这种彻底觉悟,把自己的身体和精神十二分注意锻炼、修养,预备着将来历受孟子所谓"苦其心志,劳其筋骨,饿其体肤,空乏其身,行拂乱其所为"者,我对于思成身子常常放心不下,就是为此。

以上仍廿三晚写,写到此被王姨捉去了

思成开美术书单甚好,一年内外北京图书馆只能以万元(华币)购美术书,最好在此数目范围内开单,你若能代买更好,便把款汇给你(书单来后便寄款)。我现虽辞去馆长职,但馆中事还常常问我主意。

以上廿四日写

与孩子们　这几天常常在我脑子里转的就是思成们结婚问题

题解:这是1927年12月5日写给孩子们的信。思成、徽音两人准备于1928年回国,梁启超安排他们在归国前,在加拿大总领事馆(即周希哲、思顺家)举行婚礼。此信主要谈思成、徽音的婚礼、聘礼,包括婚礼举行的地点、所请贵宾、行礼等以及聘礼所请大宾、礼物等。梁启超为长子的婚事考虑可谓细心、周全,在婚礼的安排上还兼顾了中西文化,如先在教堂举行婚礼,思成姓名用"思成梁启超",次日又到领事馆向两家祖宗及父母遥拜行礼。此信可与该月12日、18日信合观。

这封信写了前头那几张,一搁又搁下十二天了,这没有什么奇怪,因为王姨不许我晚上执笔。你们猜我晚上做什么事呢?每天吃完晚饭总是和达达、司马懿"过桥"一点钟(十五舅凑脚,他每天总输两三角钱)他们上课后(八点钟上夜课),再和十五舅、王姨打"三人麻雀"一点钟,约摸十点多便捉去睡觉,但还是睡不着的时候多,因为有许多心事在床上便想起(不外政治问题或学问问题,也常常想起你们),大抵十天中有两三天到床便睡着,仍有七八天展转反侧或到狠夜深也不定。但每天总睡足八个钟头(偶然一天不够八钟,小便便变色),早睡着便早起,晚睡着便晚起。所以身子保养得异常之好,一个月以来"赤焰"几乎全熄了。

这回写信真高兴,因为接连得着思成两封长信,头一封还没有详细回答,第二封(今天到)又来了。这几天常常在我脑子里转的就是思成们结婚问题。结婚当然是回国后才办最好,这是不消说的。在徽音固然他娘娘只有他一个,应该在跟前郑重举行。即以思成论,虽然姊妹弟兄狠多,但你是长子,我还不是十二分不愿意,如此盛典不在我跟前看着办吗?前几天我替南开大学一位教授(研究院毕业生)主婚,他们夫妇都是云南人,没有一个亲属在此。我便充当两边的家长,狠觉得他们冷清清的,同时想起我的思成,若在美结婚,只怕还赶不上他们热闹哩!心里老大不自在。但是为你们学业计,非到欧洲一游不可。回国后想在较近期间内再出去,实属千难万难。这种机会如何可以错过呢?你今天来信说的,徽音从太平洋先归省亲,虽然未尝不可,但徽音虽曾到过欧洲,经过这几年学业后,观察眼光当然与前不同,不去再看一躺,到底是可惜。况且两个人同游同看,彼此观摩,当然所得益处比一个人独游好得多。这种利益不消我多说,你们当然都会想到了。还有一层,你们虽然回国结婚,结婚礼也狠难在北京举行,因为林家一时不会全眷移回北京,然则回来后,不是在天津办就是在福州办,还不是总不能十分圆满吗?所以,我替你们打算还是在美办的好,徽音乖孩子采纳我的主张罢(林家长亲完全和我同一主张,想也有信去了)。

我替你们出主意，最好是在阿图和办——婚礼即在那边最大的礼拜堂里举行。林叔叔本是基督教信徒，我虽不喜教会，但对于基督当然是崇拜的。既然对于宗教没有什么界限，而又当中国婚礼没有什么满意的仪式的时候，你们用庄严的基教婚仪有何不可呢？一面希哲夫妇用"中国国家代表"的资格参列，再请上该地官长和各国外交官来观礼，也狠够隆重的了。你们若定了采用这办法，可先把日期择定，即刻写信回来（或怕赶不上则电告），到那天我和徽音的娘当各有电报给你们贺喜并训勉，岂不是已经相当的热闹和郑重了吗？

有一件事要告诉你们：你们若在教堂行礼，思成的名字便用我的全名，用外国习惯叫做"思成梁启超"，表示你以长子资格继承我全部人格和名誉。

你的腿能够跪拜否？若能，则结婚后第二天新夫妇同到领事馆向两家祖宗及父母双双遥拜，若不能屈膝则双双鞠躬亦得，总之，行最敬礼便是了。

婚礼只要庄严,不要奢糜,不独在外国如是,即回本国举行也不过如是,相当的衣服、首饰(婚礼约指等),姊姊当然会斟酌着办。

我这几天正在忙着和你们行聘礼,大约定期在本月十八日——若聘物预备未齐,则改迟三两日,我们请的大宾是林宰平先生,林家请的大约是江翊云[1]先生或陈仲恕[2]先生(本定翊云,后来林家因他是续婚拟换人)。我们的主要聘仪是玉佩,可以佩在项间者,其佩以翡翠一方,碧犀(红色)一方,缀以小金环联结而成,约费四百元左右,系由陈仲恕先生和你二叔商量购制。我尚未看见,据来信说是美丽极了。林家的主要聘仪是玉印一方,也有翡翠,听说好极了。又据说该玉印原有两方,我不好意思请林家全买,打算我们把那一方也买来添上去。庚帖是两家公请卓君庸先生写。因为他

---

[1] 江翊云:即江庸(1878—1960),字翊云,号澹翁,福建长汀人,梁启超好友,有《梁启超致江庸书札》一书出版。
[2] 陈仲恕:陈汉第(1874—1949),字仲恕,号伏庐。浙江杭州人。陈汉第是梁启超极好的朋友,而陈之子陈植与梁思成同为宾夕法尼亚大学建筑系留学生。

堂上具庆[1]、夫妇齐眉、字又写得极好,合式极了。聘礼行过后,我便请林家将双方聘物一齐汇寄到坎领事馆,要赶上你们婚期。庚帖便在两家家长处,等你们回来才敬谨收藏。

你们结婚后的行程,我也大略一想,在坎住数日后即渡欧,归途从西伯利亚路,先回天津谒祖,我们家郑重请一次客,在津住一千月内外,思成便送徽音回福州谒祖,在福州住一个月内外,徽音若想在家多住些日子,思成便先回津跟着我做学问及其他事业。

我现在有一个小计画,只要天津租界还可以安居时(大约可以),等思成回来,立刻把房子翻盖,重新造一所称心合意的房子为我读书娱老之用。将新房子卖出大约可值四万五乃至五万,日内拟便托仪品公司代卖,卖去时将来全部作为翻盖新房用,先将该款寄坎,托希哲经营,若能多得些赢利更好,总而言之,这部份款项全交思成支配,专充此项之用,

---

[1] 堂上具庆:指父母均健在。

思成,你先留心打个腹稿,一回来便试验你的新学问吧。

思成职业问题,一时还没有什么把握,但也不必多忧虑。好在用不着你们养家,你们这新立的小家庭极简单,只要徽音愿意在家里住,尽可以三几年内不用分居(王姨是极好处的,你们都知道)。在南开当一教授,功课担任轻些,每月得百把块钱做零用,用大部分光阴在家里跟着我做几年学问,等时局平静后学问也大成了,再谋独立治生,机会也多着哩。

思永每次回家和我谈谈学问,都极有趣。我想再过几年,你们都回来,我们不必外求,将就家里人每星期开一次"学术讨论会",已经不知多快乐了。

十一点了,王姨要来干涉了,快写,快写。

你们猜思永干什么?他现在住在监狱里!却是每礼拜要进皇宫三次或两次!你们猜他干吗?

好了不写了。

许多别的话要讲,留待下次罢。先把这十几张纸付邮,不然又怕要耽阁多少天了。

十二月五日　爹爹

与孩子们　因婚礼十有八九是在美举行,所以此次文定礼特别庄严郑重些

题解：这是1927年12月12日写给孩子们的信,主要告诉孩子们思成与徽音订婚礼(文定礼)的情形以及交代在美婚礼由思顺夫妇负责。此信可与该月5日、18日信合观。

孩子们：

这几天家里忙着为思成行文定礼[1],已定本月十八日（阳历）在京寓举行（日子是王姨托人择定的——那天恰是星

---

[1] 文定礼：旧时称订婚为文定,典出《诗经·大雅》："文定厥祥,亲迎于渭。"文定礼即订婚典礼。

期。我们虽不迷信,姑且领受他一片好意)。因婚礼十有八九是在美举行,所以此次文定礼特别庄严郑重些。晨起谒祖告聘,男女两家皆用全帖遍拜长亲,午间宴大宾,晚间家族欢讌。我本拟是日入京,但(一)因京中近日风潮正恶,(二)因养病正见效,入京数日,起居饮食不能如法,恐或再发旧病,故二叔及王姨皆极力主张我勿往,一切由二叔代为执行,也是一样的。今将告庙文写寄,可由思成保藏之作纪念。

聘物我家用玉珮两方,一红一绿,林家初时拟用一玉印,后闻我家用双珮,他家也用双印,但因刻玉好手难得,故暂且不刻,完其太璞。礼毕拟将两家聘物汇寄坎京,备结婚时佩带,惟物品太贵重,深恐失落。届时当与邮局及海关交涉,看能否确实担保,若不能,则仍留两家家长处,俟婚后归来,乃授与宝存。

在美婚礼,我远隔不能遥断,但主张用外国最庄严之仪式,可由希哲、思顺帮同斟酌,拟定告我。惟日期最盼早定,预先来信告知,是日仍当在家里行谒祖礼,又当用电报往贺也。

婚礼所需,思顺当能筹画,应用多少可由思顺全权办理。另有三千元(华币),我在三年前拟补助徽音学费者,徽来信请暂勿拨付,留待归途游欧之用,今可照拨。若"捣把"[1]有余利,当然不成问题,否则在资本内动用若干,亦无妨,因此乃原定之必要费也。

思成请学校给以"留欧"费一事,现曹校长正和我闹意见,不便向他说项(前星期外部派员到校查办风潮起因,极严厉,大约数日内便见分晓),好在校长问题不久便当解决,曹去后大约由梅教务长[2]代理,届时当为设法。

我的病本来已经全愈了二十多天,便色与常人无异。惟最近一星期因做了几篇文章(实是万不能不做的,但不应该

---

[1] 捣把:本指利用物价涨落,低买高卖,赚取利差的买卖活动。这里所应指是梁思顺夫妇在加拿大所做的投资,所以梁启超在"捣把"二字上加了引号。
[2] 梅教务长:梅贻琦(1889—1962),字月涵。1916年担任清华大学物理系教授,先后任教务长、教育部高等教育司司长,1931—1948年任国立清华大学校长,为清华大学历史上任期最长的校长。

连着做罢了),又渐渐有复发的形势,如此甚属讨厌,若完全叫我过"老太爷的生活",我岂不成了废人吗？我精神上实在不能受此等痛苦。

晚饭后打完了"三人六圈"的麻雀,时候尚狠早,抽空写这封信,尚有许多话要说,被王姨干涉,改天再写罢。

十二月十二日　爹爹

庄庄那位前辈同学的信收到了,我自己实在开不出书单来,已转托清华一位教授代开,等他回信时便寄上。

与思顺

你自己所尽的道德责任,也可以令你精神上常常得无限愉快了

题解：这是1927年12月13日写给思顺的信。此信主要和思顺谈家庭经济、投资问题,并充分肯定思顺为家庭的付出,觉得自己的女儿比别人家的男孩还得力十倍。但他并不认为思顺因此就吃

亏了，而是说女儿尽道德责任，也可得着精神上的愉快。兄弟姊妹之间不在经济上过于算计，而是各尽自己责任，如此家庭才会和睦和兴旺。这样的大家庭，兄弟姊妹之间不闹矛盾，而是和睦相处，其乐融融，梁启超的家教起了相当大的作用。

思顺：

十一月份营业报告收到，希哲真能干，怎么几个月工夫已经弄到加倍以上的利（还除了庄庄一笔学费等等不计）。照这样下去，若资本丰富一点，经营三两年岂不成了富翁吗？我现在极力撙节[1]，陆续还寄些去。若趁希哲在外的机会，弄到美金五万，寄回来便是十万，我真可以不必更卖气力找饭吃，家里经济问题完全解决了。

保险单明年七月便满期，保的是三万元，但十五年间所纳费已在三万七八千元内外，若只得三万，岂非我们白亏了七八千元，还有复息不在内，这不太吃亏吗？不知保险公司章程何如？若只有三万，则除去借款一万五千并利息外，明

---

[1] 撙节：节约，节省。撙，音 zǔn。

年所收不过一万三千余了。该公司总部设在加拿大,保险单也押存在总公司,若期满后展转赎回,乃能领款,又须经几个月。我想和公司交涉,一满期便将该款在坎京[1]拨交希哲收。请希哲日内便与总公司交涉,应需何等手续,尽半年内可以办妥,也省得许多事。

思成、徽音婚礼及游欧费所需,只好请希哲努力变把戏[2]变些出来,若利息所入不敷,即动些资本,亦无不可,有三千华币给徽音,合以思成在学校所领,或亦已勉强够用罢,我知道他们是不会乱花钱的,你斟酌着不可令他们太刻苦便是。

你自己的生计怎么样?月月赔垫这些钱都是从那里出?从前的积蓄究竟赔去多少?你下次来信把大概情形告诉我,令我安心一点罢。

你再过三四年才回家,绝不要紧,一个月内总有一两封

---

[1] 坎京:即加拿大首都渥太华。
[2] 变把戏:即想办法。

信,也和见面差不多,我的体气底子本来极强,这点小病算什么。况且我已经绝对采用你们的劝告,把养病当一件大事了,你们还有什么不放心呢?

你虽是受父母特别的爱(其实也不算特别,我近来爱弟妹们也并不下于爱你),但你的报答也算狠够了。妈妈几次的病,都是你一个人服侍,最后半年多衣不解带的送妈妈寿终正寝。对于我呢,你几十年来常常给我精神上无限的安慰喜悦,这几年来把几个弟弟妹妹交给你,省我多少操劳,最近更把家里经济基础由你们夫妇手确立,这样女孩儿,真是比别人家男孩还得力十倍。你自己所尽的道德责任,也可以令你精神上常常得无限愉快了。所以我劝你不必思家着急,趁这在外的机会,把桂儿、瞻儿的学业打个深厚的基础。只要私人生计勉强维持得下去,外交部又不调动你们,你便索性等到我六十岁时才回来祝寿也不迟哩。

你们在坎虽清苦,但为桂儿姊弟计,比在斐律宾强多了。第一是养成节俭吃苦的习惯,第二是大陆的教育,到底比殖民地好得多。至于所做帮助我们家里的种种工作,其利益更是计算不出来了。据此说来,狠该感谢王正廷的玉成,你们同意吗?

近来著述之兴大动,今晚本又想执笔,被王姨捣乱干涉,只好和你闲谈开开心,便去睡觉。

十二月十三日　爹爹

与思成　这几天为你行聘礼,我精神上非常愉快

题解:这是1927年12月18日写给思成的信,告知思成聘礼举行的情形以及盘算思成归国行程等。此信可与该月5日、12日信合观。

思成:

这几天为你行聘礼,我精神上非常愉快,你想,从抱在怀

里"小不点点"(还经过千灾百难的),一个孩子盘到成人,品性、学问都还算有出息,眼看着就要缔结美满的婚姻,而且不久就要返国,回到我的怀里,如何不高兴呢?今天北京家里典礼极庄严热闹,天津也相当的小小点缀,我和弟弟妹妹们极快乐的顽了半天。想起你妈妈不能小待数年,看见今日,不免起些伤感,但他脱离尘恼,在彼岸上一定是含笑的。除在北京由二叔正式告庙外(思永在京跟着二叔招呼一切),今晨已命达达专在神位前默祷达此诚意。

我主张你们在坎京行礼,你们意思如何?我想没有比这样再好的了。你们在美国两个小孩子自己实张罗不来,且总觉太草率,有姊姊代你们请些客,还在中国官署内行谒祖礼(婚礼还是教堂内好),才庄严像个体统。

婚礼只要庄严不要侈靡,衣服首饰之类,只要相当过得去便够,一切都等回家再行补办,宁可撙节下点钱作旅行费。

你们由欧归国行程,我也盘算到了。头一件我反对由西伯利亚路回来,因为野蛮残破的俄国,没有什么可看,而且入境出境，都有种种意外危险（到满洲里车站总有无数麻烦），你们最主要目的是游南欧，从南欧折回俄京搭火车也太不经济，想省钱也许要多花钱。我替你们打算：到英国后折往瑞典、那威一行，因北欧极有特色，市政亦极严整有新意（新造之市，建筑上最有意思者为南美诸国，可惜力量不能供此游，次则北欧特可观），必须一往。由是入德国，除几个古都市外，莱因河畔著名堡垒，最好能参观一二。回头折入瑞士看些天然之美。再入意大利，多耽阁些日子，把文艺复兴时代的美彻底研究了解。最后便回到法国，在玛赛上船（到西班牙也好，刘子楷在那里当公使，招呼极方便。中世及近世初期的欧洲文化实以西班牙为中心）。中间最好能腾出点时间和金钱到土耳其一行，看看回教的建筑和美术，附带着（替我）看看土耳其革命后政治（关于这一点，最好能调查得一两部极简明的书（英文的）回来讲给我听听）。

思永明年回美，我已决定叫他从欧洲走（但是许走西伯利亚路，因为去比来的危难较少）。最好你们哥儿俩约定一个碰头地方,大约以使馆为通信处最便。你们只要大概预定某月到某国,届时思永到那边使馆找你们便是。

从印度洋回来,当然以先到福州为顺路,但我要求你们先回京、津,后去福州。假使徽音在闽预定仅住一月半月,那自然无妨。但我忖度情理,除非她的母亲已回北京,否则徽一定愿意多住些日子,而且极应该多住,那么必须先回津,将应有典礼都行过之后,你才送去。你在那边住个把月便回来,留徽在娘家一年半载,则双方仁至义尽。关于这一点,谅来你们也都同意。

十二月十八日　爹爹

与思顺　今年偶然高兴,叫达达们在家读书,真是万幸

题解:这是1927年11月25日、12月19日写给思顺的信。由

于这一年全国闹学潮,教学得不到保障,梁启超决定让思达(达达)、思懿(司马懿)、思宁(六六)在家读书,并为他们聘请了家教。结果三人进步飞快,让他感到非常高兴。另,拟让他们到日本留学,并征询思顺等人的意见。

达达、司马懿半年来进步极速(六六亦有相当进步)。当初他们的先生将一年功课表定了来问我,我觉得太重些,他先生说可以。现在做下去,他们兴味越来越浓。大概因为他先生教法既好,又十二分热心,所以把他们引上路了。他们——尤其是达达,对于他的先生又恭敬又亲热,每天得点零碎东西吃,总要分给先生。先生偶然出门去便替他留下,看达达样子像觉得除爹爹、娘娘外,天下可敬可爱之人没有过他的先生了。

以上几行是十一月廿五日写的

这几行写了二十多天,还没有寄,今日得空闲谈,还继续这方面的话。

今年偶然高兴,叫达达们在家读书,真是万幸,不然达达早已等于失学了。南开中学有七八个党人,专为捣乱而入校(高一高二两班捣得最厉害,达达今年若入校正在高一),秋季开学后一个月便捣起,一直捣到如今。初时在班上搅局,专叫先生教不成,学生听不成。前两个月大举起来,以"反对旷课扣分"(可骇不可骇)的旗号鼓动多数懒学生罢课,迫得张伯苓辞职。闹了将近一个月,好容[易]才得伯苓承认复职了,复职不到半个月,又闹起来。前礼拜学校革除他们,算是最后手段了。谁知他们竟赖着不走,至今尚无办法,半年来的南开,功课就这样消磨完了。稍为血气不定的学生,在这种环境之下(倒不在乎党不党),还有不学坏的吗?现在党军势力范围下,各省的学校既已全部关门,其余地方也是这种现象,照这样下去,现在的学龄儿童非全数变成盲牛不可。党人万恶滔天,此恶真为万恶之首了。我初意本叫达达们在家学一年,明年再进校。照此情形,明年怕未必有校可进,便有我也不愿叫他们去。好在他们既得着一位这样好先生,那先生又是寒士,梦想去日本留学而不得,我的意思想明年暑假或寒假后,请那先生带着他们到东京去。达、懿两人补习一年或两年便可望考进大学,六六便正式进中学。这种办法你们赞成吗(回信务陈意见)?

司马懿非常聪明,逼着和达达同一样功课(英文不同),居然跟得上。达达自受手术后,身体比从前好多了,没有病过一次,记性也加增。六六当然在弟兄姊妹中算是个饭桶,但自从割了喉咙后也狠见进步,这都是可以令你们高兴的新闻。

思永说你们都怪爹爹信中只说老白鼻,不说别的弟妹,太偏心,这次总算说了一大段了。

他们先生真好玩,完全像家里子弟一样了,出了书房便和他们淘气,一进书房便板着面孔,他羡慕我们的家庭到极点了,常和他的同学说要学先生,须从家庭学起,但是谈何容易。

以上十二月十九日写

1928 年

与孩子们   思成这回去游欧洲,是你的学问上一部份狠重要的事业

题解:这是 1928 年 1 月 22 日写给孩子们的信。其主要内容是关于思成、徽音游欧之事。1927 年,思成在宾夕法尼亚大学先后获得学士学位(2 月)、硕士学位(7 月),之后又去哈佛大学学习建筑史半年;徽因则在宾夕法尼亚大学毕业后,进入耶鲁大学学习舞台美术设计半年。1928 年,两人准备回国。梁启超安排他们归国前先举行婚礼,然后前往欧洲度蜜月,主要任务是考察欧洲各国的建筑、美术等,目的在于开阔两人的学术视野。

我这封信叫思永写的,你们不要奇怪,为什么我自己不写,因为才从医院出来,要拿笔怕你们干涉,所以口讲叫思永写。又因为我就想著一本小书,口述叫思永写,现在练习试试。

你们这些孩子真是养得娇,三个礼拜不接到我的信就撅嘴了,想外面留学生两三个月不接家信不算奇怪。我进医院有三个礼拜了,再不写信,你们又不知道怎么报怨了,所以乘今天过年时,和你们谈谈。

这回在医院里经过的情形,思永已报告过了。本来前四天已要退院,忽然有点发烧,被医生留着,昨天还是像前年达达那样要求医生放假出来过年,因为热度没有十分退,不过出来狠好,坐火车后,热度反退了一度,一直到今天,人非常精神。这回住医院的结果,他们治疗的方针狠有点变更,专注重补血。自从灌了两回血之后,狠有功效,我最高兴的是他们不叫我吃素了,连鸡蛋都一天给我两个吃了。但是他们虽说蛋白质可吃,却劝不要吃太多,却是算来在家里所吃的肉品比在医院里还少,所以往后养病,对食品没有什么克苦,还与从前一样。

医生说工作是可以做的,不过要狠自由的,要放下就放下,但是有固定的职务的事,是不相宜的,所以我决计把清华都辞脱了。以后那就依着医生的话,要做什么工作,高兴一天做三两点钟。总之,极力从"学懒"的方面来做,虽然不甘心当这"老太爷的生活",只好勉强一年几个月再说。

我想忠忠和庄庄两人要格外撅嘴,因为我前几封几乎完全讲关于思成的事,完全没有理会到他们。不过这封信还是从思成他们的事说起。

思成、徽音婚礼的事,定了没有?我希望还是依我前头几封信那样办。思成这回的信说是要五千国币或三千美金,我可以给他。前头寄去给思顺的钱,通共一万六千,现在把最末的一千提出来,剩下一万五千做资本就是了。过一两天我再寄一千美金去,共二千,还有一千就请希哲变把戏,谅来他总有本事可以变出来！至于庄庄今年的学费,不久我这边还可筹资本过来,大概两三个月内,或者再汇一二千添上资本去。到下半年保险费也来了,得到手之后,也要全部寄希哲经理的,谅来虽然现在提开二千美金,我看希哲有办法了得了罢。

思成这回去游欧洲,是你的学问上一部份狠重要的事业,所以我无论怎样困难,你们的游费总想供给得够才行。这回之后,我做爹爹的义务就算尽完了。我想你到去的地方,除了美、德、法之外,是北部的瑞典、挪威,南部的西班牙、土耳其。只要能去,虽然勉强,我还是希望你到这几个地方看看。回来的时候,不要搭西伯利亚铁路,总是走印度洋的好。因为(由俄国来的)入境时青年男女极危险的,所以这笔钱是省不了的。你们细细打听,做通盘预算,看要用多少钱。我想有了三千,再加清华一千,你们旅行中要过苦点的日子,或者可以够了。若是徽音家里,依着成的信,可以贴补点钱,那是更好了,就是不能,勉强这四千何如？实在不够时我再勉力,我看也未常不可以罢。

北京图书馆要买的书,我已叫他们把书单和支票赶紧寄加拿大总领事馆了。钱在伦敦银行才可以支。我想这些书大多在欧洲买,而且钱到时,你们已快离美洲了,美洲的书不用买了。书单是三个人开来的,只是供你参考,最后的你还是你决定。我的意思,以买美术基本常识的书为主,或者希见难得的书碰机会买些。总而言之,以买基本书为主,无论英、法、德文都可以。

希哲真能干,他若是依着思顺来的信,在那边三年,我们家里以后的生计问题都可以解决了。股份的去留都完全由他,无须写信来问,问了我也不清楚。

思顺,你现在在有身的时候,要自己格外保养,因为前一回的时候,你妈妈可以跑去,现在你一个在外面,我同王姨都狠担心。你来信说希哲狠管你,我说狠该。你说老白鼻和你,爹爹是不会骂的,不过老白鼻最怕爹"瞪眼",你以后要不听希哲话,他写信来告你时,我也要"瞪眼"哩!

庄庄,你胖到这样怎么了?我们现在都想象你的身圆溜溜的样子。前几天娘娘还给你寄些衣服去,你穿得穿不得?你现在功课比从前忙多了。过了暑假后,也渐渐格外专门,怕比从前更忙。你的体子本来还好,我也不十分担心,不过也要节制。每日要拿出几点钟来,每礼拜拿出天罢来玩玩。因为做学问,有点休息,从容点,所得还会深点,所以你不要只埋头埋脑做去。暑假后,你若想到美国去,三哥也已回去了,跟着你三哥也狠好,若是你觉得你们这学校狠好,不愿离开,或者你学校的先生们都愿你在那儿毕业,就在那儿读完也可以的。因为想来你姊姊一两年内不会离开加拿大。这样,你或留坎、留美,在那边开个家庭会议决定罢。

忠忠挨打想该挨完了罢?你到底预备在维校几年?我想你在威校学的政治,总要弄到毕业才好。维校完了之后,还回去威校一年,你的意思怎样?我不久就要出一本小册子,讲我政治上的主张,其中讲军事的也狠多,大概在暑假前后就可以出来,你看见之后一定加增许多勇气,还可以指导你一条路。你要的书,因为灿哥[1]在北京的时候多,没有交他寄去,以后看见这些书时,给你寄去就是了。

好几年都是在外边过的"野年",今年可算是在家过年,险些儿被医院扣留了。现在回到家狠高兴,孩子们(这边这半)得了压岁钱,十分高兴,不过"过了几回桥",又给我得回来不少,还要赶绵羊,老白鼻做庄,输了钱,大声哭起来了。

桂儿[2],你们孟城好玩不好玩?老白鼻有一天问公公说:"我的干姑娘为什么用我做干爹?"这是老白鼻自己的话。公公实在答不出来,你写封"安禀"来,详细的把理由告诉他罢。

瞻儿[3],我听说你在学校里,老把第一把交椅把着不肯让给别人,公公高兴得狠。你每天在学校里出来多玩回

---

[1] 灿哥:即梁廷灿,梁启超的侄子。年轻时帮梁启超收集、整理图书资料,后成为一代图书馆学家。
[2] 桂儿:思顺的长女周念慈,桂儿是她小名。
[3] 瞻儿:思顺的长子周同轼,瞻儿是他小名。

罢,不然以后真要变成书呆子了。

斐儿[1],我听说你会弹琴了。你快弹一个,用无线电打回来,公公这里有收音机,我同老白鼻也要听听。

与思成　你脚踏到欧陆之后,我盼望你每日有详细日记

题解:这是1928年2月12日写给思成的信。梁启超特别交代思成、徽音每日要有详细的日记,凡引起注意的东西均要拍照。日记要稍带文学的、审美的性质,他将亲自校阅然后付诸出版。游欧期间,两人依照梁启超的要求,认真地记日记、照相、画素描,为他们日后在建筑史的科研和教学上收集了大量珍贵的资料。

得姊姊电,知你们定三月行婚礼,想是在阿图和吧? 不久当有第二封信了。故宫委员事,等第二电来再定办法。

---

[1] 斐儿:思顺的次子周有斐,斐儿是他小名。

国币五千或美金三千可以给你,详信已告姊姊。在这种年头,措此较大之款,颇觉拮据。但这是你学问所关,我总要玉成你,才尽我的责任。除此间划拨那二千美金外,剩下一千,若姊姊处凑不出这数目,你们只好搏节着用,或少到一两处地方罢了。我前几封信都主张你们从海道回国,反对走西伯利亚铁路,但是若为省钱计,我也无可无不可。若走西伯利亚,要先期告我,等我设法,令你们入境无阻滞。

你脚踏到欧陆之后,我盼望你每日有详细日记,将所看的东西留个印象(凡注意的东西都留他一张照片),可以回来供系统研究的资料。若日记能稍带文学的审美的性质,回来我替你校阅后可以出版,也是公私两益之道。

今寄去名片十数张,你到欧洲往访各使馆时可带着投我一片,问候他们,托其招呼,当较方便些。你在欧洲不能不借使馆作通信机关,否则你几个月内不会得着家里人只字了。

你到欧后,须格外多寄些家信(明信片最好),令我知道你一路景况。

此外,还有许多话叫思永告诉你,想已收到了。

二月十二日　爹爹

与思永　你再留学机会万不容失掉,因为你所学还未大成哩

题解:这是1928年4月3日写给思永的信。从1923年起至1928年,思永已在美国哈佛大学留学五年,除掉其间回国在清华整理考古资料一年,实际上是四年,6月可本科毕业。梁启超认为思永所学未大成,建议他再留学一年。后来思永在哈佛继续深造两年,获得硕士学位。

思永:

复信收到。你再留学机会万不容失掉,因为你所学还未

大成哩。不知延迟一年能否再得清华官费,若能,倒不妨。因为你年纪尚轻,迟一年算不了什么。若过了今年便失官费,则只好把广西之行牺牲了(若想去几个月,仍赶上今年放洋,我猜是决办不到的,徒两失之),我的意思如此。你将情形调查清楚后,自己决定罢。

头晕接连两日,呕吐只一次,今日已全愈了。原因是在四五日前,精神太好,著述兴味太浓,时忘了形,接连两晚破戒(许久没有打牌,因为打牌兴味为著述兴味所夺,前天被你娘娘干涉,才打了几圈),晚上也做些工作,以致睡不着,而早上又已起早惯了。因此睡眠不足,胃的消化力便弱起来(头晕全是胃的关系),昨天放下一切,睡了大半天,今晨又精神焕发了。现在每日上半天在小书房坐,朝阳从窗牖透进,极明丽可喜(将窗户打开约一点钟)。

此信仍寄姊姊们阅,因为我到底没有写信给他们(自从前次寄你那信以后到今日),他们只怕已盼得眼黑眼白了。

四月三日　爹爹

与思成、徽音 你们结婚后,我有两件新希望

题解:这是1928年4月26日、28日写给思成、徽音的信,主要内容是与他们谈婚后如何相处、未来职业问题以及思成的著述计划。对于职业,由于当时国内时局混乱,工作难找,梁启超认为即使他们一时未能得到职业,也不必失望沮丧,因为失望沮丧是生命的最可怖之敌。也就是说,梁启超希望思成、徽音能乐观地对待职业、人生中的挫折。

我将近两个月没有写"孩子们"的信了,今最可以告慰你们的,是我的体子静养极有进步,半月前入协和灌血并检查,灌血后红血球竟增至四百二十万,和平常健康人一样了。你们远游中得此消息,一定高兴百倍。

思成和你们姊姊报告结婚情形的信,都收到了,一家的

冢嗣[1]，成此大礼，老人欣悦情怀可想而知。尤其令我喜欢者，我以素来偏爱女孩之人，今又添了一位法律上的女儿，其可爱与我原有的女儿们相等，真是我全生涯中极愉快的一件事。

你们结婚后，我有两件新希望：头一件，你们俩体子都不甚好，希望因生理变化作用，在将来健康上开一新纪元。第二件，你们俩从前都有小孩子癖气，爱吵嘴，现在完全成人了，希望全变成大人样子，处处互相体贴，造成终身和睦安乐的基础。这两种希望，我想总能达到的。近来成绩如何？我盼望在没有和你们见面之前，先得着满意的报告。

你们游历路程计画如何？预定约某月可以到家？归途从海道抑从陆路？想已有报告在途。若还未报告，则得此信时，务必立刻回信详叙，若是西伯利亚路，尤其要早些通知我，当托人在满洲里招呼你们入国境。

你们回来的职业，正在向各方面筹画进行（虽然未知你们自己打何主意），一是东北大学教授（东北为势最顺，但你们去

---

[1] 冢嗣：长子。

也有许多不方便处,若你能得清华,徽音能得燕京,那是最好不过了),一是清华学校教授,成否皆未可知,思永当别有详函报告。另外还有一件"非职业的职业"——上海有一位大藏画家庞莱臣,其家有六朝唐画十余轴,宋元画近千轴,明清名作不计其数,这位老先生六十多岁了,我想托人介绍你拜他门(已托叶葵初),当他几个月的义务书记,若办得到,倒是你学问前途一个大机会。你的意思如何? 亦盼望到家以前先用信表示。

你们既已成学,组织新家庭,立刻须找职业,求自立,自是正办,但以现在时局之混乱,职业能否一定找着,也狠是问题。我的意思,一面尽人事去找,找得着当然最好,找不着也不妨,暂时随缘安分,徐待机会。若专为生计独立之一目的,勉强去就那不合式或不乐意的职业,以致或贬损人格,或引起精神上苦痛,倒不值得。一般毕业青年中大多数立刻要靠自己的劳作去养老亲,或抚育弟妹,不管什么职业得就便就,那是无法的事。你们算是天幸,不在这种境遇之下,纵令一时得不着职业,便在家里跟着我再当一两年学生(在别人或正是求之不得的),也没什么要紧。所差者,以徽音现在的境遇,该迎养他的娘娘才是正办,若你们未得职业上独立,这一点狠感困难。但现在觅业之艰,恐非你们意想所及料,所以我一面随时替你们打算,一面愿意你们先有这种觉悟,纵令回国一时未能得相当职业,也不必失望沮丧。失望沮丧,是我们生命上最可怖之敌,我们须终身不许他侵入。

《中国宫室史》诚然是一件大事业,但据我看,一时狠难成功,因为古建筑什九被破坏,其有现存的,因兵乱影响,无从到内地实地调查,除了靠书本上资料外(书本上资料我有些可以供给你,尤其是从文字学上研究中国初民建筑,我有些少颇有趣的意见,可惜未能成片段,你将来或者因我所举的例继续研究得有更好的成绩),只有北京一地可以着手(幸而北京资料不少,用科学的眼光整理出来,也狠够你费一两年工作)。所以我盼望你注意你的副产工作——即《中国美术史》。这项工作,我狠可以指导你一部分,还可以设法令你看见许多历代名家作品。我所能指导你的,是将各派别提出个纲领,及将各大作家之性行及其时代背景详细告诉你。名家作品家里头虽然藏得狠少(也有些佳品为别家所无),但现在故宫开放以及各私家所藏,我总可以设法令你得特别摩挲研究的机会,这便是你比别人便宜的地方。所以我盼望你在旅行中便做这项工作的预备。所谓预备者,其一是多读欧人美术史的名著,以备采用他们的体例,关于这类书,认为必要时,不妨多买几部;其二是在欧洲各博物馆、各画苑中见有所藏中国作品,特别注意记录。

回来时立刻得有职业固好,不然便用一两年工夫,在著述上造出将来自己的学术地位,也是大佳事。

你来信总是太少了,老人爱怜儿女,在养病中以得你们的信为最大乐事,你在旅行中尤盼将所历者随时告我(明信片也好),以当卧游,又极盼新得的女儿常有信给我。

四月廿六日　爹爹

清华教授事或有成功的希望,若成功,新校长已允力为设法。则你需要开学前到家,届时我或有电报催你回来。

廿八日又书

与思顺　你去信关于这些地方,应该责备他(思成),教导他一下

题解:这是1928年5月4日写给思顺的信,主要是批评思成不懂为人处世之道。他曾写信给思成,为其筹画未来的职业,而思成回信竟不提及此事,对老父的操心不回应。可能是考虑到思成已是成年人,不好直接去信批评,故通过女儿侧面去教导一下。

思顺:

三日前一短信,想收到,外部索欠恐绝对的无办法,因为这一两年来外部全靠船钞收入挹注[1],现在船钞已由南方截留净尽,部中已干瘪,你们别要再指望罢。

关于思成职业问题,你的意见如何?他有点胡闹,我在几个月以前,已经有信和他商量,及此他来信一字不提(根本就来信太少),因此我绝不知他打何主意,或者我所替他筹画的

---

[1] 挹注:从有余的地方取一些以补不足的地方。

事,他根本不以为然,我算是白费心了。这些地方,他可谓少不更事,朋友们若是关心自己的事,替自己筹画,也应该急速回信给他一个方针,何况尊长呢(他不愿以自己的事劳我的思虑,也是他的孝心,但我既已屡屡问及他,总要把他意旨所在告诉我才是)?我生性爱管闲事,尤其是对于你们的事,有机会不能不助一臂之力。但本人意思如何,全未明白,那真难着手了。你去信关于这些地方,应该责备他,教导他一下。

五月四日　爹爹

与思成　生活太舒服,容易销磨志气

题解:这是1928年5月4日写给思成的信,与他讨论未来职业的去向。梁启超替思成谋取清华教授的职位(为他预备着一条路),主要是考虑迎养徽音的母亲较为方便,但又觉得清华园是"温柔乡",太舒服容易消磨志气。同时也在为思成策划去东北大学的事。

思成：

你的清华教授闻已提出评议会了,结果如何,两三天内当知道。此事全未得你同意,不过我碰有机会姑且替你筹画,你的主意何在？来信始终未提(因你来信太少,各事多不接头)。论理学了工程回来当教书匠,是一件极不经济的事,尤其是清华园,生活太舒服,容易销磨志气。我本来不十分赞成,朋友里头丁在君、范旭东都极反对,都说像你所学这门学问,回来后应该约人打伙办个小小的营业公司,若办不到,宁可在人家公司里当劳动者,积三两年经验,打开一条生活新路。这些话诚然不错,以现在情形论,自组公司万难办到。恐必须亏本。亏本不要紧,只怕无本可亏。且一发手便做亏本营业,也易销磨志气。你若打算过几年吃苦生涯,树将来自立基础,只有在人家公司里学徒弟(这种办法你附带着还可以,跟着我做一两年学问,也狠有益)。若该公司在天津,可以住在家里,或在南开兼些钟点。但这种办法为你们计,现在最不方便者是徽音不能迎养其母。若你得清华教授,徽音在燕大更得一职,你们目前生活那真合式极了(为我计,我不时到清华,住在你们那里也极方便)。只怕的是"晏安鸩毒"[1],把你们远大的前途耽误了。两方面利害相权,全要由你们自己决定。不过我看见有机会不能放过,姑且替你预备着一条路罢了。

东北大学事也有几分成功的希望,那边却比不上清华的舒服(徽音觅职较难),却有一样好处——那边是未开发的地方,在那边几年情形熟悉后,将来或可辟一新路。只是目前要挨相当的苦。还有一样——政局不定(这一着虽得清华,也同有一样的危险),或者到那边后不到几个月便根本要将计画取销。

以上我只将我替你筹画的事报告一下,你们可以斟酌着定归国时日。

五月四日　爹爹

---

[1] 晏安酖毒:沉溺于安乐,危害就像饮毒酒自杀一样。酖,同"鸩"。

与思成 两事比较，似东北前途开展之路更大

题解：这是1928年5月8日写给思成的信。前信联系的清华大学和东北大学均有眉目，两相比较，梁启超认为东北大学生活、工作条件虽然艰苦，但可以让人得到锻炼，为长远立身计，东北大学要比清华好。后来思成、徽音去了艰苦的东北大学，思成任建筑系主任，徽音任建筑系教师。

昨日杨廷宝来，言东北大学事，该大学理科学长高介清亦清华旧同学，该大学有建筑专系，学生约五十人，秋后要成立本科（前是预科），曾欲聘廷宝，渠不能往（渠在基泰公司），荐汝自代，薪俸月二百八十元，总算甚优。廷宝谓奉天建筑事业极发达，而工程师无一人，汝在彼任教授，同时可以组织一营业公事房，立此基础，前途发展不可限量。渠甚望汝先往开辟，渠将来尚思与汝打伙云云（津、沪等处业此者多，难

与竞争)。我虽未得汝同意,已代汝应允矣。惟该系既属创办,汝之职或即是该系主任,故开学前应有许多准备,故盼汝最迟能以阳历八月十号前到家乃好。已别发一电促归(今日寄清华,叫思永英译),恐不明白,故急发此信。

清华事亦已提出评议会,惟两事比较,似东北前途开展之路更大。清华园是"温柔乡",我颇不愿汝销磨于彼中,谅汝亦同此感想。

归期既如此匆促,则非走西伯利亚铁路不可,车期定后,务必发一电来(电中须声明日期,我或在北戴河车站迎汝),我当托哈尔滨(祖生在哈尔滨,或托彼往)中国银行或浙江兴业银行特派一人往满洲里招呼入境。

我身子极好,便血几将肃清,勿念。

五月八日　爹爹

与思顺　我有极通达、极健强、极伟大的人生观

题解：这是1928年5月13日写给思顺的信。谈及家庭经营、思顺新生儿取名、思成职业、思庄学习以及自己的身体等。对于儿女们担心他的身体，梁启超告诉他们说自己有极通达、极健强、极伟大的人生观，具有德性涵养的工夫，且越来越成熟、自然，故常常是快乐的，叫儿女们不用担心他的身体。这一方面是在安慰儿女们，另一方面他晚年修养工夫也确实越来越得力了。如果不发生医疗事故，使其能尽天年，那么其学问与生命的成就当会更大，对中国文化的贡献也会更大。对如此命运，知梁氏者当会发出一声浩叹！

顺儿：

昨日电汇美金八千，又另一电致思成，想皆收。

保险费只得三万三千，除去借款外，万六千余恰好合八千金，寄坎营业资本拟即从此截止。此后每月尚有文化基金会还我从前保单押款五百元，至明年二月乃满，但此款暂留

作家用,不寄去了。

在寄去资本总额中,我打算划出三千或五千金借给你们营业,俾你们得以维持生活,到将来营业结束时,你们把资本还我便是了。因为现在思成婚礼即已告成,美中无须特别用款,津中家用现在亦不须仰给于此,有二万内外资本去营业,所收入已狠够了。你在外太刻苦,令我有点难过,能得些贴补,少点焦虑,我精神上便增加愉快。

此信到时,计算你应该免身了,我正在天天盼望平安喜电哩。你和忠忠来信,都说"小加儿",因此我已经替他取得名字了,大名叫做"嘉平",小名就叫"嘉儿",不管是男是女,都可用(若是男孩,外国名可以叫做"查理士")。新近有人送我一方图章,系明末极有名的美术家蓝田叔(《桃花扇》中有他的名字)所刻"嘉平"两字,旁边还刻有《黄庭经》五句,刻手极精,今随信寄去,算是公公给小嘉儿头一封"利是"[1]。

思成(目前)职业问题,居然已得解决了。清华及东北大

---

[1] 利是:即红包。

学皆请他,两方比较,东北为优,因为那边建筑事业前途极有希望,到彼后便可组织公司,从小规模办起,徐图扩充,所以我不等他回信,径替他作主辞了清华(清华太舒服,会使人懒于进取),就东北聘约了,你谅来也同意吧。但既已应聘,九月开学前须到校,至迟八月初要到家,到家后办理庙见大礼,最少要十天八天的预备,又要到京拜墓,时日已不大够用了。他们回闽省亲事,只怕要迟到寒假时方能举行。

庄庄今年考试,纵使不及格,也不要紧,千万别要着急,因为他本勉强进大学,实际上是特别提高了一年,功课赶不上,也是应该的。你们弟兄姊妹个个都能勤学向上,我对于你们功课绝不责备,却是因为赶课太过,闹出病来,倒令我不放心了。

看你们来信,像是觉得我体子异常衰弱的样子,其实大不然。你们只要在家看见我的样子,便放下一千万个心了。你们来信像又怕我常常有忧虑,以致损坏体子,那更是误看了。你们在爹爹膝下几十年,难道还不知爹爹的脾气吗?

你们几时看见过爹爹有一天以上的发愁,或一天以上的生气?我关于德性涵养的工夫,自中年来狠经些锻炼,现在越发成熟,近于纯任自然了。我有极通达、极健强、极伟大的人生观,无论处何种境遇,常常是快乐的,何况家庭环境,件件都令我十二分愉快。你们弟兄姊妹个个都争气,我有什么忧虑呢?家计虽不宽裕,也并不算窘迫,我又有什么忧虑呢?

此次灌血之后,进步甚显著,出院时医生说可以半年不消再灌了。现在实行"老太爷生活",大概半年后可以完全复原(现在小便以清为常态,偶然隔十天八天小小有点红,已成例外了),你们放一万个心罢。

时局变化甚剧,可忧正多,但现在也只好静观,待身子完全复原后,再作道理。

北戴河只怕今年又去不成,也只好随缘。天津治安秩序想不成问题,我只有守着老营不动。

五月十三日　爹爹

与思成、徽音 能做成一部"审美的"游记,也算是中国空前的著述

题解:这是1928年5月14日写给思成、徽音的信。继续为尚在游欧旅途中的两人出谋划策。梁启超对此前建议的日记(游记)极为关心,详细交代如何操作,甚至建议多画"漫画",并将两人蜜月期间的温馨爱感迸溢进字里行间。如果能做成一部审美的游记,将是中国空前的著述。这里看到的不仅是一位无微不至的父亲,更像是一个亲切的大哥哥,同时还不忘要为中国留下珍贵的资料和将来的借鉴。

思成、徽音:

近日有好几封专给你们的信,由姊姊那边转寄,只怕到在此信之后。

你们沿途的明信片尚未收到。巴黎来的信已到了,那信颇有文学的趣味,令我看着狠高兴。我盼望你们的日记没有

间断。日记固然以当日做成为最好，但每日参观时跑路极多，晚间疲倦，欲全记甚难，宜记大略，而特将注意之点记起（用一种特别记忆术），备他日重观时得以触发续成，所记范围切不可宽泛，专记你们最有兴味的那几件——美术、建筑、戏剧、音乐便够了，最好能多作"漫画"。你们两人同游有许多特别便利处，只要记个大概，将来两人并着覆勘原稿，彼此一谭，当然有许多遗失的印象会复活，许多模糊的印象会明了起来。

能做成一部"审美的"游记，也算得中国空前的著述。况且你们是蜜月快游，可以把许多温馨芳洁的爱感，迸溢在字里行间，用点心做去，可成为极有价值的作品。

东北大学和清华都议聘思成当教授，东北尤为合式，今将孝同来书寄阅——杨廷宝前几天来面谈所说略同。关于此事，我有点着急，因为未知你们意思如何（多少留学生回来找不着职业，所以机不宜失）。但机会不容错过，我已代你权且答应东北（清华拟便辞却），等那边聘书来时，我径自替你收下了。

时局变化剧烈,或者你们回来时两个学校都有变动也未可知,且不管他,到那时再说,好在你们一年半载不得职业也不要紧。

但既就教职,非九月初到校不可,欧游时间不能不缩短,狠有点可惜。而且无论如何赶路,怕不能在开学前回福州了,只好等寒假再说。关于此点,我狠替徽音着急。又你们既决就东北,则至迟八月初非到津不可。因为庙见大礼万不能不举行,举行必须你们到家后有几天的预备才能办到。庙见后你们又必须入京省墓一次,所以在京、津间最少要有半个月以上的工夫。

赶路既如此忙迫,不必把光阴费在印度洋了,只好走西伯利亚吧。但何日动身,何日到本国境,总要先二十来天发一电来,等我派人去招呼,以免留滞。

我一月来体子好极了,便血几乎全息,只是这一个多月过"老太爷生活",似乎太过分些,每天无所事事,恰好和老白鼻成一对。

今天起得特别早,太阳刚出,便在院子里徘徊,"绿阴幽草胜花时",好个初夏天气也。

五月十四日　爹爹

与思庄　凡学问最好是因自己性之所近,往往事半功倍

题解:这是1928年8月5日写给思庄的信。梁启超本想让思庄学生物学,希望从她开始家里能出几个学自然科学的。但思庄学了一段时间后,对生物学不感兴趣。得知此事后,他不仅没有责骂女儿,反而写信安慰她,让她按照兴趣选择自己喜欢的专业。得到父亲的支持后,思庄最终选择心爱的图书馆学专业,后来成了一代图书馆学家。所谓"兴趣是最好的老师",在思庄身上得到了印证。

庄庄:

听见你二哥说你不大喜欢学生物学,既已如此,为什么

不早同我说。凡学问最好是因自己性之所近,往往事半功倍。你离开我狠久,你的思想近来发展方向我不知道,我所推荐的学科未必合你的式。凡学问没有那样不是好,合自己式(和自己的意兴若相近者),便是最好。你应该自己体察做主,用姊姊、哥哥们当顾问,不必泥定爹爹的话。但是新学期若已经选定生物学,当然也不好再变,只得勉强努力而已。我狠怕因为我的话,搅乱了你治学针路,所以赶紧写这封信。

八月五日　爹爹

附:诗二首

题解:第一首诗作于宣统二年(1910)2月18日,即思顺满十七岁(亦即18岁)生日那天。此诗原载《双涛阁日记》,无诗题,只云"娴儿今日生日,作一诗示之",兹姑以此为诗题。此诗简要叙述思顺的成长历程,并教其如何作文作人(如"欲蕲文行远,首贵言有物"

"勉矣锲不舍,希圣究始卒")。第二首作于宣统二年(1910)岁末。思顺于此年初开始写日记,一年间竟得千纸,合订成《艺蘅馆日记第一编》,为此梁启超欣然题诗,曰《题艺蘅馆日记第一编》。此诗强调为学之恒与专,且告诫女儿勿效自己的博与无恒:"吾学病爱博,是用浅且芜。尤病在无恒,有获旋失诸。百凡可效我,此二毋我如。"

娴儿今日生日,作一诗示之

令娴我娇儿,今始满十七。泥爷乞作诗,用宠渠生日。阿爷尺有短,娴也夙所悉。论文若鮀佞[1],说诗邋艾吃[2]。蚓笛偶一吟,闻者笑咥咥[3]。何苦学子固,呕心献丑拙。重违此诚求,拉杂聊有述。忆汝初生时,吾方还里阆[4]。太爷乍抱孙,欢喜乃无匹。平居重生男,诸姑壹靡[5]恤。阿好[6]独怜汝,旦夕不离膝。一夕扶醉归,仰椷画太乙。醒汝于母怀,摩汝始燥发。吾恃汝承欢,忘忧若朏

---

[1] 鮀佞:鮀,即祝鮀,春秋时卫国大夫;佞,口才。
[2] 艾吃:艾,即邓艾,三国时魏国名将,有口吃。
[3] 咥咥:咥音 xì,咥咥,大笑的样子。
[4] 里阆:家乡。
[5] 壹靡:一无。
[6] 阿好:即阿爸。

胁。无何吾适燕,布衣对宣室。末技市屠龙,客气吐扪蝨。未睹鹏翼举,已遭蛾眉嫉。雪涕出修门,轻身走溟渤。其时汝五龄,念未去梨栗。间关侍母来,省我蛟鼍窟。逃险茧生足,啼饥瘦见骨。却从眉宇间,神理见英发。郁彼璠玙[1]光,葆此蕙兰质。吾方不受命,思挽虞渊日。赢粮走八荒,穷日所出没。屡遭削孔迹,几见黔墨突。迩来又十年,景光驶以疾。汝已如我长,群季又兰茁。君子不教子,诵诗愧贻厥。自从哭鼎湖,世事愈臲卼[2]。悬知连城宝,永受迷邦刖。戢彼南图翼,理我西狩笔。稍从铅椠余,示汝学津筏。颇复雕文心,渐亦解诗律。论史慕膺滂,读左友桥肸。令娴方补读《左氏传》《后汉书》,将卒业。劄记日数条,课卷旬一帙。向拓颜欧书,昔昔劬不聿。有时曼声吟,啾唧若秋蟀。程功尚无忒,行此六阅月。堂奥虽未窥,所进已奔轶。当知学问道,有若蛾时术。千里积蹞[3]步,成之在无逸。欲蕲文行远,首贵言有

---

[1] 璠玙:音 fán yú,美玉名。
[2] 臲卼:音 niè wù,不安定。
[3] 蹞:同"跬"。

物。涓涓蹄涔[1]水,盈易涸亦忽。浩浩江河流,振古挹不竭。方今东西通,诸派竞滂浡[2]。物情自吹万,道际会贯一。傥有哲人兴,兹事吾敢必。汝已解作文,幸不病籀诘。行当渡西海,通邮掇华实。国学苟多荒,虽美终有阙。勉矣锲不舍,希圣究始卒。葆此雏凤声,毋为江北橘。

题艺蘅馆日记第一编

古人于为学,终身与之俱。日计虽不足,月计必有余。业终及行成,匪系聪与愚。偶锲旋复舍,不能摧朽株。盈科进无息,溟涬[3]成尾闾[4]。程功固要终,辨志良在初。汝于百家学,乃今涉其涂。日记肇庚戌[5],借用知所无。卒岁得千纸,占毕亦云劬。吾唯爱汝深,责难与凡殊。文章所固

---

[1] 蹄涔:音 tí cén,容量、体积等微小。
[2] 滂浡:音 pāng bó,形容气势勃发盛大。
[3] 溟涬:音 mǐng xìng,水势无边际貌。
[4] 尾闾:江河的下游。
[5] 庚戌:1910年。此年思顺18岁,思顺开始写日记,一年得千纸,梁启超为此而诗。

有，相期在道腴[1]。简编我手答，戢戢[2]蝇头书。发蒙通德艺，陈义杂精粗。当学岂只此，为汝举一隅。吾学病爱博，是用浅且芜。尤病在无恒，有获旋失诸。凡百可效我，此二毋我如。灯火自亲人，忽忽岁已除。言念圣路遐，益感日月徂[3]。作诗诰小子，敬哉志弗渝。

词三首

题解：这三首词，原载《饮冰室合集》，未注明写作时间。依据词的内容，三首词的写作时间大致可推定。1925年4月，思顺随夫周希哲赴加拿大任大使，从"一年愁里频来去"，可知《虞美人》作于1926年。1924年6月，思成赴美留学，从"一年恶梦"，可知《鹊桥仙》作于1925年；而1924年9月梁夫人李蕙仙去世，故诗中有"爹

---

[1] 道腴：道之美，此指大道。
[2] 戢戢：密集貌。戢音jí。
[3] 徂：音cú，往，过去，逝去。

爹里好寻妈妈"之句。1924年8月24日思礼出生,词中有"迸出门牙四个"(幼儿一般4—10月开始长门牙),而1925年4月后思顺已到加拿大,故《好事近》应作于1925年。前二首词,主要诉说对儿女的思念之情,后一首写小思礼之可爱。

虞美人　自题小影寄思顺

一年愁里频来去,泪共沧波注。悬知一步一回眸,筏[1]著阿爷小影在心头。天涯诸弟相逢道,哭罢应还笑[2]。海云不碍雁传书,可有夜床俊语寄翁无?

鹊桥仙　自题小影寄思成

也还美睡,也还善饭,忙处此心常暇。朝来点检镜中颜,好像比去年胖些。天涯游子,一年恶梦,多少痛、愁、惊、怕。开缄[3]还汝百温存,"爹爹里好寻妈妈"。

末句用来信语意

---

[1] 筏:音qiàn,紧紧埋入。
[2] 哭罢应还笑:哭指姐弟们哭母亲之去世,笑是姐弟相逢而笑。
[3] 开缄:开拆信函。

好事近　代思礼题小影寄思顺(滑稽作品)

昨日好稀奇,迸出门牙四个。刚把来函撕吃(事实),却正襟危坐。一双小眼碧澄澄,望着阿图和。肚里打何主意,问亲家[1]知么?

---

[1] 亲家:指思顺的小孩。这里是开玩笑的说法,指思顺的小孩称思礼为干爹,故说亲家,不是常说的儿女亲家之意。

2

身世、家世与亲人

此部分所选文章6篇,其内容为梁启超自己、亲人之履历以及家世之概况等,人物包括祖父、父母、自己、妻子等。其中主要内容涉及大梁家的家教、家风,包括梁启超所受到的家庭教育、其妻对儿女的教育以及祖父、父母、自己、妻子的道德、精神、人格等。这些内容,对于梁启超的子女而言,属于广义的家庭教育。说明梁启超本人和子女的成德成才,是有其源远流长的家教、家风作为底色的。

三十自述

题解：此文作于1902年梁启超30岁时，为自述文之名作之一。前有谭嗣同的《三十自纪》，后有胡适的《四十自述》、牟宗三的《五十自述》等，均为自述文之名作。梁氏此文相关内容述及童年受教于祖父、父母之情形，包括接受经学、史学、文学之基本经典教育以及道德、爱国教育等。其中经典教育，尤其引人深思，如梁启超儿时背诵过《史记》，至30岁时犹能成诵十之八九。正是因为心中有大量经典作学业根基，梁启超八岁学作文，九岁即能撰千言；况且经典更是人们立身处世、树德成人的重要思想来源。后来梁启超对子女的教育也非常重视经典诵读。

"风云入世多，日月掷人急。如何一少年，忽忽已三十。"

此余今年正月二十六日在日本东海道汽车中所作《三十初度口占十首》之一也。人海奔走,年光蹉跎,所志所事,百未一就,揽镜据鞍,能无悲惭?擎一[1]既结集其文,复欲为作小传。余谢之曰:"若某之行谊经历,曾何足有记载之一值,若必不获已者,则人知我,何如我之自知?吾死友谭浏阳[2]曾作《三十自述》[3],吾毋宁效颦焉,作《三十自述》。"

余乡人也,于赤县神州,有当秦汉之交,屹然独立群雄之表数十年,用其地,与其人,称蛮夷大长,留英雄之名誉于历史上之一省。于其省也,有当宋元之交,我黄帝子孙与北狄异种血战不胜,君臣殉国,自沉崖山,留悲愤之记念于历史上之一县,是即余之故乡也。乡名熊子,距崖山七里强,当西江入南海交汇之冲,其江口列岛七,而熊子宅其中央,余实中国极南之一岛民也。先世自宋末由福州徙南雄,明末由南雄徙

---

[1] 擎一:即何擎一,广东人,康有为弟子,第一本梁启超文集的编者。
[2] 谭浏阳:即谭嗣同(1865—1898),字复生,号壮飞,湖南省浏阳人。
[3] 《三十自述》:《谭嗣同全集》作《三十自纪》。

新会，定居焉，数百年栖于山谷。族之伯叔兄弟，且耕且读，不问世事，如桃源中人。顾闻父老口碑所述，吾大王父[1]最富于阴德，力耕所获，一粟一帛，辄以分惠诸族党之无告者。王父[2]讳维清，字镜泉，为郡生员，例选广文，不就。王母氏黎。父名宝瑛，字莲涧，夙教授于乡里。母氏赵。

余生同治癸酉[3]正月二十六日，实太平国亡于金陵后十年，清大学士曾国藩卒后一年，普法战争后三年，而意大利建国罗马之岁也。生一月而王母黎卒，逮事王父者十九年。王父及见之孙八人，而爱余尤甚。三岁，仲弟启勋生。四五岁，就王父及母膝下授《四子书》《诗经》，夜则就睡王父榻，日与言古豪杰哲人嘉言懿行，而尤喜举亡宋、亡明国难之事，津津道之。六岁后，就父读，受中国略史，五经卒业。八岁学为文。九岁能缀千言。十二岁应试学院，补博士弟子员，日治帖括，虽心不慊之，然不知天地间于帖括外更有所谓学也，辄

---

[1] 大王父：即曾祖父。
[2] 王父：即祖父。
[3] 同治癸酉：即1873年。

埋头钻研。顾颇喜词章,王父、父母时授以唐人诗,嗜之过于八股。家贫无书可读,惟有《史记》一、《纲鉴易知录》一,王父、父日以课之,故至今《史记》之文能成诵八九。父执有爱其慧者,赠以《汉书》一、《姚氏古文辞类纂》一,则大喜,读之卒业焉。父慈而严,督课之外,使之劳作,言语举动稍不谨,辄呵斥不少假借,常训之曰:"汝自视乃如常儿乎?"至今诵此语不敢忘。十三岁始知有段、王训诂之学,大好之,渐有弃帖括之志。十五岁,母赵恭人见背,以四弟之产难也。余方游学省会,而时无轮舶,奔丧归乡,已不获亲含殓,终天之恨,莫此为甚。时肄业于省会之学海堂,堂为嘉庆间前总督阮元所立,以训诂词章课粤人者也。至是乃决舍帖括以从事于此,不知天地间于训诂词章之外更有所谓学也。己丑,年十七,举于乡,主考为李尚书端棻[1]、王镇江仁堪。年十八,计

---

[1] 李端棻(1833—1907),字苾园,湖南衡阳人,出生于贵州贵筑。清朝著名政治家、改革家。主试广东省乡试时,将堂妹许配给新科举人梁启超。

偕[1]入京师，父以其稚也，挈与偕行，李公以其妹许字焉。下第归，道上海，从坊间购得《瀛环志略》，读之，始知有五大洲各国。且见上海制造局译出西书若干种，心好之，以无力不能购也。

其年秋，始交陈通甫[2]。通甫时亦肄业学海堂，以高才生闻。既而通甫相语曰："吾闻南海康先生上书请变法，不达，新从京师归，吾往谒焉，其学乃为吾与子所未梦及，吾与子今得师矣。"于是乃因通甫修弟子礼，事南海先生。时余以少年科第，且于时流所推重之训诂词章学颇有所知，辄沾沾自喜。先生乃以大海潮音，作师子吼，取其所挟持之数百年无用旧学更端驳诘，悉举而摧陷廓清之。自辰入见，及戌始退，冷水浇背，当头一棒，一旦尽失其故垒，惘惘然不知所从事，且惊且喜，且怨且艾，且疑且惧，与通甫联床竟夕不能寐。

---

[1] 计偕：指举人赴京参加会试。
[2] 陈通甫：即陈千秋（1869—1895），通甫为其字，号随生，广东南海人，康有为弟子。

明日再谒,请为学方针,先生乃教以陆王心学,而并及史学、西学之梗概。自是决然舍去旧学,自退出学海堂,而问日请业南海之门。生平知有学自兹始。

辛卯,余年十九,南海先生始讲学于广东省城长兴里之万木草堂,徇通甫与余之请也,先生为讲中国数千年来学术源流、历史政治、沿革得失,取万国以比例推断之。余与诸同学日札记其讲义,一生学问之得力皆在此年。先生又常为语佛学之精奥博大,余夙根浅薄,不能多所受。先生时方著《公理通》《大同书》等书,每与通甫商榷,辨析入微,余辄侍末席,有听受,无问难,盖知其美而不能通其故也。先生著《新学伪经考》,从事校勘;著《孔子改制考》,从事分纂。日课则宋元明儒学案、二十四史、《文献通考》等。而草堂颇有藏书,得恣涉猎,学稍进矣。其年始交康幼博。十月,入京师,结婚李氏。明年壬辰,年二十,王父弃养。自是学于草堂者凡三年。

甲午,年二十二,客京师,于京国所谓名士者多所往还。六月,日本战事起,愀愤时局,时有所吐露,人微言轻,莫之闻也。顾益读译书,治算学、地理、历史等。明年乙未,和议成,代表广东公车百九十人,上书陈时局。既而南海先生联公车三千人,上书请变法,余亦从其后奔走焉。其年七月,京师强学会开,发起之者为南海先生,赞之者为郎中陈炽、郎中沈曾植、编修张孝谦、浙江温处道、袁世凯等,余被委为会中书记员。不三月,为言官所劾,会封禁。而余居会所数月,会中于译出西书购置颇备,得以余日尽浏览之,而后益斐然有述作之志。其年始交谭复生、杨叔峤、吴季清、铁樵子发父子。

京师之开强学会也,上海亦踵起;京师会禁,上海会亦废。而黄公度[1]倡议续其余绪,开一报馆,以书见招,三月去京师,至上海,始交公度。七月《时务报》开,余专任撰述之役,报馆生涯自兹始,著《变法通议》《西学书目表》等书。其冬,公度简出使德国大臣,奏请偕行,会公度使事辍,不果。出使美、日、秘大臣伍廷芳复奏派为参赞,力辞之。伍固请,

---

[1] 黄公度:即黄遵宪(1848—1905),字公度,广东嘉应人,近代著名诗人、政治家、外交家。

许以来年往,既而终辞,专任报事。丁酉四月,直隶总督王文韶、湖广总督张之洞、大理寺卿盛宣怀,连衔奏保,有旨交铁路大臣差遣,余不之知也。既而以札来,黏奏折上谕焉,以不愿被人差遣辞之。张之洞屡招邀,欲致之幕府,固辞。时谭复生宦隐金陵,间月至上海,相过从,连舆接席。复生著《仁学》,每成一篇,辄相商榷,相与治佛学,复生所以砥砺之者良厚。十月,湖南陈中丞宝箴、江督学标聘主湖南时务学堂讲席,就之。时公度官湖南按察使,复生亦归湘助乡治,湘中同志称极盛。未几,德国割据胶州湾事起,瓜分之忧震动全国,而湖南始创南学会,将以为地方自治之基础,余颇有所赞画。而时务学堂于精神教育,亦三致意焉。其年始交刘裴邨、林暾谷、唐绂丞,及时务学堂诸生李虎村、林述唐、田均一、蔡树珊等。

明年戊戌,年二十六,春大病,几死,出就医上海,既痊,乃入京师。南海先生方开保国会,余多所赞画奔走。四月,以徐侍郎致靖之荐,总理衙门再荐,被召见,命办大学堂译书局事务。时朝廷锐意变法,百度更新,南海先生深受主知,言听谏行,复生、暾谷、叔峤、斐邨以京卿参预新政,余亦从诸君子之后,黾勉尽瘁。八月政变,六君子为国流血,南海以英人仗义出险,余遂乘日本大岛兵舰而东。去国以来,忽忽四年矣。

戊戌九月,至日本。十月,与横滨商界诸同志谋设《清议报》。自此居日本东京者一年,稍能读东文,思想为之一变。己亥七月,复与滨人共设高等大同学校于东京,以为内地留学生预备科之用,即今之清华学校是也。其年美洲商界同志,始有中国维新会之设,由南海先生所鼓舞也。冬间美洲人招往游,应之,以十一月首途,道出夏威夷岛,其地华商二万余人相絷留,因暂住焉。创夏威夷维新会,适以治疫故,航路不通,遂居夏威夷半年。至庚子六月,方欲入美,而义和团变已大起,内地消息风声鹤唳,一日百变,已而屡得内地函电,促归国,遂回马首而西。比及日本,已闻北京失守之报。七月急归沪,方思有所效,抵沪之翌日,而汉口难作,唐、林、李、蔡、黎、傅诸烈先后就义,公私皆不获有所救。留沪十日,遂去,适香港。既而渡南洋,谒南海,遂道印度,游澳洲,应彼中维新会之招也。居澳半年,由西而东,环洲历一周而还。辛丑四月,复至日本。

尔来蛰居东国,忽又岁余矣,所志所事,百不一就,惟日日为文字之奴隶,空言喋喋,无补时艰。平旦自思,只有惭悚。顾自审我之才力,及我今日之地位,舍此更无术可以尽国民责任于万一。兹事虽小,亦安得已?一年以来,颇竭棉薄,欲草一《中国通史》,以助爱国思想之发达,然荏苒日月,至今犹未能成十之二。惟于今春为《新民丛报》,冬间复创刊《新小说》,述其所学所怀抱者,以质于当世达人志士,冀以为中国国民遒铎之一助。呜呼!国家多难,岁月如流,眇眇之身,力小任重。吾友韩孔广[1]诗云:"舌下无英雄,笔底无奇士。"呜呼!笔舌生涯,已催我中年矣。此后所以报国民之恩者,未知何如?每一念及,未尝不惊心动魄,抑塞而谁语也。

孔子纪元二千四百五十三年壬寅十一月任公自述。

---

[1] 韩孔广:即韩文举(1864—1944),字树园,号孔广,广东番禺人,康有为弟子。

从军日记

题解：此文叙述1916年2月19日至3月17日梁启超的从军经历。该年正月下旬，梁启超寄书桂系军阀陆荣廷，劝其响应蔡锷的"护国运动"。2月19日，陆荣廷派部下陈协五与梁启超联络。22日其心腹唐伯珊至，商量具体计划和行程。3月4日梁启超等7人乘船由沪出发，7日抵香港，16日抵越南海防，居多日，最后由海防入桂见陆荣廷。此《日记》3月17日记于越南海防之帽溪山庄。期间，因事为密谋又到处在袁世凯的监视下，可谓惊心动魄，又备尝艰辛，然梁启超仍如平常时，在此期间不仅正常读书、练书法，而且撰写各种文书、条例及通电，甚至还写出《国民浅训》《从军日记》共计两三万的文字。他在极苦的环境中擘画军旅、政治大事，著书立说，且能享旅途之乐，悟天下之至乐当于至苦中求之。如果没有身心修养工夫，焉能至此？故他认为《从军日记》为儿女辈最有力的精神教育读本。此文可与第一部分《与思顺——全国国命所托，虽冒万险万难义不容辞》《与思顺——此汝曹最有力之精神教育也》《与思顺——人生惟常常受苦乃不觉苦》合观。

当云南首义之初,广西之响应久为全国所期待,凡曾与陆幹卿将军接者,共信其无变也。荏苒两月,音响转寂,于是渐或窃窃焉忧之。正月下旬,吾致幹卿一书,将三千言,为反复申大义、剖利害。吾与幹卿既未前识,且兹事苟非内断诸心者,即游说,何由进?吾书不敢期于有效,尽道而已。二月十九日,吴柳隅介见一客,曰陈协五(祖虞),自言奉幹卿命相招,且曰:"我朝至,桂夕发矣。"其来至突兀,其事亦不中情理,初甚诧焉。同人且咸有戒心,谓将毋阱我,然吾察言观色,觉其情真也。协五复为言,有唐伯珊(绍慧)者,陆之心腹也,三日后行且至,更衔令竭诚致我,且通殷勤于冯将军。翌日,同人来会于静安寺路之寓,谓吾行虽不容冒昧,然必以使往,得其情,取进止,觉顿请行,孟曦副焉。约以二十五日丹波丸发,船票既购定矣,而唐伯珊以二十二日果至,述桂中经画至纤悉,更无置疑之余地,幹卿所为必欲致我者,自谓不堪建设之任，非得贤而共之，不轻发也。如所言，幹卿之器识抑过人远矣，吾遂不谋于众，许以立行。然伯珊言，当俟彼行后十日许，我乃发上海而与彼会于海防，且觉顿辈之行，亦须与彼偕，否则道中滋险也。而伯珊尚须如金陵谒冯华甫，以故并觉顿亦不得发。时滇军方与贼相持于泸渝间，状至险艰，待桂之兴，如旱望云。伯珊往返金陵，逾一来复，此一来复之焦灼，殊难为怀也。初吾侪于此事秘之甚坚，与闻者六七人而已，而协五、伯珊之来，藉展转介绍，其踪迹渐露于外。沪上一派之政客，或喜刺消息而腾播之以夸衒其声气，吾之行止，寖假乃供多士谈柄，日益烂漫，乃至《时事新报》之北京访员以专电见报。吾虑自此不复能行矣。

三月初一日，日本驻沪武官青木中将来谒，亦既有所闻，持以相质，吾告以实，遂乘势托以代筹途旅，盖逆料此行之艰阻，不能免也。青木慨然自任，而使其属官松井者负其责。翌日松井报命，言既与东京、香港往复商定，属乘初四日由上海展轮之横滨丸至香港，更乘妙义山丸入越南之海防。议既定,而伯珊亦至自金陵,遂偕行。此议初发生,最费踌躇者,则告南海先生与否也。原无取隐乎南海,然南海以不能守秘密著闻,吾此行在途二十日,生命常在人掌握中,未当以为戏也。顾两月来,南海以吾凡百专擅,蓄怒既久,今此大举而不以告,他日责备,何以堪者?实则吾之专擅,良非得已,若事事禀承南海,靡特吾精神上常感不断之苦痛,抑凡今之与我共事者,皆将舍我去矣。难言之隐,莫此为甚。虽然,吾终不欲更开罪于长者,故濒行遂决告之。吾在沪本蛰居不出一步,仍使觉顿往谒将意,南海深嘉许,固在意中。然有意外者,则正色大声疾呼,以主张其平昔之复辟论也,且谓吾辈若不相从,后此恐成敌国。其言甚长而厉,觉顿咋舌,唯唯而已。此等不祥之言,本无价值,然正恐有利用之者,劳他日一番收拾也,颇思在舟中作一长书相忠告。其夜君勉至,遂与极陈利害,托其代诤,君勉深然吾言,然亦自审不能匡救也。吾已就睡,君勉始至,剧谈殆至达旦,时三月三日也。南海闻吾不挟仆卫行,则大诧而深忧之。

三月四日午前十时,乘日本邮船会社之横滨丸发上海,从者汤觉顿、黄溯初、黄孟曦、蓝志先、吴柳隅,并吾与唐伯珊都七人。自兹以往,昼伏夜动,作客子畏人之态者垂两旬,大类剧场中之过昭关,且演之再四,滋可笑也。生平酷嗜海行,今蛰伏舱之最下层,在锅炉旁拓一室,饮食寝处其间,溽闷至不可耐。每深夜群动尽息,窃蹑舷栏,一晌凭眺,谓此乐万钟不易,因悟天下之至乐,但当于至苦中求之耳。舟居既多暇,遂撰重要文告数种备用。先是既为广西草电两通,一致袁氏劝退职之最后退牒,一通电各省申讨,至是复为草致广东龙、张二氏之最后通牒,及檄告广东军民、檄告在粤云南军士二篇。濒行之夕,唐蓂赓[1]书至,极言选举元首、设立临时政府之急务。因思两广既下,兹事信不容再缓,乃覃思其条理,以谓黄陂继任,乃约法上当然之程序,但依法宣言一次已足,无须选举,选举乃反非法也。国务院在法律上无从发生,在

---

[1] 唐蓂赓:即唐继尧(1883—1927),字蓂赓,云南会泽人,滇系军阀,1915年与蔡锷一起发动"护国运动"。

事实上仓猝发生，必招恶果。今方当以综核名实救袁氏之敝，若最初即建一指鹿为马之责任内阁，其所以异于袁者几何？故拟在军政时代设一军务院，厉行开明专制，磊磊落落，名实相符。院置抚军无定员，以合议制裁决军国重事，其抚军即以现在首义掌兵之人充之，而主互选一人为抚军长。窃以此为今日临时政府最善之制，与同行诸员往复讨论，佥所赞许，乃草拟关于元首继承军务院组织之宣言书五通、公电四通，军务院组织条例附焉。以其间暇读书，读吉田静致所著《现代与道德》终卷，其学说宗倭铿，殊有精辟语；读《通俗世界全史》第六编尽半部，其书以吉朋之罗马衰亡史为蓝本，用演义体，至可喜。中间又为日本人所嬲，作书十数幅。此横滨丸中海行数日之功课也。

七日，舟抵香港，同行诸人皆登陆，惟吾独留，盖所转乘之妙义山丸尚未至，须待数日也。老父方在港，恐贻惊忧，不敢往朝。初以为抵港后吾据有全舟，恣所游适，而桎拘乃返，逾襄四日间竟不敢登舷一步。盖香港政府似已微谞吾踪迹者,诇舟中不已,而觉顿、伯珊同投一逆旅,装甫卸,警吏数辈至,倾筐箧事搜索,且曰:"同行三人,其一安在?"时觉顿箧中,片纸只字,纤悉检举,而机要文牍在伯珊小革囊中者独漏网,亦天幸矣。在沪时闻旅行越南之护照甚易得,但费数金耳,故不复厝意。至港乃闻新例至苛,须本人亲到法领事馆验照相,且印手模,虽日本人亦然。此例于初三日始厉行,吾离沪前一日也。其是否专以綦我,盖未可知。然吾得护照之望则既绝,吾力主直越省城冲梧州,盖袁党必不料我敢于出此,似险实稳也。使溯初走商同人,溯初既持不可,而觉顿反对尤烈,余子和之,议遂辍。七八两日中,日本驻粤武官、驻港领事、邮船会社三井洋行两支店长皆来谒,备极殷勤,港中党人领袖林隐箐(虎)亦至,然百方求护照,终不可得。

八日,谭典虞自省来谒,吾复与商入梧之策,典虞奔走一日,布置就绪,而觉顿持之甚坚,谓安能以我为孤注,彼有死不承?议复寝。于是只能贸贸然仍适海防,作偷度之计矣。多人则偷度,更无所施。乃议分道,觉顿与伯珊于初九日入梧州,此原议也;志先、柳隅亦于数日复入梧州,则典虞所为我布置者,彼两人履之;孟曦则依严重繁复之程序取护照,以蹑我于海防;我独与溯初偕,作鼠态也。发沪时服华服,箧中春衣亦数袭,且备衾褥,至是悉屏去,服西服,冒称日本人,行李一小革囊耳。十一日,港中党人领袖李印泉(根源)、杨畅卿(永泰)等四人来访,谭极畅,且极沉潪。盖此次各派皆经淘汰,去莠留良,其良者皆饱受数年来苦痛之教训,客气悉除,误解一扫,人人各自忏悔其前此之所为,温和派有然,激烈派亦有然,此佳朕也。

偷度之举,今全托诸日本人矣。而日人所规画,信复纤悉周备,数口岸十数人通力合作,全神营注,所以将护者惟力是视,盖受之于彼政府也。所乘之妙义山丸,以十二日正午发香港,盖三井洋行之运煤船也。三井支店长林氏,以小轮由横滨丸伴渡彼舟,登舟即展轮,一刻不淹。船以运煤为职,俭陋狼籍可想,然彼盖临时为我别治一室,一切器用悉新置,饮馔亦腆,舱面特加粪除洗涤,黝光可鉴。三日夜恣我徜徉,呼吸海气。横滨丸为缛丽之地狱,此其朴僿之天堂矣。舟中日与溯初独对,谭谦至乐。因念幹卿此次殷殷相招,期我以粤中善后,初时同人殊不愿我以此自承,谓终不能行其志,徒败名耳。虽然,中国之政治,以省为单位也久矣,今后此种积重之势且有加无已。吾侪自审能否谢事不任,如其不能,宜审所择,欲行其志,恐地方实较中央优也。此当视所以与幹卿相处者何如,若其耦俱无猜,固当任之,即恭敬桑梓,亦宜尔也。溯初深以为然。舟中草《敬告国人》一篇,读民友社出版之《近代文学》、稻毛诅风著之《现代思潮与教育》终卷。

舟宜以十四午达彼岸,阻雾半日,十五晨至焉。彼岸曰洪厓,产煤地也,距防里程未询悉,小轮船程则五小时也。海防有日商曰横山者,驻港日领事以政府之命,命彼于十四日赴洪厓,候妙义山丸入港,受指挥,横山如期至。十五晨,船长告以故,彼一谒我,即折归海防部署。当船将入港时,船长即豫幽我二人于舱底之一室,煤为四壁,以烟养肺,吾蛰其间凡十四小时,畏人见也。其夜三时,横山以游船来,且挟其夫人及夫人之女伴与俱。时风雨凄厉,天黑如磐,游船舣吾舟一里外。吾侪出煤室,随船长颠顿趋陆,别以小筏渡赴游船,盖竟夜不就枕,顾事后闻船长宗像氏乃亘三夜不敢交睫也,吾与溯初和衣假寐。至翌晨,横山来,余起,张目推篷,喜欲起舞,境之幽奇,盖我生所未见也。距洪厓市十里许,石岛棋布海中千数,皆壁立绝跻攀,而细树杂花,蒙茸其上,似笋者,似几者,似鼓者,似盖者,似编磬者,似榻似枕者,似曲屏风者,似盂者,似漏壶者,似蛇蟠者,似鹭立者,似骑士者,似垂冕旒者,似僧入定者,殊态诡状,不可殚纪。童时泝江见小孤山,至今叹奇绝,今小孤千百,燿我心目,安得不狂舞?溯初咄吾旁曰:"是未足敌我雁宕也,无极峭耸之峰。"吾曰:"天下事岂不付诸机缘?我生能否至雁宕,殊不敢知,觌此既叹天之厚我矣。"于是吾舟穿点群岛间者凡六七小时。正值烟雨迷空,益缥缈动出尘想,吾欲求古人诗名状之不可得,惟魏武《短歌行》"东临碣石,以观沧海。水何澹澹,山岛耸峙"一章,气象庶几仿佛。中间亦舍舟探一洞,溯初殊平视之,我之俭眼,惟赞仰而已。又驾小筏观打鱼,鱼大小垂三十尾,以百二十小钱易之。念此间人生计之觳薄,一为怃然。午后四时,舟乃向海防。自念吾今日所趋何事,所履何涂,乃竟有此半日与此冲夷闲旷之境相会,信乎天之厚我也。

横山岂导我清游?导我偷度耳。盖力避关吏议察,纡其涂,延其晷,入夜八时,悄然达海防矣。海防有侨商张南生者,云南特派员也,忠纯而密察,以人招之至,商今后进取之路,而以法人受袁之托,讥禁甚严,无所为计,且为言袁政府昨方有电至,专指目我,劝速发勿淹。然吾与伯珊约,待彼相迓,彼最速亦七日后乃能至也,于是横山乃更谋,匿余于其牧场。越南政府前此颇能中立,不左右袒,最近态度乃一变,袁之魔术乃如将敛之彗,余芒犹熠熠也。综所历地,尚以上海为最自由,若海防者,虽接境滇、桂,而消息一无所通,可慨也。是夜即宿横山家,家殊湫隘,仅一榻,彼夫妇所御者,让我与溯初作大被同眠,此安能适者?更和衣相对一夕而已。时十六日也,夜分,南生以唐冀赓三书至,促吾往甚急也。

吾欲遂入镇南关，逆伯珊于前途，溯初力阻勿蹈险。翌十七晨，卒与横山赴其牧场曰帽溪者，汽车行二时许，适野之乐可想也。牧场与矿区相属，地数十里，皆横山所有，役工徒至七百余人。横山十年前孑身至此，不名一钱，今如中世小侯，拥采地矣。有教育之国民，而能以力自拓其命运，可敬羡也。吾既当隐此间一来复，以待桂使，念光阴蹉跎可惜，乃遣溯初先赴云南。盖云南望我既久，吾既不能往，宜亟以人慰劳之，且待商之事亦至多也。溯初挟日人陈护照，称新闻记者，下午三时，复与横山返海防，今夕行矣。于是同行七人，今惟吾孑身在万山中，一小行箧里十数卷书相伴耳。

自离沪迄今未半月，所历殊变幻复赜，可演小小一部冒险小说也。就中所最感叹者，则日本人之恳切而致密，各种各色人，咸动于其政府默示指挥之下，如身使臂，臂使指，条理井然，而乐于趋功，无倦容，无强态。虽一事也，可以喻大，如此之国民，安往而不优胜者？彼今固无所为而为之，至竟有所为耶？无所为耶？念此抑滋憪也。

吾既坚践溯初之约,誓枯坐六七日待伯珊矣。此间距镇南关,仅汽车程二小时,将以小舟适谅山再偷度,不复经海防与河内,袁谍纵密,当无如我何也。此六七日不可负,欲利用之著《国民浅训》一书,成否,抑未敢知。

三月十七日记于越南帽溪山庄

哀 启

题解：1916年，袁世凯称帝，梁启超、蔡锷师徒发动"护国运动"，推翻帝制。其间（即3月14日），梁父（名宝瑛，字莲涧）去世，而梁启超因周旋于国事中，两个多月后才闻讣告，不得亲自含敛送终。梁启超为此抱恨终身，以满含忏悔之情撰下《哀启》该文，情真意切，令人泪下。该文记叙了其父的生平履历、为人处世、德性品格及其忏悔之情等，其中涉及梁启超所受的家庭教育，如其祖父"以宋明儒义理名节之教贻后昆"，其父教以"淑身之道，在严其格以自绳；济物之道，在随所遇以为施"。当然，其父的为人处事、德性品格更是无形的潜移默化的家庭教育。

哀启者，不孝启超，今负人间世无等之重罪，犹复靦然[1]

---

[1] 靦然：惭愧貌，靦音 miǎn。

视息,更何敢有所述以辱我先君子?虽然,我先君子之潜德,与夫不孝之罪状,固不可不于未死之前一陈述也。呜呼痛哉!先君子往矣,当世贤士大夫其久亲炙于先君子者盖寡,或罕能道其行谊,然吾乡邻族鄜[1],乃至附近诸县鄜之耆献,闻先君子之丧,虑无不汍澜[2]怆悼。是以知先君子平昔之德业,感人深也。

吾家自始迁新会,十世为农,至先王父教谕公始肆志于学,以宋明儒义理名节之教贻后昆,而先君子以幼子最见钟爱,传家学独劭。少亦治举子业,连不得志于有司,遂谢去,教授于乡。不孝启超、启勋及群从昆弟,自幼皆未尝出就外傅,学业根柢,立身藩篱,一铢一黍,咸禀先君子之训也。先君子常以为所贵乎学者,淑身与济物而已。淑身之道,在严其格以自绳;济物之道,在随所遇以为施。故生平不苟言笑,跬步必衷于礼,恒情嗜好无大小,一切屏绝。取予之间,一介必谨。

---

[1] 鄜:通"党"。
[2] 汍澜:音 wán lán,流泪的样子。

自奉至素约,终身未尝改其度。不孝等每劝勿太自苦,辄教以家风不可坏,而衋然[1]以后辈之流于淫佚为忧也。

粤濒海,民俗剽悍,赌、盗、械斗,视为常业。先君子常疾首痛恨,谓三害不去,乡治无由。而举吾乡凤曾与邻乡曰东甲者,械斗三十年不解。东甲固同宗也,颇挟其科第资财,思以屈我乡,乡人愈积不能平。既而不孝启超弱冠登第,稍有声于庠序,乡人咸欲假以伸夙怨。先君子曰:"此和解之时,非报复之时也。"率不孝诣东甲,谒其宗祠,遍拜其父老,使执子弟礼加谨。于是东甲大欢,积年乾糇之愆[2]尽蠲,至今敦睦友助,过他乡焉。县之诸乡化之,斗者尽惭,相率请先君子为之解纷,先君子未尝不锐以自任,而所至,盖未尝不宁息。寖假而邻县,若新宁、若香山、若开平、若恩平、若鹤山,其乡之民有悁忿思斗者,辄相语曰:"其先质成于梁太

---

[1] 衋然:悲伤、痛惜。衋,音 xì。
[2] 乾糇之愆:出自《诗经·小雅·伐木》。诗中有"民之失德,乾糇以愆"之句。乾糇(hóu),干粮;愆(qiān),过失、过错;乾糇之愆,一口干粮而致的过错。

公。"先君子则不问祁寒暑雨,必裹粮匍匐以救之。盖近三十年,此数县械斗之风稍息,民命藉以全活者,不知其几,皆先君子心力为之也。先君子谓赌为盗源,欲化盗,必先禁赌。比年以来,治粤者方以奖赌为理财妙用,全粤久成赌国,独吾乡则博簺[1]之具不得入境。盖先君子之于此物,嫉之甚严,而禁之甚周。当初禁时,子弟有不率教者,或于丛箐中辟密室,或匿舟港汊复曲之处,风雨深夜,相聚而嬉。先君子恒踏泥泞,揭沼沚以搜索之。既得,则诲以利害,至于流涕,彻旦不息。先君子尝缘此犯霜露致疾,而受者亦内疚以自澡雪,卒为善士。久之而比闾相戒,以不忍欺矣。粤海滨诸县,为群盗窟宅垂百年。吾乡绾毂厓山之口,称最冲剧,顾比岁乡中无一盗,而外盗亦未或敢一相扰。盖自先君子既任乡政,先绝赌以清盗源,复办团以防盗侵。吾乡虽丁男不满千,然团保之力实足以自固。故三十年来,办清乡之军吏,其足迹未尝一履吾茶坑,而吾茶坑亦未尝一度以盗案劳有司之检

---

[1] 簺:音 sài,古代一种赌博性游戏。

护。在乡人固安之若素,而不知皆先君子瘁涸心血以易之也。呜呼!频年来先君子以不孝故,常播越于外乡,风亦稍替矣,而茶坑之乡治犹为最于吾粤。使先君子之业不一中辍,其所大造于乡,宜何如者?使先君子之业扩而充之,其所大造于国,宜何如者?先君子虽排难解纷,日不暇给,事后有言谢者,则掩耳,若将浼踧踖,若无以自容。或强之,则所受以糕饵二纸、盒酒二瓶为常,自挈以归。糕饵则赉童孺,曰此某乡某某长老所馈也;酒则贮以飨客。瓶累累有标识,视一岁积瓶,而本岁所和息之事,其数可知也。或问:"事非切己,何所求?何所为?而劳苦若此。"先君子则曰:"吾亦不自知,吾但觉人有困厄,为吾力所能解者,苟吾力不尽,则吾心一息不能自安耳。"直至去年夏秋之间,先君子为林姓与陈姓、周姓与刘姓两械斗案,犹费数月之力为之往复奔走,其老而无倦也若此。孔子称"仁者安仁"。呜呼!吾先君子几近之矣。

先君子之孝友睦慈,其庸德实为人所莫能及。不孝启超生始弥月,而先王母黎见背,不及见其所以孝养者如何,而逮事先王父教谕公者犹二十年。教谕公年七十四,而弃养时,先伯父松涧公先卒已四十年,先仲父梅涧公先卒亦十六年矣。教谕公自六十五以后,无岁不病,两伯母皆异宫以处,唯先君子与先慈实日夜侍。昔人称奉亲懿行,谓衣不解带、目不交睫者若干月。若吾父母之事吾王父,则十年之中若此者,岁必数月也。先慈既以积劳奄逝,其最后五年之役,则先君子一身自任之。自饮食以逮溲溺,息息需人,先君子必躬自操执,子侄仅得间接承事而已,曾未有所假手。教谕公常以先君子之能治乡事为乐,且于诸孙学业责望至切。先君子日则劬劳乡社乡校间,夕则就病榻报告成绩以博欢笑,盖十年如一日。逮教谕公既考终,不孝等稍稍成立,而先君子精力亦渐渐耗瘁矣。先君子同怀六人,其四蚤逝,唯家三姑母适赵氏者齿弱于先君子六岁,今又健存而既寡居。故数十年兄妹相依为命,浃旬不见,则结轖[1]不能自解。先大伯母

---

[1] 结轖:轖,音 sè,用皮革缠叠而成的车旁障蔽物。结轖,将轖连接起来,比喻心中郁结不畅。

二十五而寡,先君子事之如母;有一子为先兄启昌,字伯蕃,先君子笃爱之过于不孝兄弟,顾授之学,督课甚严,不稍姑息,学成伉于庠,才名籍甚。先君子方稍自慰,而伯蕃遽以二十九岁夭没,妇以哀殉,遗三子,不数年而长、次复继夭,唯幼仅存。先君子深痛极恸,坐是更不忍与先伯母远离。盖先伯母极人生不堪之境遇,晚而失明,能排遣一二以保其天年者,唯先君子是赖。先君子既以友于之爱,不愿斯须去乡井。而不孝启超乃自作孽,亡命十余年不返,贻先君子以惊忧播越,至再至三。间岁辄一涉重洋,抚视不孝等而噢咻[1]之。然在家则系念儿孙,远出又萦怀嫂妹。十余年间,心绪未尝一日宁帖。先君子之无量痛苦,一一皆不孝贻之感也。

先君子精力之强,体魄之健,逾于常人,平生极操劳而遘疾殊少。年二十八,遭先王母之丧。先王母之丧,以急病气息既不属,而先君子始躬负以归命于祖屋之正寝,其间相距可半里,因感受医家所谓骸风者。自是每遇暴风雨将至,辄

------

[1] 噢咻:音 ō xiū,安抚、抚慰。

全身筋骨作酸痛,数十年不治,然舍此无他大疾苦。辛亥之冬,尝大病一次,时革命方酣,广东秩序大乱,扶病以适日本。不孝等一见欲号,盖面目几不可认识矣。已而颐养数月,健善似反过其旧。去年三月,不孝等南归介寿,而先君子复率之遍展诸墓,攀厓越岭,步履甚健,不孝等窃窃自喜慰,谓更锡十龄,彼苍其或不有所悋[1]。时帝制之议已寖萌芽,不孝启超乃窃请于先君子,谓将弃官避世,奉亲以终。先君子正色切责曰:"汝与项城既已共事,项城苟欲干国纪,汝宜思所以匡救之,阻止之;不得则思所以裁制之,惩治之。不务此二者,而唯思洁其身,非能率吾教也。"遂督促克日北上,不孝等乃皇悚告行。呜呼痛哉!酷哉!使早知彼日即为与吾亲永诀之时,虽日日威以夏楚,何当寸步去左右?使吾亲早知彼爱子自兹以往,即无复更受彼顾复之日,当亦不忍割此心上肉而麾之去也。呜呼痛哉!酷哉!不孝启超岂复能齿于人类?禽兽犹知反哺,不孝乃并禽兽而不如。先王父卧病十

---

[1] 悋:同"吝",吝惜。

年，先君子未尝一日不侍侧，犹常以奉侍不谨，引为大憾。不孝之于先君子，乃并未尝得一刹那顷奉侍，受病不知何时，服食不知何药。当吾亲宛转殗殜[1]之日，正不孝指天画地之时，两月不成服，百日不奔丧，日日锦衣美食，华堂宴处，钩心斗角，抗颜抵掌，以谈当世之务，人伦道尽，何以自容！呜呼痛哉！酷哉！先君子之丧，旧历二月十一日，而今历三月十四也。距丧前半月，不孝奉手谕，告以尝罂小极，旋已全愈。谕中以陈林械斗将复起，不能卒调停，引为至憾。复谆谆言三舍妹姻事，冀速见其成。末更授不孝以苏子瞻《留侯论》，命终身诵焉。由今思之，语语皆遗命也，使不孝稍有感觉者，以彼时奔归侍养，何患不及事？不孝罪孽积躬天夺之魄，闻亲病而狃于小愈，瞷然不以为意，有噩征而不之省也。呜呼痛哉！酷哉！不孝之罪实通于天。

先君子盖病于香港，殁于香港。其时不孝启超身在香

---

[1] 殗殜：音 yè dié，生病半卧半起。

港,而乃委死父于不顾也。不孝方应武鸣陆公[1]之召,入桂从军,而取道香港,以三月八日至十二日行。不审以何罪业为鬼瞷弄,自发罪念,妄以所履至险,惧贻老父忧,不敢往朝,且不敢通闻问疾。大渐两日,而不孝乃去港。不孝去港两日,而病遂不起也。闻先君子之病,初本甚微,忽见报纸,谣登不孝启超发狂疾入医院,疑惧相乘,遂以增剧。使不孝能以其时忽诣膝下,安见不霍然病已?即不尔,而更征良医选药物,病殊非不可疗。盖病之加剧,乃在误食汤圆,胀梗胃际,非不治之证。而人事有未尽也,天乎?律以《春秋》许止不尝药之义,不孝启超乃躬弑吾父也。呜呼痛哉!酷哉!先君子弥留之际,乃严责家人,毋得以电召不孝启超,谓不孝方有事于国也。使不孝犹在国中者,无论如何,其必能闻报而奔视含敛。乃万咎所丛,天罚未已,使之越在安南,鸢远[2]敻绝之域,蜷伏展转,经月始达南宁,音信梗断,百无睹闻。

---

[1] 武鸣陆公:即陆荣廷(1859—1928),广西武鸣人,桂系军阀领袖。
[2] 鸢远:遥望;鸢音 diào。

由南宁而梧州而肇庆而广州，中更事态万千，所历又复经月。不孝启勋等罪又万死，乃徇亲朋之请，匿不以告。而不孝启超于此两月中，乃食肉衣锦，雍容欢笑，曾不自知其非人。亲朋所以为不孝计者，用心至苦曲，而用情至厚挚，不孝其安敢有怼？独恨不孝天性凉薄，自绝于天，自绝于吾父，遭此大故，阅数十日曾不能于寤寐中得一征兆以自警觉，致陷于旷古未闻之大戾而末由自赎，实自求祸，其又谁尤？犹复不知其罪，嚣然思于役异域，道出港沪之间。不孝启勋始不能更复有所隐，一一告以实，而不孝启超既已成天地间莫大之罪人，而永劫弗克自湔拔矣。呜呼痛哉！酷哉！邦人诸友不知其不肖，或妄以国事相期许，国事丝毫何所裨补，而只此一垂老之亲，生不克养，病不克侍，丧不克亲。悠悠万古，人间何世！彼苍者天，曷其有极！今者干戈满眼，魑魅搏人，奉輀归葬，不知何日？大事未了，安敢祈死以益其罪？有觍苟活，诚知不复能齿于人数，但思乘此苦块余生，一述先君子之盛德大业，庶几海内耆硕长老锡以鸿藻，永其讴思。小之为泉壤之光,大之兴国人之化,则不孝等虽死之日,犹生之年。神志瞀乱,语无伦次,伏唯矜鉴。棘人梁启超、启勋、启文、启雄泣血稽颡。

我之为童子时

题解：此文大约作于1917年。梁启超回忆6岁时因说谎受母亲鞭挞、教训一事。梁家之教，百罪可恕，惟有说谎不可恕。在梁母看来，说谎是明知有过而故犯，且自欺欺人而自以为得计，故乃天下万恶之起源。梁启超认为其母之教训乃千古名言，故常铭记在心。梁母在梁启超15岁时弃世，故回忆此事，他涕泪沾纸，悲从中来。

我所爱之童子乎，汝若不知我为谁，问汝先生及汝父兄，或能告汝。汝欲听我为童子时之故事乎？我大半忘记，所记一二，请以语汝。

我为童子时，未有学校也，我初认字，则我母教我。直至十岁,皆受学于我祖父、我父,我祖父母及我父母皆钟爱我,并责骂且甚少,何论鞭挞。然我亦尝受鞭三次,至今犹历历可记,汝等愿闻此老受鞭之故乎?

我家之教,凡百罪过,皆可饶恕,惟说谎话,斯不饶恕。我六岁时,不记因何事,忽说谎一句,所说云何,亦已忘却,但记不久即为我母发觉。时我父方在省城应试也,晚饭后,我母传我至卧房,严加盘诘。我一入房,已惊骇不知所措。盖我母温良之德,全乡皆知,我有生以来,只见我母终日含笑,今忽见其盛怒之状,几不复认识为吾母矣。我母命我跪下受考问,我若矢口自承其罪,则此鞭或遂逃却,亦未可知。无奈我忽睹母威,仓皇失措,妄思欺饰以霁母怒。汝等试思,母已知我犯罪,然后发怒,岂复可欺饰者?当时我以童子无识,出此下策,一何可笑。汝等勿笑,可怜我稚嫩温泽之躯,自出胎以来,未尝经一次苦楚。当时被我母翻伏在膝前,力鞭十数。我母当时教我之言甚多,我亦不必一一为汝等告,但记有数语云:"汝若再说谎,汝将来便成窃盗,便成乞丐。"汝等试思,我母之言,得毋太过否?偶然说句谎话,何至便成窃盗,便成乞丐?我母旋又教我曰:"凡人何故说谎,或者有不应为之事,而我为之,畏人之责,其不应为而为也,则谎言吾未尝为;或者有必应为之事,而我不为,畏人之责,其应为而不为也,则谎言吾已为之。夫不应为而为,应为而不为,已成罪过矣。若己不知其为罪过,犹可言也,他日或自能知之;或他人告之,则改焉而不复如此矣。今说谎者,则明知其为罪过而故犯之也;不惟故犯,且自欺欺人,而自以为得计也。人若明知罪过而故犯,且欺人而以为得计,则与窃盗之性质何异?天下万恶,皆起于是矣。然欺人终必为人所知,将来人人皆指而目之曰:'此好说谎话之人也。'则无人信之,既无人信,则不至成为乞丐焉而不止也。"我母此段教训,我至今常记在心,谓为千古名言。汝等试思,此为名言否耶?最可怜者,我伯姊陪我长跪半宵,犹复独哭一夜。伯姊何为哭?惧我父知之,我所受鞭扑更甚于今夕也。虽然,我伯姊之惧徒惧矣,我母爱我甚,且察我已能受教,遂未尝为我父言也。

呜呼！吾母弃养将三十年矣，吾姊即世亦且十年。吾述此事，吾涕沾纸矣。汝等有母之人，须知天下爱我者，无过于母，而母之教训，实不易多得。长大而思母训，恐母不我待矣。

悼 启

题解：1924年9月13日（农历8月15日），梁启超夫人李蕙仙去世，他作《悼启》一文，叙述夫人的生平简历、为人处世、道德品格，特别是自己伤悼之情。其中涉及对儿女的教育问题，如训"儿女以义方，不为姑息"，儿女幼而躬自授读，长而为其择学校、督课业。当然，李蕙仙的为人处世、道德品格更是良好的家庭教育榜样。因此梁家儿女的成才、成"人"也不可忽视母亲的影响。

悼启者：先室李夫人，实贵筑京兆公讳朝仪之季女，累代清门，家学劭茂。夫人以同治己巳生于永定河署，幼而随任京畿山左。京兆公薨于位，乃全眷返家园。光绪己丑，尚书苾园先生讳端棻主广东乡试，夫人从兄也，启超以是年领举,注弟子籍,先生相攸,结婚媾焉。于是夫人以二十三岁归于我。

启超故贫,濒海乡居,世代耕且读,数亩薄田,举家躬耘,获以为恒。夫人以宦族生长北地,嫔炎乡一农家子,日亲井臼操作,未尝有戚容。夫人之来归也,先母见背既六年,先继母长于夫人二岁耳,夫人愉愉色养,大得母欢,笃爱之,过所生。戊戌之难,启超亡命海外,夫人奉翁姑,携弱女,避难澳门。既而随先君省我于日本,因留寓焉。启超素不解治家人生产作业,又奔走转徙,不恒厥居,惟以著述所入给朝夕。夫人含辛茹苦,操家政,使仰事俯畜无饥寒。自奉极刻苦,而常撙节所余,以待宾客,及资助学子之困乏者。十余年间,心力盖瘁焉。夫人厚于同情心而意志坚强,富于常识而遇事果断,训儿女以义方,不为姑息。儿曹七八人,幼而躬自授读,稍长,选择学校,稽督课业,皆夫人任之,启超未尝过问也。幼弟妹三人,各以十龄内外依夫人就学,夫人所以调护教督之者无不至。先姊早世,遗孤甥赵瑞莲、瑞时、瑞敬三人。外家诸侄李桂姝、续忠、福鬘,皆蚤丧母,夫人并饮食教诲之如己子。诸甥侄亦忘其无母也。启超自结婚以来,常受夫人之策厉襄助,以粗自树立。蚤岁贫,无所得书,夫人辄思所以益之。记廿一岁时,所蓄竹简斋石印二十四史,实夫人嫁时簪珥所易也。中岁奔走国事,屡犯险艰,夫人恒引大义鼓其勇。洪宪之难,启超赴护国军,深夜与夫人诀。夫人曰:"上自高堂,下逮儿女,我一身任之,君但为国死,毋反顾也。"辞色慷慨,启超神志为壮焉。至其平日操持内政,条理整肃,使启超不以家事婴心,得专其力于所当务,又不俟言也。

呜呼! 天祐不终,夺我良伴,何其速耶! 何其酷耶! 夫人体气至强,一生无病,民国四年冬,忽患乳癌。乳癌,诸病中最酷毒者,全世界医家迄今未得其病因及救治法,惟恃割治,割必复发,发至不能割,则束手焉。夫人自得病以来,割既两度,今春再发,蔓及项肋之际,与血管相接,割无所施,沉绵半年,卒以不起。然夫人性最能忍,虽痛苦至剧,犹勉自持。儿子思成、思永卒业清华学校,属当适美留学,恋恋不欲行。夫人虑其失学,挥之使去,曰:"吾病无害,能待汝曹归也。"呜呼!孰谓竟与其爱子长别耶!夫人夙倔强,不信奉任何宗教,病中忽皈依佛法。没前九日,命儿辈为诵《法华》。最后半月,病入脑,殆失痛觉,以极痛楚之病而没时安隐,颜貌若常,岂亦有夙根耶?哀悼之余,聊用慰藉而已。略陈行谊,不敢溢美,海内君子,宠以哀诔,俾塞儿曹哀思,不胜大愿。

亡妻李夫人葬毕告墓文[1]

题解：梁启超夫人李蕙仙去世后，于次年10月3日（农历8月16日）安葬于北京西香山卧佛寺之东原（今香山北京植物园内）。该文为下葬当日的告墓祭文，实作于5天前。该文赞扬妻子生前的美德，表达自己的忏悔、哀痛之情，是一篇情真意切之文，是告墓文中的名篇。梁启超自许为"我一生好文章之一"。诵读之，当泪下。此文可与本书第一部分《与孩子们——做成一篇告墓祭文》合观。

维民国十有四年，岁次乙丑，夏历八月既望，鳏夫启超率哀

---

[1] 按：《梁任父先生年谱长编》此文名《祭梁夫人文》，1925年10月《清华文艺》1卷第2号所刊名《亡妻李夫人葬毕告墓文》，兹取后者。文录《长编》所载，并分段。

子思顺、思成、思永、思忠、思庄、思达、思懿、思宁、思礼,奉先室李夫人灵柩永安于京西香山卧佛寺之东原,实夫人周忌之后一日也。既克葬,乃以特牲、清酒、庶羞、果蔬享于墓门而告之曰:

呜呼!君真舍我而长逝耶?任儿女崩摧号恋而一瞑不视耶?其将从君之母,挈君之殇子,日逍遥于彼界耶?其将安稳住涅槃,视我辈若尘芥耶?呜呼哀哉!

自君嫔我,三十三年。仰事父母,俯育儿女,我实荒厥职,而君独任其仔肩。一家之计,上整立规范,下迄琐屑米盐,我都弗恤,君理董之,肃然秩然。君舍我去,我何赖焉?

我德有阙,君实匡之;我生多难,君扶将之;我有疑事,君榷君商;我有赏心,君写君藏;我有幽忧,君噢使康;我劳于外,君煦使忘;我唱君和,我揄君扬。今我失君,只影徬徨!呜呼哀哉!

君我相敬爱,自结发来,未始有忤。七年以前,不知何神魅所弄,而勃谿一度。君之弥留,引疚自忏,如泣如诉。我实不德,我实无礼,致君痼疾,岂不由我之故?天地有穷,此恨不可极,每一沉思,捶胸泪下如雨。呜呼哀哉!

君之疾举世医者知其不瘳,胡乃深自讳匿而驱爱子远游?吾悔不强拂君意使之少留,致彼终天泣血欲赎而末由。去年正月,去年五月,去年七月乃至八月,刹那刹那,千痛万惨,永印我心头。

呜呼!我知君之诸子,实君第二生命。我今语君以彼辈,君其聪听:顺[1]自侍君疾以迄执君丧,几劳毁以灭性;君与我固常忧其病,今幸无恙,随婿挈孙,徜徉大陆,起居殊胜。阿庄[2],君所最系恋,今从厥姊,学而能竞。成、永[3]长矣,率君之教,无失其恒性。一月以前,同气四人,天涯合并,相持一恸,相看一笑,不知有多少悲愉交迸!君倘曾一临存,——当那边夜深人静?忠、达、懿、宁[4],正匍伏墓前展敬;君试一煦摩省视,看曾否比去年淑令!小子礼[5]在怀,

---

[1] 顺:即思顺。
[2] 阿庄:即思庄。
[3] 成、永:即思成、思永。
[4] 忠、达、懿、宁:即思忠、思达、思懿、思宁。
[5] 礼:即思礼。

君恨不一见而瞑；今已牙牙学唤母，牙牙学唤母，君胡弗应？呜呼哀哉！

君之去我，弹指经年。无情凉月，十三回圆。月兮月兮为谁圆？中秋之月兮，照人弃捐！呜呼！中秋月兮，今生今世与汝长弃捐，年年此夜，碧海青天。呜呼哀哉！

有怀不极，急景相催。寒柯辞叶，斜径封苔；龙蛇素旐[1]，胡蝶纸灰；残阳欲没，灵风动哀；百年此别，送君夜台。尘与影兮不可见，羌蜷局兮余马怀。五里一反顾，十里一徘徊。

呜呼！人生兮若交芦，因缘散兮何有？情之核兮不灭，与天地兮长久。碧云兮自飞，玉泉兮常溜。卧佛兮一卧千年，梦里欠伸兮微笑。郁郁兮佳城，融融兮隧道，我虚兮其左，君宅兮其右。海枯兮石烂，天荒兮地老，君须我兮山之阿，行将与君兮于此长相守。呜呼哀哉！尚飨！（民国十四年九月三十日撰书）

---

[1] 旐：音 zhào，出丧时，在灵柩前引路的旗幡。

3

家庭讲学、教育文稿

读《孟子》记

题解：该文是1918年梁启超暑假在家为儿女讲《孟子》的讲义，生前未全部发表，是他一篇重要遗稿。其中部分内容发表在1919年2月4日至8日和10日至13日的《时事新报》上，题为《读孟子记(修养论之部)》。1983年，收藏者李建整理了遗稿全文，发表在当年《学术研究》第5期上，题为《梁启超论孟子遗稿》(按：今改为《读〈孟子〉记》)；并撰有《关于梁启超论孟子遗稿》一文，对该文的来源、收藏、鉴定和主要内容等作了简要介绍。遗稿比发表在《时事新报》上的部分多9千多字。《时事新报》2月4日号上则有"著者识"，曰："客岁暑中为儿曹讲《孟子》，略区分为三部：一曰哲理论，二曰修养论，三曰政治论。今将修养论之部刊登报中，聊为青年学古淑身之一助。全书未定稿，不敢问世也。"

该文包括孟子略传、孟子之教育主义，其中后者又包括性善论和修养论，其中修养论是全文的重点。梁启超讲修养论，总括云："《孟子》全书教人修养者千言万语,可以两言蔽之,曰:'先立乎其大者,则其小者不能夺也。'(《告子》上)故真能率孟子之教者,大彻大悟,一了百了。本无次第之可言,推如何然后能立乎其大,则孟子提挈三义焉:曰立志,曰存养,曰扩充。"其中存养,又包括据存、长养。显然,梁启超相当重视孟子的修养论、修养工夫:他讲此内容,目的在于为儿女的人生修养打下一定的根基;《时事新报》上"著者识"亦云"聊为青年学古淑身之一助";其《要籍解题及其读法》曰:"《孟子》为修养最适当之书,于今日青年尤为相宜,学者宜摘取其中精要语熟读,或抄出常常阅读,使其精神深入我之'下意识'中,则一生做人基础可以稳固,而且日日向上,至老不衰矣。"[1]总之,是希望将孟子的修养论、修养工夫融入儿女或青年之生命中去,成为他们修身之指导。在给二弟梁启勋的信中说"为群儿讲学术流别,三日后当了,更拟为讲《孟子》。彼辈如何能解,不过予以一模糊之印象,数年以后,或缘心理再显之作用,稍有会耳"。

一、孟子略传

孟子名轲,邹人(邹为春秋邾国,今山东邹县)。盖生于周烈王时,当周平王东迁后三百八十余年,孔子卒后九十余年,秦始皇并天下前百五十余年,民国纪年前二千二百八十

---

[1] 梁启超:《饮冰室合集·专集之七十二》,中华书局,1989年,第8页。

余年。(万斯同《孟子生卒年月辨》定为生于烈王四年己酉,但所据之书不甚古,今不敢武断,但举约数耳。)其时七雄并立,而泗上十二小侯尚存。孟子所尝游居之国,在七雄中曰梁、曰齐,在小侯中曰邹、曰鲁、曰宋、曰滕、曰薛、曰任。孟子受业于子思之门人,而私淑孔子。(受业子思之门人,据《史记·孟荀列传》。而《汉书·艺文志》本注云,子思弟子,赵岐《孟子注序》亦云长师孔子之孙子思,后人遂有谓《史记》门人之人字为衍文者。崔述《孟子事实录》云:孔子之卒,下至孟子游齐、燕人畔时,一百六十六年矣。伯鱼之卒,在颜渊前,则孔子卒时,子思尚不下十岁。而孟子去齐后居邹之宋之薛之滕,复游鲁而后归老,则孟子在齐时,亦不过六十岁耳。即令子思享年八十,距孟子之生尚三十余年,孟子何由受业于子思乎? 孟子曰:"予未得为孔子徒也,予私淑诸人也。"若亲受业子思,必当明言其人以见其传之者同,何得但云人已乎? 孟子之学深远,恐不仅得之于一人,如孔子之无常师者然,故但云私淑诸人耳)。其于古圣人最乐道尧、舜、文王、伊尹、伯夷、柳下惠，而所愿学终在孔子。孔子卒后，儒分为八（据《韩非子·显学篇》。）邹鲁学者多断断于礼容之末节而不见其大，惟子思述家学以作《中庸》，上探本于性与天道，而下及经纶天下之大经，孟子受其传而光大之，儒学一新焉。（孟子虽然亲受业子思，然其得子思之传则无疑，合《中庸》《孟子》两书读之可见也。《荀子·非十二子篇》以子思、孟子连举而并攻之，谓案饰其辞而祗敬之曰："此真先君子之言也，子思倡之，孟轲和之。"观此可知孟子之学所出也。）以为人所以能宏道者，由其有良知良能，故言性善。此善性当务自得而有诸己，故言存养。此善性当博极其量，故言扩充。其教人在先立乎其大者则其小者不能夺。故与曾子一派专务致谨于容貌、辞气、颜色之间者有异，与子夏一派专讲进退应对之节、传章句之文者亦有异，其示人入道之途有二，曰狂，曰狷。狂者进取，故勇于自任，以圣人为必可学，以天下事为必可为；狷者有所不为，故尚名节峻崖岸，不屑不洁，终未尝枉道以徇乎人也。时商鞅方以法术功利之说致秦于富强（商鞅入秦时,孟子约十一二岁,商鞅见杀时,孟子约三十四五岁),而苏秦、张仪、公孙衍之流,复以纵横游说人主,势焰倾天下(苏秦合纵时,孟子约四十岁。孟子游梁时,公孙衍、张仪,皆先后相梁),而诸国数交战无宁岁(齐梁桂陵之战,孟子约二十岁。齐梁马陵之战,秦梁岸门之战,孟子约三十二三岁。梁楚襄陵之战,孟子约五十岁。六国合兵摈秦至函谷,孟子约五十五岁。齐灭燕,燕畔齐,孟子约六十岁。秦楚丹阳之战,孟子约六十一岁。楚灭越时,孟子约四十岁[1]。赵灭中山时,孟子约八十岁),孟子深嫉之。故其论政也,以怀利为大保,以禁民为要义[2]。而非攻寝兵之诜,尤三致意焉。指善战阵工聚敛者为民贼,斥纵人横人为妾妇之道。然其理想之政治固在统一,特谓欲求统一,当以仁政而不以战耳。欲行其道,乃见诸侯,年逾五十始游梁。时梁惠王数败于军旅,卑礼厚币以招贤者,孟子因至焉。以仁义语惠王,不能用也。居三

---

[1] 四十岁:此误。或当作"七十岁"。
[2] 此句有误,似当作"以怀利为不保,以禁民为非义"。

岁,惠王卒,襄王立,孟子去梁。时齐宣王新即位,招致贤士于稷下,孟子往焉。由梁返邹,由邹之任之平陆乃入齐(约五十四五岁),仕齐为客卿,中间以母丧归葬于鲁(约五十六七岁)。既终丧,鲁侯欲礼而用之,以沮不果。复至齐,既而齐伐燕,取之。孟子劝宣王存燕,不听,燕人果畔,宣王惭焉。孟子致为臣而去,年已六十矣。孟子陈义既高,不为时主所悦,又以道自重,不肯下人,故难进易退。所至之国,未尝有所终三年淹。既去齐,返邹,过宋,滕文公为世子,就见焉。文公嗣立(其年不可考),孟子游滕,为制井田。然滕壤地褊小,终不能大有为,孟子亦遂归老于邹。与其弟子万章之徒序《诗》《书》,述仲尼之意,作《孟子》七篇(此据《史记》本传文也。赵岐《孟子题词》则以七篇为孟子所自著。今考其书于时君皆举其谥,其中梁惠王、齐宣王固先孟子卒,若鲁平公、邹穆公、梁襄王、滕文公之类,未必皆先孟子卒。疑此书由孟子发凡起例,而弟子写定之,《史记》之言当矣。书中诸弟子惟万章、公孙丑二人不称子,或即由二子写定耶)。其弟子之著者，曰万章，曰公孙丑，曰乐正子（名克），曰公都子，曰屋庐子（名连），曰徐辟，曰陈臻，曰充虞，曰陈代，曰彭更，曰咸邱蒙，曰桃应。并时学者相与上下议论者，曰告子（失其名，其人能先孟子不动心，言性又多合于孔子，盖儒家一大师也），曰宋牼（《荀子·非十二子篇》以墨翟、宋钘并举，《庄子·天下篇》以宋钘、尹文并举，钘既牼也，盖当时墨学大师，孟子称以先生，亦甚敬之矣），曰淳于髡（髡，《史记》以入《滑稽传》。然《孟子荀卿传》亦载其名，盖齐稷下先生之有名者，其与孟子论名实，殆亦通名家言也），曰许行（许行不见它书，观本书述其言论，盖农家者流之祖，渊源出于墨学，亦当时一大家也），曰白圭（《史记·货殖列传》称白圭乐观时变，盖最大之生计学家，其与孟子言治水，亦一工学家矣）。其宗旨行谊为书中所称述者，曰墨翟，曰杨朱（杨朱为道家别派，除本书外，惟列子征引其学说特详），曰公明仪（公明仪，《祭义》郑注谓为曾子弟子，《檀弓》孔疏谓为子张弟子），曰公明高（公明高疑即公羊高），曰陈仲子（《荀子·非十二子篇》以陈仲、史鰌并举,盖亦自成一学派者),曰子莫(子莫不见他书,本书称其执杨墨之中,当是一大师),曰陈良(陈良不见他书,据本书知为南方一大儒)。其时杨朱墨翟之言盈天下,孟子辞而辟之,世人多疑为好辩,孟子自谓不得已也。孟子卒于周赧王中叶,年盖八十以上焉(万斯同引《孟氏世谱》谓孟子卒于赧王二十六年壬申,年八十四,虽他无确据,然孟子必甚老寿无疑。书中有齐楚伐宋语,事在赧王二十八年,则孟子之卒,或更在后也)。其书,《史记》作七篇,与今本正同。《汉书·艺文志》作十一篇,盖所传更有外书四篇云(赵岐《题辞》云:七篇二百六十一章,三万四千六百八十五字。又有外书四篇,其文不能宏深,似非孟子本真也)。汉孝文时与《论语》《孝经》《尔雅》同置博士,未几俱罢(见赵岐《题辞》)。而后汉程曾、郑玄、赵岐、高诱、刘熙皆为之章句。今岐书独传(程曾作《孟子章句》,见《后汉书·儒林传》。曾,章帝时人,盖注孟子之最先者。高诱《正孟子章句》,见诱所为《吕氏春秋》注序。郑玄刘熙注皆见《隋书》)。

二、孟子之教育主义

(一) 性善论

性,孔子盖罕言焉。故子贡曰:"夫子之言性与天道,不可得而闻也。"《论语》记孔子言性者惟一章,则曰:"性相近也,习相远也。"仅言相近,于其善否不著辞焉(《易·象传》云:"乾道变化,各正性命。"《易·系辞传》云:"成性存存,道义之门。"皆孔子之言也,亦未尝言善否。《系辞传》又云:"一阴一阳之谓道,继之者善也,成之者性也。"则以善与性对举,而性为后起)。盖谓道德在实践,不必多为玄远之谈也。而受其学者必欲进而研求道德之本质与其动机,此亦人类向上心所必至,而学者所当有事矣。于是子思作《中庸》,始以道之大原推本于天性,故曰:"天命之谓性,率性之谓道,修道之谓教。"又曰:"惟天下至诚,为能尽其性;能尽其性,则能尽人之性;能尽人之性,则能尽物之性。"虽未显言性善,而善意寓焉矣。孟子之学,出于子思,其特标性善为进德关键,则《中庸》之教也。

孟之道性善，言必称尧舜。(《滕文公》上)

此孟子一生论学大宗旨，特于此揭明之。其言必称尧舜者，孟子谓"人皆可以为尧舜"(《告子》下)，又言"尧舜与人同耳"(《离娄》下)，盖以尧舜为最高人格之标准。必称尧舜，正所以申性善之义也。

君子所性，仁义礼智根于心。(《尽心》上)

人之所不学而能者，其良能也；所不虑而知者，其良知也。孩提之童，无不知爱其亲也；及其长也，无不知敬其兄也。亲亲，仁也；敬长，义也。(《尽心》上)

恻隐之心，人皆有之。羞恶之心，人皆有之。恭敬之心，人皆有之。是非之心，人皆有之。恻隐之心，仁也。羞恶之心，义也。恭敬之心，礼也。是非之心，智也。仁义礼智，非由外铄我也，我固有之也。(《告子》上)

恻隐之心，仁之端也；羞恶之心，义之端也；辞让之心，礼

之端也；是非之心，智之端也。人之有是四端也，犹其有是四体也。有是四端而自谓不能者，自贼者也。(《公孙丑》上)

所以谓之皆有不忍人之心者：今人乍见孺子将入于井，皆有怵惕恻隐之心；非所以内交于孺子之父母也，非所以要誉于乡党朋友也，非恶其声而然也。(《公孙丑》上)

盖上世尝有不葬其亲者；其亲死则举而委之于壑。他日过之，狐狸食之，蝇蚋姑嘬之；其颡有泚，睨而不视。其泚也，非为人泚，中心达于面目。盖归反虆梩而掩之。掩之诚是也。(《滕文公》上)

读此可知孟子所谓善者，仁义礼智也。所谓性者，生而固有，非由外铄，所谓不虑而知之良知，不学而能之良能是也。乍见入井而怵惕，过视委壑而颡泚，此二节皆举常情之必然者以立证，非所以纳交云云，非为人泚云云，即非由外铄我固有之之注脚也，亦即不学而知不虑而能之注脚也。

《诗》曰:"天生烝民,有物有则;民之秉夷,好是懿德。"孔子曰:"为此诗者,其知道乎!"故有物必有则,民之秉夷也,故好是懿德。(《告子》上)

此引《诗》而证明人之善性,受之自天,即《中庸》"天命之谓性"之义也。故又云:"此天之所以典我者"(《告子》下)。前文言我固有而非由外铄,其言尚似局于我之一身,此更推原人性共同之所自出以完其说也。

故凡同类者,举相似也。何独至于人而疑之?圣人与我同类者。(中略)故曰:口之于味也,有同耆焉。耳之于声也,有同听焉。目之于色也,有同美焉。至于心,独无所同然乎?心之所同然者,何也?谓理也,义也。圣人先得我心之所同然耳。(《告子》上)

此极力发明人类有共通性。性既非吾一人所独而为全人类之所共,则人类所具之德,吾固当具之;人类所能之事,吾固当能之。人类中既产圣贤,则人类之本质能产圣贤甚明。吾既为人类之一,则吾亦能为圣贤甚明。此立言之本意也。

> 万物皆备于我矣。反身而诚,乐莫大焉。(《尽心》上)

此性善之圆满义,亦即《孟子》全书最精到之语也。昔佛初起于菩提树下,穆然四顾曰:"异哉,一切众生皆有佛性。"既而又曰:"天上地下,唯我独尊。"此两语者,骤视若不相容,不知佛性即我也。一切众生,皆从佛性中流出,还归于佛性,所谓万物皆备于我也。惟其如是,故唯我独尊也,我即佛性,佛性即我之义。佛教经论中言之甚详,今不具引。至孟子"万物备我"之义,所谓"我"者,必非指此七尺之恒干甚明,此恒干至蠛陋至惢懑,何以能容万物,备我者亦备于我心而已。我心非他,即人类同然之心也,即天之所以与我之心也,亦即佛典所云众生心也。是故虽我也,而与物同体与天同体也。然则不云我备于万物,不云万物备于天,而必云"万物备于我"者何也？宇宙万有之现象,皆由我识想分别而得名,苟无我则天与万物且不成安立也。昔法人笛卡儿,以怀疑哲学闻,其言谓一切万有之存否皆不能无疑,惟必有我存,斯无可疑。何也？若疑我不存,则能疑之主体既先亡矣。万物则皆我心体中所函之象,而我之心体,则超乎此七尺恒干之上（此恒干亦万物之一也）,与万物为一体,与天为一体,因其为我意识所体认,则名之曰"我",故曰"万物皆备于我"也。我意识能体认真我,则万物立备矣,故曰："反身而诚,乐莫大焉。"《中庸》曰："惟天下至诚为能尽其性。能尽其性,则能尽人之性。"何以故？以吾性即人性故,所谓心之所同然也。又曰："能尽其性,则能尽物之性。"何以故？以人性外无物性故（一切众生皆有佛性即此义）。所谓"万物皆备于我"也,此实千圣真传同条共贯之第一义,孟子直揭以示人,群儒之所莫能及也。

公都子曰:"告子曰:性无善无不善也。或曰:性可以为善,可以为不善。是故文武兴则民好善,幽厉兴则民好暴。或曰:有性善有性不善,是故以尧为君而有象,以瞽瞍为父而有舜……今曰性善,然则彼皆非与?"孟子曰:"乃若其情,则可以为善矣;乃所谓善也。若夫为不善,非才之罪也。"(《告子》上)

今古论性,几成聚讼,综其要旨,可得五家。孟子言性善,其一也;荀子言性恶,其二也(《荀子·性恶篇》云:"人之性恶也,其善者伪也。"杨注云:"伪,人为也");告子言性无善无不善,其三也(公都子所举三说,其第二说,性可以为善,可以为不善,实与第一说告子之指同。盖性既无善无不善,自然可以为善可以为不善也);世子等言性有善有不善,其四也(世子名硕,周人,盖与孟子相先后,其说见《论衡·本性篇》。彼文又言宓子贱漆雕开公孙尼子之徒,论性略与世子同也。又汉杨雄言性善恶混,即本世子说);此文公都子所引或人言有性善有性不善,其五也(有性善有性不善,与性有善有不善异。彼言凡人之性,皆含有善不善两质。此言某甲之性善某乙之性不善也。王充《论衡》所主张及唐韩愈之性有三品,皆此第五说也)。此五说者若甚相反,以吾观之,皆是也(惟后两说稍涉粗浅)。欲明此义,仍不得不旁证诸佛典。《大乘起信论》云:"摩诃衍者(译言大乘),有二种,一法、二义。法者,谓众生心,是心则摄一切世间、出世间法,依于此心,显示摩诃衍义。何以故,是心真如相,即示摩诃衍体故。是心生灭因缘相,能示摩诃衍自体相用故。"又云:"依一心法有二种门,一者心真如门,二者心生灭门。是二种门皆各总摄一切法,此义云何,以是二门不相离故。"以彼义相印证,则告子所谓无善无不善者,盖指此众生心,即所谓一心法也。此一心法超绝对待,不能加以善不善之名。孔子所谓性即指此,故只能概括其辞,曰性相近也。然依此一心法能开二种门,故可以为善可以为不善也,孔子则言习相远也(《楞伽经》《大乘起信论》皆极言熏习义)。孟子言性善者,指真如相,即一心法下所开之心真如门也。荀子所谓性恶者,指生灭因缘相,即一心法下所开之心生灭门也(小注:《起信论》又云:"以不违一法界故,心不相应,忽然念起,名为无明。"又云:"世间一切境界,皆以众生无明妄心而得住持。"此无明为生灭相所依。荀子所谓性恶指此)。两俱得谓之性者,以是二门各总摄一切法,是二门不相离故。不宁惟是,生灭门所显示之体相用,千状万态,故谓性有善有不善可也,谓有性善有性不善亦可也(有性善有性不善之说,最粗浅不圆。信如所言,则此性不善之人与圣贤非同类矣。与孔子说相戾。此性不善之人必无佛性矣,与佛说相戾)。譬犹数人闭眸扪象,各道象形,谓所道[为]象全体固不可;谓所道为非象体亦不可。各明一义,俱有所当,所谓万物并育而不相害,道并行而不相悖也。若必欲品第其优劣,则告子所说,与孔子合,义最圆融(无善不善指性之体;可以为善不善,指性之用)。孟子指真如为性,所以劝向上,其义精。荀子指无明为性,所以警堕落,其义切。然而当有辨者,告子所云无善无不善,以释心体,诚甚当矣。然告子所下性字之定义,则曰"生之谓性",又曰"食色,性也"。是其陈义已全落生灭门。既落生灭门,则有对待,而无善无不善之说不能成立矣。故为孟子所难而几无以自完也。然其言仁内义外,则固优于孟子。孟子以仁义礼智为善,以人性具此四端,故谓之性善。使孟子专言仁或专言仁智,则其说应颠扑不破(孔子专言仁,有时以仁智对举。其以仁义两者对举,又以仁义礼智四者并举,则自孟子也)。盖孟子所谓性,指真如相。真如浑然,物我同体,仁之德具焉;真如有本觉,智之德具焉。此二者诚无始以来即固有之,谓为天下之所以与我者可也。若义与礼,则是生灭因缘相中分别比较所立之名。若以之与仁智并列,而谓皆与有生俱来,则其说决不能自圆。孟子屡言恻隐羞恶辞让是非之心,人皆有之,而其所举显证,惟恻隐一端耳。以下三端,皆未举证,恐欲举亦正不易也。以吾论之,恻隐之心,为人所固有,此无待言。次则是非之心亦然,一事物当前,吾人对之自有一番审量判断,或以为是,或以为非,此尽人所同也。然其所是非者为合于礼义抑不合于礼义,则甚难言。此非独因吾人之智识有高下也,盖礼义之本质,先自不定,常随时随地而有异同。例如妇人夫死改醮,在泰西为常事,中国则谓之不义矣。男子置妾,在中国为常事,泰西则谓之不义矣。东方之复仇,西方之决斗,在古代皆谓之义,今若有之,则触刑纲矣。此义之无定也。例如裼袭之衣,古为大礼盛服(今泰西犹然)。今若袒胸而赴宴会,必共诧为非礼矣。西人相见,抱腰接吻,行于广众中,我国有此,必大诧为非礼矣。野蛮部落之祭礼,有例须以其长子为牺牲者,自文明人观之,其残忍殆不可思议;然彼固以为不如此则非礼矣。此礼之无定也。夫其本质先自无定,乌从于人性中求之,且既指各人分形受气者以为性,则已是生灭门中之事,其不能有善而无恶,甚章章矣。此所以不免为后人所议也(司马温公《性辨》云:"孟子以为仁义礼智皆出乎性,不知暴戾贪惑,亦出乎性也。"王荆公《原性》云:"孟子以恻隐之心人皆有之,因谓人性无不仁,如其说也,必也怨毒忿戾之心人皆无之,然后可以言人之性无不善,而人果无之乎?"此皆驳孟说之最有力者)。荀子性恶说,自宋以后,大为世儒诟病,其"其善者伪"一语,尤所集矢。实则"伪"字以"人为"为本训,谓进善须用人力耳,即玉不琢不成器之义,曷尝悖理?众生心中之无明生灭相,本自无始以来即有之,指之为性,未尝不可。况(绎)[详]孟荀告诸子论性之言,皆就各人赋形受气后立论,则性恶之说,毋宁较近真。孟子固言"逸居而无教,则近于禽兽矣"(《滕文公》上),非谓其中有恶耶?惟荀子特标性恶为义,则一似性中绝无善质,此其偏而不圆,乃更甚于孟子。荀子言善由人为,苟本恶则何以加以人力即能为善耶?要之若言性之体,则无善无恶;略言性之相,则有善有恶;若为性之用,则可以为善可以为恶。此孔佛一致之说,孟荀则各明一义,不必相非也。宋儒必欲扬孟抑荀,而说有所不得圆,则谓有义理之性、有气质之性,义理之性纯善,气质之性善恶杂,其本旨虽在申孟,然终不能屈荀,且已全降服于告子之说矣。其实则全采佛典教义,特避其名耳。

中国名学不发达，最为学术进步之障。如孟子所谓性，荀子所谓性，告子所谓性，乃至宋儒所谓性，其实并非同物（或虽同物而其外延内苞之量不同）。若能各赋以一名，各人于其所研究之对象，下一定义而立一范围，则争辩或遂息，或所辩更深入而精到。今同用性之一名，而所指不同，故虽辩而未由折衷也。又如孟子既言性、又言情（"乃若其情则可以善矣"；又，"是岂人之情也哉"），又言才（"若夫为不善，非才之罪也"；又，"非天之降才尔殊也"），又言心（"至于心独无所同然乎"；又，"此之谓失其本心"），又言命（"性也，有命焉，君子不谓性也。命也，有性焉，君子不谓命也"），又言气（"平旦之气""浩然之气"）。所谓情才心命气等，其与性是一是二，界说殊不明瞭，皆由不讲名学，故壁垒不精严。中国一切学术，皆受此病，所以远惭印度，而近不竞于泰西也。

孟荀言性，皆所以树教育主义之根柢。孟言性善，故其教法在发挥本能；荀言性恶，故其教法在变化气质。二者各有所长，而孟子尤能先立乎其大矣。

(二) 修养论[1]

孟子发挥本能之教。其次序亦有可寻者,第一立志,第二据存,第三长养,第四扩充也。

孟子既昌言性善,然世间恶人甚多,确为不可掩之事实,故学者疑焉。孟子则以为此恶者非性也,乃习也。《牛山》一章(《告子》上)最畅斯旨:濯濯未尝有才,非山之性,斧斤牛羊使然耳。违禽兽不远,非人之性,旦昼梏亡使然耳。斧斤牛羊,旦昼梏亡,皆后起者,外铄者,其非性明甚。然伐之旦旦,梏之反复,则所以习之者深矣,习深则几成第二之性,不察者即指此为性焉。然观雨露所润,非无萌蘖,平旦夜气,好恶近人,则虽习于恶,而本性之善,终未尝息。孟子盖谓惟此为性,其习焉而几成第二性者,实非性也(荀子言性恶,则以为善者非性也,乃习也。故其言曰:"化师法积礼义者为君子,纵性情安恣睢者为小人。"〔《性恶篇》〕曰"纵"、曰"安",是率其本性也;曰"化"、曰"积",则习而成第二之性也)。

---

[1] 此标题及"(三) 教育论"为本书整理者所加。

环境影响于人生者至大。牛山何以濯濯,以其郊于大国,受环境之害也。孟子又曰:"富岁子弟多赖(阮氏元云,赖犹懒也),凶岁子弟多暴,非天之降才尔殊也,其所以陷溺其心者然也。"(《告子》上)此就时间之环境言也。空间之环境则亦然,热带及腴壤之民多赖(《史记·货殖传》云,楚越之地,地势饶,食无饥馑之患,以故呰窳偷生无积聚而多贫。今世热带之国民,无一能富强者),寒带及瘠土之民多暴(生计太蹙,非为暴烈之竞争,则不能自存,故寒带及确薄之山谷,常有食人族;丧乱之世,围城之中,往往易子而食,折骸而爨,亦同此理),皆环境之影响使然也。孟子举此证,意谓前后本此一人,何以遇富岁则懒,遇凶岁则暴,以明懒暴生于环境,于本性无与也。然吾以为以此为性善之证,不如以此为性可以为善、可以为不善之证也。因环境而生习,因习复造环境,富岁凶岁,本一时偶起之现象,然既因富岁而产多懒之子弟,懒既成习,则岁不富而亦懒矣。既因凶岁而产多暴之子弟,暴已成习,则岁不凶而亦暴矣。懒者既多,则不懒者亦习而懒;暴者既多,则不暴者亦习而暴。于是懒暴由个人而及于社会,如病之有传染也。懒者之子孙恒懒,暴者之子孙恒暴,于是懒暴由今日而及于将来,如病之有遗传也。夫天下无完全之环境,甲种环境,能生甲种恶习;反之乙种环境复生乙种恶习。人人各有其恶习,恶习既成,则其与性相去几何,故荀子径指为性恶也。

性虽善而可以习于不善,如何而始能免于不善?曰惟修养。性虽恶而可以习于善,如何而能进于善?曰惟修养。故孟荀言性虽相反,而其归本于修养一也。《易传》曰"天下同归而殊途,一致而百虑",《中庸》曰"万物并育而不相害,道并行而不相悖",此之谓也。

孟荀之注重修养也同,其修养下手之方法则不同也。以比佛法,荀子则小乘法也,渐教也;孟子则大乘法也,顿教也。《孟子》全书教人修养者千言万语,可以两言蔽之,曰:"先立乎其大者,则其小者不能夺也。"(《告子》上)故真能率孟子之教者,大彻大悟,一了百了。本无次第之可言,惟如何然后能立乎其大,则孟子提絜三义焉:曰立志,曰存养,曰扩充。

"王子垫问曰:'士何事'?孟子曰:'尚志'。"(《尽心》上)尚志者,谓高尚其志也。人类之能进步,以其有向上心,不以现状自满足,而常求加进,此其所以异于禽兽也。志一立则肌肤筋骸皆挺举,而神明发皇。而不然者,则奄奄若陈死人,更复者何事,直一齐放倒耳。故孟子首以此教学者也。

孟子曰:"羿之教人射,必志于彀;学者亦必志于彀。"(《告子》上)彀之为用有二:一曰求中程,二曰求到达。学者立志亦然,当悬一鹄以为衡,而求其必至。然则其鹄维何,孟子之教,则志为圣人而已。其言曰"圣人与我同类者"(《告子》上),又曰"尧舜与人同耳"(《离娄》下),又曰"人皆可以为尧舜"(《告子》下),又引成覵谓齐景公曰"彼丈夫也,我丈夫也,吾何畏彼哉",引颜渊曰"舜何人也,予何人也,有为者亦若是",引公明仪曰"文王我师也,周公岂欺我哉"(《滕文公》上),又曰:"舜,人也;我,亦人也。舜为法于天下,可传于后世,我犹未免为乡人也,是则可忧也。"(《离娄》下)人莫患乎甘伍于流俗，以多自证，以同自慰，如是必逐渐堕落，日沉埋于卑浊凡下而不能自拔。纵稍有寸获，亦必沾沾自喜，骄溢而不能复进矣，所谓器小易盈也。孟子教学者刻刻以尧舜文王自比较，更无丝毫躲闪之余地，亦永无踌躇满足之一日，此师子[1]频呻、龙象蹴踏气象也。

立志之法，莫妙于悬一所崇拜之古人以为模范。如该撒常自比亚历山大，拿破仑常自比该撒[2]；杨雄常自比司马相如；苏轼常自比白居易。皆刻意模范，而所成就亦略相等，或且过之。事功文章之末且有然，况于学道乎。孟子所自悬以为鹄者，则孔子也。故曰："乃所愿则学孔子也。"（《公孙丑》上）又曰："由孔子而来，至于今，百有余岁。去圣人之世，若此其未远也；近圣人之居，若此其甚也。"（《尽心》下）此孟子自言其志也。

语以向上，则谦让未遑，此之谓志行薄弱，而堕落之征兆

---

[1] 师子：即狮子。
[2] 该撒：现译为"恺撒"，史称恺撒大帝，罗马帝国的奠基者。

也。孟子诃之曰:"自暴者,不可与有言也。自弃者,不可与有为也。言非礼义,谓之自暴也;吾身不能居仁由义,谓之自弃也。"(《离娄》上)又曰:"有是四端而自谓不能者,自贼者也。"(《公孙丑》上)又曰:"是不为也,非不能也。"(《梁惠王》上)皆大声疾呼,唤起吾人之自觉心,使自知吾身力量之伟大,未有志焉而不能至者,要在学者毅然发心直下承当而已。

"闻伯夷之风者,顽夫廉,懦夫有立志;闻柳下惠之风者,鄙夫宽,薄夫敦。奋乎百世之上,百世之下,闻者莫不兴起也。"(《尽心》下)此孟子教人以模范古人之法。"待文王而后兴者,凡民也。若夫豪杰之士,虽无文王犹兴。"(《尽心》上)此孟子教人以不依傍古人之法,要之皆立志之照也。

荀子之教尊他力,故言假物(《勤学篇》云:"假舆马者,非利足也,而致千里。假舟楫者,非能水也,而绝江河。君子生非异也,善假于物也。"),重得师(《修身篇》云:"莫要得师。"又云:"师云而云,则是知若师也。"又云:"不是师法而好自用,譬之犹以盲辨色以聋辨声,舍乱妄无为也。")。此与其性恶之旨相一贯。盖性既恶,则非藉他力不能以矫正也。孟子言性善,故尊自力,其言曰"万物皆备于我"(《尽心》下),曰"反求诸己而已矣"(《公孙丑》上),曰"行有不得者,皆反求诸己"(《离娄》上)。孟子常教人学圣人,然又曰:"圣人先得我心之所同然耳。"(《告子》上)是自师吾心,即所以师圣人也。故曰:"夫道若大路然。岂难知哉?人病不求耳。子归而求之,有馀师。"(《告子》下)

孟子曰:"君子深造之以道,欲其自得之也。自得之,则居之安;居之安,则资之深;资之深,则取诸左右逢其源。"(《离娄》下)自得者,纯恃自力之谓,圣贤师友,能示我以为学之法,不能代我为学。能引我志于道,不能代我入道。故曰,"梓匠轮舆,能与人规矩,不能使人巧。"(《尽心》下)又曰:"君子引而不发,跃如也。中道而立,能者从之。"(《尽心》上)此孟子教育之方法也。泰西旧教育主义近荀子,其新教育主义近孟子。

孔子曰:"仁远乎哉?我欲仁,斯仁至矣!"(《论语》)。子思曰:"诚者自成也,而道自道也。"(《中庸》)此皆自力之教也。佛法亦言自修自证。而不然者,虽有多闻,犹闻说食,己不能饱也。学问者,父子兄弟不能以相代者也。人格者,父子兄弟不能以相易者也。

持自力之教者,必以凡人皆有自由意志为前提。有自由意志,然后善恶惟我自择,然后善恶之责任始有所归也(持定命之说者,则必谓人类无自由意志,然后可。盖一切皆有立乎人类之上者以宰制之,人类不过如一机器,受宰制者之指挥而动,不复能自由也。持极端性恶之论,其结果亦必至使人不能负善恶之责任,盖吾性既本恶,则为恶乃生理上心理上当然之事,谓之有罪,毋乃冤乎)。故孟子于人之不以自力求向上者,诃之曰自暴,曰自弃,曰自贼(俱见前)。又曰:"人必自侮,然后人侮之。家必自毁,然后人毁之。国必自伐,然后人伐之。"又曰:"天作孽,犹可违;自作孽,不可活。"(《离娄》上)又曰:"祸福无不自己求之者。"(《公孙丑》上)盖谓本可以自由为善,而甘于为不善,故责任无可逭也,其发明自我本位之义，至深切矣。

曰立志，曰自力，皆导人以向学而已。学之所当有事者究何如，孟子教人以第一义，则曰"存养"，所谓存其心养其性是也（《尽心》上）。盖性本善，能常存其善性使勿失，常养其善性使日长，斯人格具矣。孟子曰："人之所以异于禽兽者几希，庶民去之，君子存之。"（《离娄》下）所以异于禽兽者何，即人格其物也。《孟子》书中言禽兽凡五：本文，其一也；"逸居而无教则近于禽兽"〔《滕文公》上〕，其二也；"如此，则与禽兽奚择哉？于禽兽又何难焉"〔《离娄》下〕，其三也；"则其违禽兽不远矣。人见其禽兽也，而以为未尝有才焉"〔《告子》上〕，其四也；"无父无君是禽兽也"〔《滕文公》下〕，其五也。）孟子于《牛山》之章更详说之曰："人所以放其良心者，亦犹斧斤之于木也。旦旦而伐之，可以为善乎？其日夜之所息，平旦之气，其好恶与人相近也者几希。则其旦昼之所为，有梏亡之矣。梏之反复，则其夜气不足以存；夜气不足以存，则其违禽兽不远矣。"（《告子》上）此其义最精微亦最简易。言其精微,则平旦夜气,通于神明,学者可以此为修养之根焉;言其简易,则学者试思人之所以异于禽兽者为何为何,就此体认之而保存之,斯已足矣。孟子之教,则凡以唤起人类之自觉心而已(董仲舒言"人当自知贵于万物",亦即此义)。

人类之生,合神明、躯干两部分而成。躯干者,人与禽兽所同有也。饥而思食,劳而思息,寒暑趋避,牝牡交感,凡生理冲动之作用,人无一焉能异于禽兽者也。乃至群处而嬉乐,失侣而惨愁,触逆而忼怒,遇害而殉惧,凡心理感受之作用,人亦无以大异于禽兽者也。人之所以异于禽兽者,惟此神明,能审量焉、别择焉,能比推焉、扩充焉,此禽兽所决不能也。然神明寓于躯干之中,常受躯干之牵缚,牵缚深而神明之作用殆息。此作用息,则几与禽兽无择矣。何也?禽兽惟有生理之冲动与心理之受感,全不能以自身意志为选择发动。如曰,吾当如是,吾当不如是;吾欲如是,吾欲不如是;吾必如是,吾必不如是。此皆非禽兽所能也,而人能之,故异于禽兽也。质言之,则人类有自由意志,而禽兽无之也。今为躯干所束缚而失其意志之自由,为其所不当为,欲其所不当欲(《尽心》上云"无为其所不为,无欲其所不欲,如此而已矣"),神明不复自主,而成为躯干之奴隶(孟子"梏亡"二字极精,谓受梏桎而亡也),则试问与禽兽果复何择者?故孟子曰"人见其禽兽也",又曰"于禽兽又何难焉"。盖此人格一丧,则非惟近于禽兽,直是禽兽耳。此孟子一针见血之言也。

然此神明者,虽为躯干所牵缚,而究未尝泯灭也。故孟子字之曰"失"("此之谓失其本心";又,"舍则失之"),曰"丧"("贤者能勿丧耳"),曰"放"("其所以放其良心者";又,"有放心而不知求"),曰"亡"("有梏亡之矣"),皆一时迷失之谓。曰"害"("无以小害大,无以贱害贵";又,"以直养而无害"),曰"梏"("有梏已之矣","梏之反复"),曰"陷溺"("其所以陷溺其心者然也"),皆一时失其自由之谓。此如一家主人,或外出,或以故不能治事,则奴隶猖披焉,然主人资格自在,一旦赫然复守其舍,则躯干遂不得不戢戢听命矣。故孟子惟标举一"存"字:"人之所以异于禽兽者,君子存之";"君子所以异于人者,亦以其存心而已"(《离娄》下)。

《孟子》全书言"存"者如下:"存其心,养其性,所以事天也"(《尽心》上);"人之所以异于禽兽者几希,君子存之"(《离娄》下);"君子所以异于人者,以其存心也。君子以仁存心,以礼存心"(《离娄》下);"虽存乎人者,岂无仁义之心哉?""梏之反复,则其夜气不足以存"(《告子》上);"'操则存,舍则亡。出入无时,无知其乡。'其心之谓与"(《告子》上);"大人者,不失其赤子之心也"(《离娄》下);"非独贤者有是心也,人皆有之,贤者能勿丧耳"(《告子》上);"不失也,勿丧也,即存也。学问之道无他,求其放心而已"(《告子》上);"求则得之,舍则失之,是求有益于得者也;求在我者也"(《尽心》上)。求也者,取已失已丧已放已亡者而复之也。

"能存则自得之矣,自得之则资之深,居之安。"(《离娄》下)"能存则有诸己矣,有诸己之谓信。"(《尽心》下)千言万语,归于自觉而已。宋儒者使人日在其侧而问者,曰:"主人翁常惺惺否?"所以自觉也。明儒有问"求放心"者,答以"汝心现在",亦促其自觉也。禅宗一棒一喝,皆使之反诸己而自觉也。此等法门,滥用之则流于玩弄光景,善用之则入道之坦途也。

孟子以"存""养"并举(《尽心》上)。盖存与养相属,不养则不能久存也。人一日不两食则饥饿,岂惟口腹有饥饿,智识亦有饥饿,道德亦有饥饿。一日废学问,而智识之饥饿立见矣;一日废修养,而道德之饥饿立见矣。孟子曰"苟得其养,无物不长;苟失其养,无物不消"(《告子》上),又曰:"岂惟口腹有饥渴之害,人心亦皆有害。"(《尽心》上)

孟子曰:"拱把之桐梓,人苟欲生之,皆知所以养之者;至于身(身指我之全体,非专指躯干也),而不知所以养之者,岂爱身不若桐梓哉? 弗思甚也。"(《告子》上)夫养者,自养也,人亦孰不知自养。然要当视其所养者为何。孟子曰:"所以考其善不善者,岂有他哉? 于己取之而已矣。体有贵贱,有小大,无以小害大,无以贱害贵。养其小者为小人,养其大者为大人。(中略)养其一指,而失其肩背而不知也,则为狼疾人也。(中略)为其养小以失大也。"(《告子》上)所提小体大体之义至切明矣,以一指比肩背,则一指小而肩背大,以躯干比神明,则躯干小而神明大。夫躯干与神明,宜并养者也,然两者时有冲突焉。孟子并非贵人以勿养小体,而谓必以不养小失大为范围,故曰"以直养而无害"(《公孙丑》上)。无害云者,即无以小害大无以贱害贵也,遇神明与躯干利害相冲突时,必毋或徇躯干之欲而堕其神明,君子与庶民之异在此也,人与禽兽之异即亦在此也。

所谓神明与躯干利害之冲突何如?孟子曰:"生,亦我所欲也;义,亦我所欲也。二者不可得兼,舍生而取义者也。生亦我所欲;所欲有甚于生者,故不为苟得也。死,亦我所恶;所恶有甚于死者,故患有所不避也。如使人之所欲,莫甚于生,则凡可以得生者,何不用也?使人之所恶,莫甚于死者,则凡可以避患者,何不为也?"(《告子》上)所谓二者不得兼,即神明与躯干利害相冲突之时也,其冲突之甚,乃至神明与躯干不能并存,此等境遇,本非人世间所常有,吾侪或终身不一遇焉，万一遇之，则势必须舍其一乃能取其一，孰取孰舍，即人禽所攸分也。禽兽所欲无更甚于生，所恶无更甚于死。人决不然，然舍彼而取此则为人，舍此而取彼，遂禽兽矣。孰舍孰取，视平日所养何如耳，此养大体养小体之义也。

神明与躯干不能并存，非事所恒有也。神明与躯干之苦乐，因冲突而互为消长，此则吾侪日日遇之，刻刻遇之，常人徇其躯干之乐而不恤其神明之苦者比比然也，《鱼我所欲》章下半（《告子》上），专明此义。行路乞人，宁死不屑受嘑蹴之食，此证明性善之旨，以见小体大体之辨本非甚难也。万钟受否，无关生死，取舍权衡，宜若甚易，而反不果者，乃在区区宫室之美、妻妾之奉、所识穷乏者得我而已，此以见躯干易为神明之累，以小害大，以贱害贵，盈天下之人，其日日所蹈者率皆如是，而不自知其已违禽兽不远也。孟子一则曰"于我何加焉"，再则曰"是亦不可以已乎"。此一喝，足使人三日耳聋矣。

大体小体之孰贵孰贱，本非难知，然人曷为皆贵其所贱而贱其所贵,学者当由何术以矫正之?孟子乃于公都子之问答畅明其义焉。"公都子问曰:'钧是人也,或为大人,或为小人。何也?'孟子曰:'从其大体为大人,从其小体为小人。'曰:'钧是人也,或从其大体,或从其小体。何也?'曰:'耳目之官不思而蔽于物;物交物,则引之而已矣。心之官则思:思则得之,不思则不得也。此天之所以与我者,先立乎其大者,则其小者不能夺也,此为大人而已矣。'"(《告子》上)此章特标物与我之辨,最足发人深省。"物交物云"云,上"物"字指耳目所接之物,佛说自六尘以至山河大地,常人所共指为物者此也;下"物"字即指耳目及躯干之全部,佛说自六根以至六识,常人则不指此为物而指为我,不知此确为物而非我也。就其至浅者言之,如人之发齿爪甲,当其丽于我身,共指为我也(杨朱为我,拔一毛而利天下不为,谓一毛为我之体也)。及其脱落,则么么一物而已,此躯干之全部,与发齿爪甲何异。今世生理学大明,稍涉其樊者,共知吾全身筋骨血肉,皆历若干时一蜕变,全非其故矣。然而犹执此为我而终不悟也,既认此物为我,则罄吾之智能以养之。凡人终日所营营者,舍养此耳目口体外更有何事,因养此耳目口体于是乎有宫室之美、妻妾之奉,寖假而宫室妻妾,且成为我之一部,如是认贼作子,展转相引以至无穷。孟子喝破之曰"是物交物而已";曰"是于我何加焉"。明乎此义,然后知我前此所为营营齪齪者,皆为物役。自今以往,我当恢复我之自主权。我将对于一切物而宣告独立,不复为之奴隶。我但一作此念,而一切物已戢戢听命,无复能披猖矣。故曰"思则得之也",故曰"先立乎其大者,则其小者不能夺也"。此孟子之霹雳手段也。

饱乎仁义,令闻广誉施于身,先立乎其大者也。不愿膏粱,不愿文绣,则其小者不能夺也(《告子》上《欲贵者》章)。在彼者皆我所不为,在我者皆古之道,先立乎其大者也。说大人则藐之,则其小者不能夺也(《尽心》下《说大人》章)。所欲有甚于生,所恶有甚于死,先立乎其大者也。故不为苟得,故患有所不避,则其小者不能夺也(《告子》上《鱼我所欲》

章)。穷不失义,达不离道,先立乎其大者也。人知之亦嚣嚣,人不知亦嚣嚣,则其小者不能夺也(《尽心》上《谓宋句践》章)。居天下之广居,立天下之正位,行天道之大道,先立乎其大者也。富贵不能淫,贫贱不能移,威武不能屈,则其小者不能夺也(《滕文公》下《景春曰》章)。仁义礼智根于心,见于面,盎于背,施于四体,先立乎其大者也。虽大行不加焉,虽穷居不损焉,则其小者不能夺也(《尽心》上《广土众民》章)。伊尹以斯道觉斯民,自任以天下之重,先立乎其大者也。禄之以天下弗顾,系马千驷弗视,则其小者不能夺也(《万章》上《伊尹以割烹要汤》章)。柳下惠进不隐贤必以其道,先立乎其大者也。袒裼裸裎焉能浼我,则其小者不能夺也(《万章》下《伯夷目不视恶色》章)。孔子出于其类,拔乎其萃,由百世之后等百世之王莫之能违,先立乎其大者也。可以仕而仕,可以止而止,可以久而久,可以速而速,则其小者不能夺也(《公孙丑》上《不动心》章)。孟子善养浩然之气,先立乎其大者也。四十不动心,则其小者不能夺也(同上)。"孔子登东山而小鲁,登泰山而小天下。故观于海者难为水,游于圣人之门者难为言。"(《尽心》上)独立泰华之巅,岂屑与培塿竞高;扬帆渤澥之表,宁复与潢污较广。人虽饕餮,未有与小儿争饼者也;家拥金穴,则必不至为一钱而行劫矣。此宁待勉强,小大之量相悬,熟视且无睹也,睹且无焉,夺更何有?

"不能三年之丧,而缌小功之察;放饭流歠,而问无齿决,此之谓不知务。"(《尽心》上)此言不立乎其大,则虽兢兢于小,无益也。"好名之人,能让千乘之国;苟非其人,箪食豆羹见于色。"(《尽心》下)"以其小者信其大者奚可哉。"(《尽心》上)此言大不立则小者终不足持也。"原泉混混,不舍昼夜,盈科而复进,放乎四海,有本者如是,是之取耳。苟为无本,七八月之间雨集,沟浍皆盈,其涸也,可立而待也。"(《离娄》下)"本者何,立乎其大也。苟为无本,则小者能夺也。宁死不受呼蹴之食,为宫室妻妾所识穷乏而受万钟"(《告子》上《鱼我所欲》章),无本故也。

大既立则小不能夺,固也。然必无以小害大,夫然后大乃俄立,故孟子又曰:"养心莫善于寡欲。其为人也寡欲,虽有不存焉者寡矣;其为人也多欲,虽有存焉者寡矣。"(《尽心》下)盖多欲之结果,非至以小害大养小失大焉不止也。故佛教归结于觉悟,而谨始于戒律也。然何以能寡欲,仍在务立其大。盖所欲有大者远者,则流俗人之所欲,已不复觉其可欲矣。荀子专主以礼乐节制人耳目口体之欲,其法甚秾密。由孟子观之,终不免头痛灸头、脚痛灸脚也。

孟子言寡欲不言无欲。无欲者出世间法也,寡欲者世间法也。孟子言世间法不言出世间法也,故曰"无为其所不为,无欲其所不欲,如此而已矣"(《尽心》上)。

孟子曰:"我善养吾浩然之气。"此自道德力处也。公孙丑问何谓"浩然之气",答曰"难言",其体难言也。佛说真如体离言说相、离文字相也。又曰"其为气也,至大至刚;以直养而无害,则塞乎天地之间",此言其相也。又曰"其为气也,配义与道,无是馁也",此言其用也。又曰"是集义所生者,非义袭而取之也。行有不慊于心,则馁矣",又曰"必有事焉,而勿忘勿助长也",此言养之之法也(《公孙丑》上《不动心》章)。此章在全书中号称难读,吾欲以《易·象传》"天行健,君子以自强不息"之义释之:浩气者,人性中阳刚发扬之法也。人类之所以能向上,恒恃此,缺焉则馁,馁则无复自信力,而堕落随之矣。此气本人性所同具,曷为或强或弱,或有或无,则以有害之者,害之奈何,为其所不为,欲其所不欲,日受良心之责备,则虽欲不馁焉不得也。气之为物,易衰而易竭者也,馁而再振,其难倍蓰焉。养之法,惟在自强,自强则能制伏小体,不为物引(老子曰"自胜之为强")。而不慊于心之行可免矣。"仰不愧于天,俯不怍于人"(《尽心》上)。"行一不义,杀一不辜,而得天下,不为也"(《公孙丑》上《不动心》章)。信如是则何不慊之有,何馁之有。集义者,常以道义自律,所以增长其自强力也。而其所以能直养者尤在不息,必有事焉而勿忘,不息之义也。非常常提絜抖擞,则神明必有时而衰惰,衰惰则不强而馁矣(此自觉与自强之关系也)。然则曷为戒助长,其进锐者其退速(《尽心》上)。助长之结果,必至息也。

不动心之一境界,学者所以自卫也,然若事谈何容易。无所养于平日,则临境必失其自由,即强制于一时,然历久仍丧其所守。孟子养气,全是从本原处下工夫,以与前北宫黝、孟施舍、告子等所用之方法比较,彼等皆随事为临时抵抗者也。孟子则无事时不断致力而临事之抵抗反无所用也。譬诸摄生治病,北宫黝、孟施舍以峻剂攻治,告子食不出户以防外邪之袭,孟子则中气充盈,病自不能侵也。所谓大立而小不能夺,其本领全在是。

"夫仁,亦在乎熟之而已矣"(《告子》上)。如何而能熟?惟勿忘能之,惟不息能之。

"一日暴之,十日寒之,未有能生者也。"此教人贞固有恒之法。不专心致志,则不得也,此教人精力集中之法(《告子》上)。精力集中,孔子所谓敬事也,必如此然后神明之作用乃生,无论为求学为治事,皆事半功倍,然要非贞之以恒焉不可耳。

深造自得,以至于左右逢源(《离娄》下)。理义之悦我心,犹刍豢之悦我口(《告子》上)。此学问兴味之说也。人能以学问为一种嗜欲,为一种兴味,则日进而不自知矣。故孔子曰"学而时习之,不亦说乎",又曰"知之者不如好之者,好之者不如乐之者"。乃知宋贤之教,犹不免以学问为桎梏,非善教者也。

孟子之言存养,大略如是。存养者求自得而勿失也。然非此而已足也,其大作用则在扩充。孟子以恻隐、羞恶、辞让、是非之心,为仁义礼智之端。端也者,始基云尔,非谓即此已具其全体也,故曰:"凡有四端于我者,知皆扩而充之矣;若火之始然,泉之始达。苟能充之,足以保四海。"此言四端力量之伟大也。其下即继之曰:"苟不充之,不足以事父母。"此言仅有四端之不可恃也(《公孙丑》上《不忍人之心》章)。此就个人修养方面立论。又曰:"人皆有不忍人之心。先王有不忍人之心,斯有不忍人之政矣。"(同上)又曰:"古之人所以大过人者无他焉,善推其所为而已矣","故推恩足以保四海,不推恩无以保妻子"(《梁惠王》上《齐桓晋文》章)。此就政治方面立论,两者义同一贯,实孟子立教之眼目也。

孟子言良知良能,而其用在达于天下(《尽心》上《良能》章)。"达"之义云何？孟子释之曰:"人皆有所不忍;达于其所忍,仁也。人皆有所不为;达于其所为,义也。"(《尽心》下)虽穷凶极恶之人,忍于族党,忍于朋友,忍于兄弟,而于父母妻子,终必有所不忍。能举其所不忍者而达之于其所忍之兄弟朋友族党焉,则仁矣。常人不忍于家之索而忍于天下之溺,能举其所不忍者而达于其所忍焉,则益仁矣。持世法者不忍于杀人而忍于肉食,若更举其所不忍者而达于其所忍焉,则益仁矣。以所不为达于所为,义亦同此。故曰:"人能充无欲害人之心,而仁不可胜用也。人能充无穿窬之心,而义不可胜用也。人能充无受尔汝之实,无所往而不为义也。"(同上)此扩充之说也。

以扩充为教,此因势而利导之,善之善者也。吾名之曰发挥本能之教,亦曰尽性之教。所谓"充类至义之尽"是也(《万章》下《交际》章)。个人当孩提时,智识材力道德能有几，何以阅数十年遂能变为圣贤豪杰？社会当草昧时，文物制度能有几，何以阅数千年，乃遂光华灿烂与日月齐耀也？无他，扩而充之而已。故自修养者务发挥自己之本能，教人者务发挥人之本能，为国民教育者务发挥国民之本能，如斯而已矣。

孟子之教人也，其于门弟子之问答，引申触类，引而弥长，无待论矣。其对于未闻道者，如许行之徒陈相，因其知百工之事不可耕且为，遂进之使明并耕之非（《滕文公》上《有为神农之言》章）。墨者夷之，因彼葬其亲厚，遂进之以生物一本之义（《滕文公》上《墨者夷之》章）。以曹交之纨袴，因其知徐行后长者，则曰是即可以为尧舜矣（《告子》下《曹交》章）。以齐宣王之骄侈，因其不忍一牛之觳觫，则曰是即可以保民而王矣（《梁惠王》上《齐桓晋文》章）。乃至因鸿雁麋鹿而导之以与民皆乐（《梁惠王》上《立于治上》章），因钟鼓羽旄而导之以与百姓同乐（《梁惠王》下《庄暴》章）。好色则曰与百姓同之，好货则曰与百姓同之（《梁惠王》下《明堂》章）。好勇则曰王请大之,一怒而安天下之民(《梁惠王》下《交邻国》章)。无他,扩充而已矣。

山径蹊间,介然成路,扩充也(《尽心》下《谓高子》章)。原泉混混,不舍昼夜,扩充也(《离娄》下《水哉水哉》章)。掘井九仞,而务及泉,扩充也(《尽心》上《有为者》章)。城门之轨,非两马之力,扩充也(《尽心》下《禹之声》章)。登东山而小鲁,登泰山而小天下,扩充也(《尽心》上《登东山》章)。养气由于集义,扩充也(《公孙丑》上《不动心》章)。知天由于尽心,扩充也(《尽心》上《尽心》章)。反约由于博学详说,扩充也(《离娄》下《博学》章)。大任由于增益不能,扩充也(《告子》下《舜发畎亩》章)。以友天下之善士为未足,又尚论古之人,扩充也(《万章》下《一乡善士》章)。扩充之时义大矣哉!

"可欲之谓善,有诸己之谓信,充实之谓美。"可欲者,悦心之义理也;有诸己者,深造而自得之也;充实者,扩而充之也。能扩充而学问之能事毕矣。更进焉,则"充实而有光辉之谓大,大而化之之谓圣,圣也不可知之之谓神",皆重扩充以扩充而已(《尽心》下《浩生不害》章)。

乡愿自以为是而不可以入道,曰惟不扩充故(《尽心》下《孔子在陈》章)。旦昼梏亡则夜气不足以存,曰惟不扩充故(《告子》上《牛山》章)。不扩充则必并其所固有者而失之,所谓苟失其养无物不消也。仁者以其所受及其所爱,扩充也。不仁者以其所不爱及其所爱,扩充之反也(《尽心》下《梁惠王》章)。扩充之反,则与禽兽无择矣。孟子曰:"于不可已而已者,无所不已;于所厚者薄,无所不薄也。"(《尽心》上)又曰:"为机变之巧者,无所用耻焉,不耻不若人,何若人有?"(《尽心》上)

立志、存养、扩充三者,学之所以成始而成终也。然因各人气质不齐,故入道之途亦异。而孟子所最奖励者,则狂也,狷也。孟子于全书之卒章,述道统之渊源,而其前一章论狂狷与乡原之异,盖谓能任道者必狂狷其人也。孟子何取乎狂狷?孟子述孔子之言曰:"孔子不得中道而与之,必也狂狷乎。狂者进取,狷者有所不为也。"后释之曰:"孔子岂不欲中道哉？不可必得,故思其次也。"其释狂之义,则曰:"其志嘐嘐然,曰'古之人古之人',夷考其行,而不掩焉也。"其释狷之义,则曰"不屑不洁"。其与狂狷最相反者曰乡原。孟子述孔子言曰:"过我门而不入我室,我不憾焉者,其惟乡原乎？乡原,德之贼也。"孟子进而释乡原之义曰:"非之无举也,刺之无刺也,同乎流俗,合乎污世,居之似忠信,行之似廉洁,众皆悦之,自以为是,而不可与入尧舜之道。"又述乡原诋狂者之言曰:"何以是嘐嘐也,言不顾行,行不顾言,则曰古之人古之人",其诋狷者之言曰"行何为踽踽凉凉,生斯世也,为斯世也,善斯可矣"。孟子总评乡原之性质,曰"阉然媚于世",而断之曰"德之贼"(《尽心》下《孔子在陈》章)。读此而狂狷之价值可识矣。必狂然后能向上,进取也,古之人古之人也,皆所以向上也。必狷然后能自卫,不屑不洁也,有所不为也,皆所以自卫也。狂狷各得中行之一体(中道,《论语》作中行),合之即成中行。不狂不狷而欲自托于中行,则为乡愿而已。凡《孟子》书中教人以发扬志气坚信自力者,皆狂者之言也;

凡《孟子》书中教人以砥厉廉隅峻守名节者,皆狷者之言也。故学孟子之学,从狂狷入焉可耳。

孟子于孔子之外,最尊伯夷、伊尹。孔子中行也,伯夷近于狷者也,伊尹近于狂者也。伯夷目不视恶色,耳不听恶声,非其君不事,非其友不友,治则进,乱则退,横政之所出,横民之所止,不忍居也。不立于恶人之朝,不与恶人言,思与乡人处,如以朝衣朝冠坐于涂炭。其冠不正,望望然去之,若将浼焉(《公孙丑》上《伯夷》章、《万章》下《伯夷》章),是不屑不洁之极则也,是嚼然有所不为也,是踽踽凉凉也。然治则进,乱则退,其进取之气则不盛焉,故曰狷之流也。伊尹曰:"何事非君?何使非民?"治亦进,乱亦进。思天下之民有匹夫匹妇不被其泽者,若己推而纳诸沟中。进取之极则也。汤使人以币聘之,嚣嚣然曰:"吾何以汤之聘币为哉!我岂若处畎亩之中,犹是以乐尧舜之道哉!"既而幡然改曰:"吾岂若使是君为尧舜之君哉!吾岂若使是民为尧舜之民哉!"所谓其志嘐嘐然则曰古之人古之人也。曰:"天之生斯民也,使先知觉后知,使先觉觉后觉也,予天民之先觉者也,予将以斯道觉斯民也,非予觉之而谁也。"其嘐嘐之气象如见也。然而五就汤五就桀,其于不屑不洁,盖不立严格焉(《万章》上《伊尹割烹》章,下《伯夷》章)。故曰狂之流也,由狂入圣,可以为圣之任;由狷入圣,可以为圣之清。孟子之尊伯夷、伊尹,即孟子之奖狂狷也。

狂者进取,由狂入圣,圣之任。孟子最进取者也,孟子最能任者也,故孟子亦狂者也。前所述立志诸条,其语气皆所谓嘐嘐然古之人古之人也,管仲、晏子,则以为"不足为"(《公孙丑》上《当路于齐》章),游、夏、颜、闵,则曰"姑舍是",伯夷、伊尹,则曰"不同道",而必以愿学孔子自程(《公孙丑》上《加齐卿相》章)。正人心息邪说,则曰"以承三圣"(《滕文公》下《好辨》章);三宿出昼,则曰"王如用予,则岂徒齐民安,天下之民举安"(《公孙丑》下《尹士》章);论兴王名世,则曰"如欲平治天下,当今之世舍我其谁"(《公孙丑》下《充虞》章)。皆一种嘐嘐进取气象也。

狂者之弊，在自信力太过，故往往夷考其行，而不掩焉，所以非中道也。然人若无自信力，则无复进取，而世运之进化，或几乎息矣，虽太过犹愈于已，故孔子思之。

狷者不屑不洁，由狷入圣，圣之清。孟子最不屑不洁者也，孟子最能清者也，故孟子亦狷者也，故不肯枉尺而直寻也（《滕文公》下《陈代》章），不肯以道而殉人也（《尽心》上《天下有道》章），不肯辱己以正天下，而曰"归洁其身"也（《万章》上《伊尹割烹》章）。以顺为正，则斥之曰"妾妇之道"（《滕文公》下《景春》章）；自鬻以成，则断之曰"乡党"，自好者不为（《万章》上《百里奚》章）；求富贵利达，则比之"墦间乞食"（《离娄》下《齐人有一妻一妾》章）；大人巍巍，则藐之为"我所不为"（《尽心》下《说大人》章）；色厉内荏，以言餂人，则拟诸"穿窬之盗"（《尽心》下《人皆有所不忍》章）；不由其道而仕，则等诸"钻穴隙之道"（《滕文公》下《周霄》章）。凡此皆不屑不洁也。皆有所不为也。故其结果每至于踽踽凉也，此狷者气象也。

孟子曰："无为其所不为"（《尽心》上），又曰："人有不为也,然后可以有为。"(《离娄》下)人而无所不为,则凶人也,恶人也,与禽兽无择也。然则欲全人格以异于禽兽,其必自有所不为始矣。孔子曰:"君子之道,譬则坊欤。"(《礼记·坊记》)宋儒曰:"名节者,道之藩篱。"(偶忘何人语)坊也,藩篱也,皆所以自卫也。故《孟子》一书,言砥厉名节者最多(《公孙丑》上《孟子将朝王》章、《致为臣而归》章,《滕文公》下《陈代》章、《景春》章、《周霄》章、《不见诸侯何义》章,《离娄》上《男女授受》章、《孟子谓乐正子》章,《离娄》下《齐人有一妻一妾》章,《万章》上《伊尹割烹》章、《孔子于卫》章、《百里奚》章,《万章》下《敢问不见诸侯何义》章,《告子》上《鱼我所欲》章、《有天爵者》章、《欲贵者》章,《尽心》上《人不可以无耻》章、《耻之于人大矣》章、《古之贤王》章、《谓宋句践》章、《以道殉身》章,《尽心》下《人皆有所不忍》章、《说大人》章),皆以严格自律,无一毫可以宽假,狷之至也。

人不可以不进取,而进取必须以有所不为为界,孟子是也。孟子苟非进取,则何必仆仆于梁齐滕宋之郊,日与时主俗士为缘。孟子盖热血磅礴人也，诵《去齐》诸章（《公孙丑》下《尹士》章、《充虞》章）所言而可知也。然而终不肯小有所枉以求合焉，所谓无为其所不为也。为目的而不择手段，孟子所决不许也。《易·文言传》曰"乐则行之，忧则违之，确乎其不可拔"，孟子有焉。

伊尹自任以天下之重，可谓其志嘐嘐矣。然而非其道也，禄之以天下弗顾也，系马千驷弗视也。非其道也，一介不以与人，一介不以取诸人（见前）。其不屑不洁为如何也。孟子言当今之世舍我其谁（见前），又言非其道则一箪食不可受于人（《滕文公》下《彭更》章），故孟子一伊尹也。

柳下惠之和，孟子屡道之。然又曰"柳下惠不以三公易其介"（《尽心》上）。然则柳下惠亦狷者也，不然，则由由然与之偕，援而止之而止（《公孙丑》上《伯夷》章），柳何以异于乡愿乎！

闻伯夷之风者，顽夫廉，懦夫有立志。闻柳下惠之风者，鄙夫宽，薄夫敦（《万章》下《伯夷》章、《尽心》下《圣人百世之师》章)。此语孟子再三反复道之。盖天下风气之坏,则顽懦鄙薄四者尽之矣。惟廉立宽敦可以救之,故曰圣人百世之师也。

乡愿何以谓之贼?以其阉然媚于世而已,以其同乎流俗合乎污世而已。或疑孔孟此言为过,则胡广、冯道果何人者?故《中庸》曰:"小人之中庸也,小人而无忌惮也。"学者若不从狂狷两路立脚,则虽学问日多,阅历日深,其结果必至众皆悦之自以为是,然却已陷于贼而不自知也。

其在学派,则狂者偏于理想,狷者偏于实践。其在政派,则狂者偏于改进,狷者偏于保守。二者如车之有两轮,鸟之有双翼焉,缺一不可也。狂然后有元气,狷然后有正气。无元气则不能发扬,无正气则不能强立。

孟子教人修养之途径,大略具是矣。读此则知后儒专提主敬、主静等法门者,或专以穷理格物为事者,或专务礼容节文之末者,皆不免偏至。孟子惟先立乎其大者,不骛枝叶。孟子言必有事焉,不贪寂静也。

(三) 教育论

孟子极言教育为人生之一种责任。其言曰:"中也养不中,才也养不才;故人乐有贤父兄也。如使中也弃不中,才也弃不才,则贤不肖之相去,其间不能以寸。"(《离娄》下)又两引伊尹之言曰:"天之生斯民也,使先知觉后知,使先觉觉后觉也。予天民之先觉者也;予将以斯道觉斯民也。非予觉之而谁也!"(《万章》上《伊尹割烹》章、《万章》下《伯夷》章)教育之要旨,曰养曰觉。养属道德方面,觉属知识方面(觉者觉也,学也,学也者效也)。先辈有养人觉人之义务。社会文明所以能联属不断,缉熙光明者,全恃此也。故曰:"得天下英才而教育之,三乐也。"(《尽心》上)

"大舜,有大焉:善与人同,舍己从人,乐取于人以为善,取诸人以为美,是与人为善者也。故君子莫大乎与人为善。"(《公孙丑》上《子路》章)与人为善,教育者之事也;取人为善,受教育者之事也。常能取人为善,则受教育岂有止境,而亦何常师之有。故曰:"夫苟好善,则四海之内,皆得轻千里而来,告之以善。"(《告子》下《乐正子》章)此自力教育之妙用也。

取人为善,莫如尚友。故曰:"一乡之善士,斯友一乡之善士;一国之善士,斯友一国之善士;天下之善士,斯友天下之善士。以友天下之善士为未足,又尚论古之人,诵其诗,读其书,不知其人可乎?是以论其世也,是尚友也。"(《万章》下)盖人类之能进化,全由其富于相熏习性。故一人所发明之新道德新智识,不转瞬而可以成为公众所共有。然能否均沾此共有物,则在乎人之自取自爱而已。其能受之量弥大,则其所受之量亦弥大。故以友自广,自一乡一国而远及于天下古人也。

《孟子》一书,言智识教育,较为简略。盖书中推论事理,广涉各方面,是即所以增长人智识,不必显以智育为揭橥者也。然孟子教学者,并不以积蓄智识为入道之法门,此则诚其宗旨之一端。孟子曰:"所恶于智者,为其凿也。如智者,若禹之行水也,则无恶于智矣。禹之行水也,行其所无事也;

如智者,亦行其所无事,则智亦大矣!"(《离娄》下)如何始能行所无事而得智,孟子未尝明言,至其恶穿凿,则固为骛智识者一良药耳。何也,穿凿者必横一成见以附会之,实智识之障也。

孟子又曰:"天之高也,星辰之远也,苟求其故,千岁之日至,可坐而致也。"(《离娄》下)此孟子教人以求智识之方法。盖所用者为纯粹演绎法,谓当据一原理原则以推诸各事物,故曰"则故而已矣"(同上)。然若何乃能求得其故?吾所认为故者是否正确,如何而始能得正确?此当求诸归纳法。而孟子未言之,盖归纳研究法之不发达,实我国古今学者通病,匪独孟子矣。

孟子曰:"人之有德慧术智者,恒存乎疢疾。独孤臣孽子,其操心也危,其虑患也深,故达。"(《尽心》上)此言智慧纯从阅历磨练得来。此又孟子智育之一大法门也。

《舜发畎亩》一章,最能发扬人之志气,此大医王之海潮音也。其言曰:"故天将降大任于是人也,必先苦其心志,劳其筋骨,饿其体肤,空乏其身,行拂乱其所为;所以动心忍性,增益其所不能。人恒过,然后能改。困于心,衡于虑,然后发。征于色,发于声,然后喻。入则无法家拂士,出则无敌国外患者,国恒亡。然后知生于忧患,而死于安乐也。"(《告子》下)呜乎!普天下之人,处困境遭患难坎坷不得志颠沛无所告诉者,与夫忧国忧天下悲观绝望者,读此其可以尽人而兴矣。将受大任者,苦心志,劳筋骨,饿体肤,空乏其身,则既甚矣,犹以为未足,加之以行拂乱其所为。拂乱所为云者,凡行为之结果,无一焉不与所希望相反。人生到此,真乃心摧气尽,盖神明之苦痛,无量无极矣。殊不知非至于此极,则曷由动心忍性,增益其所不能,多一分之坎坷颠沛,则动忍增益加一分之量。坎坷颠沛至乎其极,则动忍增益至乎其极者也。故孟子复申言之曰,能过然后能改;困于心衡于虑,然后发。凡以证明前此所云云,并非聊相慰藉之言。盖大人物之成就,其第一要素在意志坚强;其第二要素在思虑周密。然此种境界,非此心经几许操练,决不能至也。困心衡虑,即操练此心之学校也。此种学校,可遇而不可求。人终身不能得入学之机会者,比比然矣,今而遇之,则是天之所以厚我者至矣,谓宜欢喜感激,利用此极难得之境遇以自玉于成。信能如此,则虽缘执业之异趋与夫才器之异量,而成就有不同,要其必有所成则一也。而不然者,一遇挫折,则颓然自放,譬诸行路然,崎岖当前,望崖而返,前途虽有万里坦途,末由涉矣。此所谓志行薄弱,而暴殄天赐也。

非惟个人为然也,即国家亦有然。孟子曰:"天下之生久矣,一治一乱。"(《滕文公》下《好辩》章)吾向者尝疑此言为过,谓天下竟可有一治而永不乱之国。由今观之,宁有是耶!世运之进化,非为直线而常为螺旋形。当其在进化途中,波折固所不免。当此波折之时,能有一种新空气新力量,蜕变前此之腐气惰力而与之代兴,此国家所以能与天地长久也。岂惟国家,即人类社会之全体亦莫不然。全世界形势最混杂时代,全世界思想最浑沌最烦闷时代,是即新思想将发生新制度将建设之时代也。故曰生于忧患也。人亦于忧患中求生而已。而不然者,富岁子弟多赖,世禄之家鲜克由礼,个人之死于安乐也。"天之方蹶,无然泄泄"(《离娄》上《离娄》章),"安其危而利其灾,乐其所以亡者"(《离娄》上《不仁者》章),国家之死于安乐也。

《降大任》章,教人以处逆境之方法,至深切矣。此种关于人生一段落之遭际,惟自强其意力可以处之。至于一时一事偶然之拂逆,孟子教人处之之法,尤甚简便。其言曰:"爱人不亲反其仁,治人不治反其智,礼人不答反其敬。行有不得者,皆反求诸己。"(《离娄》上)又曰:"仁者如射:射者正己而后发;发而不中,不怨胜己者,反求诸己而已矣。"(《公孙丑》上)又曰:"有人于此,其待我以横逆,则君子必自反也。我必不仁也。必无礼也;此物奚宜至哉!"(《离娄》下)此实自平其心最妙之法,狠怒怨毒,人类相处之大害也。然此大抵皆触发于一时,刹那顷,当此一刹那顷而能节制之,则遂不发矣。孟子教人以自反,即将此一刹那顷按下也,故曰:"强恕而行,求仁莫近焉。"(《尽心》上)

孟子所标举，有一义焉。若与其根本宗旨相冲突者，则言命是已。孟子曰："莫非命也，顺受其正。"又曰："求之有道，得之有命。"（俱《尽心》上）又曰："莫之为而为者，天也。莫之致而至者命也。"（《万章》上）又曰："君子行法以俟命而已。"（《尽心》下）又曰："行，或使之；止，或尼之；行止，非人所能也。吾之不遇鲁侯，天也。"（《梁惠王》下）又曰："夫天未欲平治天下也。"（《公孙丑》下）书中言类此者尚甚多。凡此皆（未）[谓]我身以外，尚有一物焉为最高之主宰，而我之境遇，恒受其支配。即此所谓宿命说也。中国古代宿命说有两派：其一，谓宿命由天帝所定。天帝者，一种之人格神，而其威权无上，非人所能抗，孟子所谓"天未欲平治天下"云云是也。商周间之宗教思想，纯属此派，而儒家继承之。其二，谓宿命由自然之运所演成，其为物虽非必有意识，然人类之意识，迄不能胜之，孟子所谓"莫之为而为莫之致而至"云云是也。道家之哲学思想，纯属此派，而儒家亦兼采之。此两派思想，盖弥漫于我数千年之思想界，占莫大势力，其昌言与之反抗者，惟墨子一人而已。然墨子"非命"而复言"天志",则已自相冲突也(参观《墨子·非命篇》、《天志篇》)。在欧洲哲学,则宿命说与自由意志说最不相容。盖既信有宿命,则所谓万物备我、所谓自力万能者,其说将皆不能成立。人若过信宿命,必旦委心任运,处顺境将耽安不复进取;处逆境将颓丧而不能自振。如是则世运之进化,不几息耶。故就表面上观之,孟子学说中之此一点,实与其全体学说相矛盾,且不啻取其全体学说而毁弃之,此无容为讳者也。然进而求之,则并行不悖之理,又可得言焉。吾以为命也者,佛教业力之说也。佛教不言宿命而言宿业;业也者,非别有一人格神焉能造之,亦非自然之运能造之,实众生所自造也。然众生既造此业,则必受其报,业与报紧相连属,丝毫不容假借者也。若此者,名之曰因果律。因必有果,丝毫不容假借者也。于是乎人类之境遇,乃至其行为其意志,自有一部分不能不受业报之束缚。若此者,吾中国思想家,谓之曰命。业有自业,有共业。自业演为众生之个体,众生各自食其报。共业演为国土,演为宇宙（佛说通谓之器世间），全国土全宇宙之众生同食其报。吾国思想家，名前者为个人之运命，名后者为国家之运命（国运），世界之运命（世运）。此种运命，就目前观之，确为一种不可抗力，如人寿充其量不过百年，终必有死，欲以吾力逃之，所不能也。如世界恒一治而一乱，有光明之一面，随即有黑暗之一面，欲以吾力抹煞之，所不能也。不深探其本，则或以为有一人格神焉为之主持，或以为自然之运，莫之为而为，莫之致而至。孟子曰命，其果曾深探其本与否，吾不敢言，然而其言曰："夭寿不贰，修身以俟之，所以立命也。"又曰："顺其道而死者，正命也；桎梏死者，非正命也"，"故知命者，不立乎岩墙之下"（俱《尽心》上）。又曰："命也，有性焉，君子不谓命也。"（《尽心》下）曰正命，曰立命，曰不谓命，则孟子非认命为绝对不可抗明矣。依佛教所说，业也者，自力所造也；自力所造，惟还以自力能转移之。过去之自业未尽，则吾一身食其业报，宜也。今宜如何？则更求所以造善良之自业而已，此世间法也，出世间法则惟有不复造业。过去之共业未尽，则吾所处之国土之世界食其业报,宜也。今宜如何?则更求所以造善良之共业且已。孟子所立命者,是否作如此解说,吾不敢言,然孟子必有见于此,则吾敢言也。故其言曰:"天作孽,犹可违;自作孽,不可活。"又曰:"祸福无不自己求之者。"(《公孙丑》上)

宿命之说,有时固可以懈人进取之志,然亦可以息人营求奔竞之心。孟子曰:"孔子进以礼,退以义;得之不得,曰有命。"(《万章》下)又曰:"求之有道,得之有命,是求无益于得者也,求在外者也。"此皆为举世营营逐逐之徒下顶门一针者。孔孟言命,其作用大半在是。

尽其道而死者正命也。真知命者必不为苟得,真知命者必患有所不避,故曰:"志士不忘在沟壑,勇士不忘丧其元。"(《滕文公》下)

孟子最尊改过。故曰:"人恒过而后能改。"(《告子》下)又曰:"过也,如日月之食焉,人皆见之;及其更也,人皆仰之。"(《公孙丑》下)又曰:"虽有恶人,斋戒沐浴,则可以祀上帝。"(《离娄》下)此亦与其性善之旨相一贯,虽有陷溺,虽有梏正,一旦觉悟,则善体固在。故有过非所患,改之而已。此亦孟子善诱学者之一端也。

王阳明知行合一之教 1926年12月在北京学术讲演会及清华学校讲稿

题解：1926年12月，梁启超在北京学校讲演会、清华大学同时讲《王阳明知行合一之教》，因内容丰富，分多次才讲完。该文后发表于该月20日至次年2月12日《晨报》上。他又将该文印出来，以此为儿女们的家庭教育读本。

梁启超大讲、详讲王学，是有很深的学术、文化背景的。青年时，他在万木草堂跟随康有为学习陆王心学，此后一直服膺之。这一学说不仅是其学术思想的主要根基，而且还是其修身养性的重要指导。因之亦一直致力于对此之阐扬、传播，如1897年主办时务学堂时，向学生授以陆王心学的修养论；再如1905年编纂的《德育鉴》和《节本明儒学案》，核心内容是陆王心学，尤其是王学。梁启超晚年尤其大力弘扬王学，一个更为重要的原因是现代学校几乎变成了

"智识贩卖所",而缺乏人格修养的学问,故学生之精神无所寄托。欲救治这一弊病,梁启超认为王阳明的"知行合一""致良知"之教,乃最简捷、最美满、最有效验,甚至可以说是"唯一的救济法门",为学界"独一无二之良药"。此讲演稿集中而详细地阐述了王阳明的修身之学,主要包括三个方面:一是"知行合一"说的主要内容,二是"知行合一"说的哲学根基,三是"致良知"的具体修养工夫。比起民国时来说,我们现在的学校更加缺乏修身之学,而社会风气也更加败坏,故王阳明的"知行合一""致良知"之教于今日尤为迫切,更应值得提倡。人人都知行合一,人人都致良知,天下风气之转,关乎每一个人。阳明之教当适用于每一个人,故此文虽长,但值得深入研读,并依之躬行。此文可与本书第一部分《与孩子们——〈王阳明知行合一之教〉印出后寄你们读》合观。

一 引论

二 知行合一说之内容

三 知行合一说在哲学上之根据

四 知行合一与致良知

五 阳明学说与现代青年(阙)

一 引论

现代(尤其是中国的现在)学校式的教育,种种缺点,不能为讳,其最显著者,学校变成"智识贩卖所"。办得坏的不用说,就算顶好的吧,只是一间发行智识的"先施公司":教师是掌柜的,学生是主顾客人。顶好的学生,天天以"吃书"为职业,吃上几年,肚子里的书装的像蛊胀一般,便算毕业。毕业以后,对于社会上实际情形不知相去几万里,想要把所学见诸实用,恰与宋儒高谈"井田封建"无异,永远只管说,不管做。再讲到修养身心、磨炼人格那方面的学问,越发是等于零了。学校固然不注意,即使注意到,也没有人去教,教的人也没有自己确信的方法来应用,只好把他搁在一边拉倒。青年们稍为有点志气,对于自己前途切实打主意的,当然不满意于这种畸形教育,但无法自拔出来,只好自己安慰自己说道:"等我把智识的罐头装满了之后,再慢慢的修养身心与及讲求种种社会实务吧。"其实那里有这回事,就修养方面论,把"可塑性"最强的青年时代白白过了,到毕业出校时,品格已经成型,极难改进,投身到万恶社会中,像洪炉燎毛一般,拢着边便化为灰烬。就实习方面论,在学校里养成空腹高心的习惯,与社会实情格格不入,到底成为一个书呆子,一个高等无业游民完事。青年们啊!你感觉这种苦痛吗?你发见这种危险吗?我告诉你唯一的救济法门,就是依着王阳明知行合一之教做去。

知行合一是一个"讲学宗旨",黄梨洲说:"大凡学有宗旨,是其人之得力处,亦即学者之入门处。天下之义理无穷,苟非定以一二字,如何约之使其在我?"(《明儒学案发凡》)所谓"宗旨"者,标举一两个字,或一两句话头,包举其学术精神之全部,旗帜鲜明,令人一望而知为某派学术的特色。正如现代政治运动、社会运动之"喝口号",令群众得个把柄,集中他们的注意力,则成功自易。凡讲学大师标出一个宗旨,他自己必几经实验,痛下苦功,见得真切,终能拈出来,所以说是"其人得力处"。这位大师既已循着这条路成就他的学问,他把自己阅历甘苦指示我们,我们跟着他的路走去,当然可以事半功倍,而得和他相等的结果,所以说是"即学者入门处"。这种"口号式"的讲学法,宋代始萌芽,至明代而极成。"知行合一",便是明代第一位大师王阳明先生给我学术史上留下最有名,而且最有价值的一个口号。

口号之成立及传播,要具备下列各种要素:(一)语句要简单。令人便于记忆,便于持守,便于宣传。(二)意义要明确。明谓显浅,令人一望而了解;确谓严正,不含糊模棱以生误会。(三)内容要丰富。在简单的语句里头能容得多方面的解释,而且愈追求可以愈深入。(四)刺激力要强大。令人得着这个口号,便能大感动,而且积极的向前奋进。(五)法门要直捷。依着他实行,便立刻有个下手处,而且不管聪明才力之大小,各各都有个下手处。无论政治运动、学术运动、文艺运动等等,凡有力的口号,都要如此。在现代学术运动所用口号,还有下列两个消极的要素:(一)不要含宗教性。因为凡近于迷信的东西,都足以阻碍我们理性之自发,而且在现代早已失其感动力。(二)不要带玄学性。因为很玄妙的道理,其真价值如何姑勿论;纵使好极,也不过供极少数人高尚娱乐之具,很难得多数人普遍享用。根据这七个标准,来评定中外古今学术之"宗旨"——即学术运动之口号,我以为阳明"知行合一"这句话,总算最有永久价值,而且最适用于现代潮流的了。

阳明所用的口号,也不止一个,如"心即理",如"致良知",都是他最爱用的。尤其是"致良知"这个口号,他越到晚年叫得越响。此外如"诚意",如"格物",都是常用的。骤看起来,好像五花八门,应接不暇,其实他的学问是整个的,是一贯的,翻来覆去,说的只是这一件事。所以我们用"知行合一"这个口号代表他的学术全部,是不会错的,不会挂漏的。

口号须以内容丰富为要素,既如前述。"知行合一"这句话,望过去像很简单,其实里头所含意义甚复杂、甚深邃,所以先要解剖他的内容。

二 "知行合一"说之内容

把知行分为两件事,而且认为知在先,行在后,这是一般人易陷的错误。阳明的"知行合一"说,即专为矫正这种错误而发。但他立论的出发点,今因解释《大学》和朱子有异同,所以欲知他学说的脉络,不能不先把《大学》原文作个引子。

《大学》说:"欲修其身者,先正其心;欲正其心者,先诚其意;欲诚其意者,先致其知;致知在格物。"这几句话教人以修养身心的方法,在我们学术史上含有重大意味,自朱子特别表章这篇书,把他编作"四书"之首,故其价值越发增重了。据朱子说,这是"古人为学次第"(《大学章句》),要一层一层的做上去,走了第一步才到第二步,内中诚意、正心、修身是力行的工夫,格物、致知是求知的工夫。朱子对于求知工夫看得尤重,他因为《大学》本文对于"诚意"以下都解释,对于"致知格物"没有解释,认为是有脱文,于是作了一篇《格致补传》,说道:"所谓'致知在格物'者,言欲致吾之知,在即物而穷其理也。盖人心之灵莫不有知,而天下之物莫不有理,惟于理有未穷，故其知有不尽也。是以大学始教，必使学者即凡天下之物，莫不因其已知之理而益穷之，以求至乎其极。至于用力之久，而一旦豁然贯通焉，则众物之表里精粗无不到，而吾心之全体大用无不明矣。"依朱子这种用功法，最少犯了下列两种毛病：一是泛滥无归宿，二是空伪无实着。天下事物如此其多，无论何事何物，若想用科学方法，"因其已知之理而益穷之，以求至乎其极"，单一件已够销磨你一生精力了，朱子却是用"即凡天下之物"这种全称名词，试问何年何月才能"即凡"都"穷"过呢？要先做完这段工夫，才讲到诚意正心等等，那么诚正修齐治平的工作，只好待诸转轮再世了，所以结果是泛滥无归宿。况且朱子所谓"穷理"，并非如近代科学家所谓客观的物理，乃是抽象的徜恍无朕[1]的一种东西，所以他说有"一旦豁然贯通，则表里精粗无不到"那样的神秘境界。其实，那种境界纯是可望不可即的——或者还是自己骗自己。倘若真有这种境界，那么"豁然贯通"之

---

[1] 徜恍无朕：徜恍，不真切，难以捉摸、辨认。无朕，没有迹象。

后，学问已做到尽头，还用着什么诚意、正心等等努力，所谓"为学次第"者何在？若是自己骗自己，那么用了一世格物穷理工夫，只落得一个空，而且不用功的人，那个不可以伪托，所以结果是虚伪无实着。

阳明那时代，"假的朱学"正在成行，一般"小人儒"都挟着一部《性理大全》作举业的秘本，言行相违，风气大坏。其间一二有志之士，想依着朱子所示法门切实做去，却是前举两种毛病，或犯其一，或兼犯其二，到底不能有个得力受用处。阳明早年，固尝为此说所误，阅历许多甘苦，不能有得。(注一)后来在龙场驿三年，劳苦患难，九死一生，切实体验，才发明这"知行合一"之教。

(注一)《传习录》黄以方记阳明说："初年与友论做圣贤，要格天下之物，因指亭前竹子令格去看，友格了三日，便劳神致疾。某说他精力不足，因自去穷格，到七日亦以劳思成疾。遂相与叹圣贤是做不得的，无他大力量去格物了。"观此，知阳明曾犯过泛滥无归宿的病。

又《文集·答季明德书》云："若仁之不肖，亦常陷溺于其间者几年，伥伥然自以为是矣，赖天之灵，偶有悟于良知之学，然后悔其向之所为者，固包藏祸机,作伪于外,而心劳日拙者也。"观此,知阳明曾犯过虚伪无着落的病。

"知行合一"这四个字,阳明终身说之不厌,一部《王文成全书》,其实不过这四个字的注脚。今为便于学者记忆持习起见,把他许多话头分成三组,每组拈出几个简要的话做代表。

第一组 "未有知而不行者,知而不行,只是未知。"(《传习录》徐爱记)

第二组 "知是行的主意,行是知的工夫;知是行之始,行是知之成。"(同上)

第三组 "知行原是两个字说一个工夫,知之真切笃实处便是行,行之明觉精察处便是知。"(《文集·答友人问》)

第一组的话,是将知行的本质为合理的解剖说明。阳明以为,凡人有某种感觉,同时便起某种反应作用;反应便是一种行为,感觉与反应,同时而生,不能分出个先后。他说:

> 《大学》指出个真知行与人看,说:"如好好色,如恶恶

臭。"见好色属知,好好色属行,只见那好色时已自好了,不是见了后,又立个心去好。闻恶臭属知,恶恶臭属行,只闻那恶臭时已自恶了,不是闻了后,又立个心去恶。如鼻塞人,虽见恶臭在前,鼻中不曾闻得,便亦不甚恶,亦只是不曾知臭。(《传习录》徐爱记)(注二)

(注二)《大学》"如恶恶臭,如好好色"那两句话,是解释"诚意"的,阳明却说他"指出个真知行"。盖阳明认致知为诚意的工夫,"诚意"章所讲,即是致知的事,故无须再作《格致补传》也。此是阳明学术脉络关键所在,勿轻轻看过。

这段譬喻,说明知行不能分开,可谓深切著明极了,然犹不止此,阳明以为感觉(知)的本身,已是一种事实,而这种事实,早已含有行为的意义在里头。他说:

又如知痛,必已自痛了方知痛;知寒,必已自寒了;知饥,必已自饥了。知行如何分得开? 此便是知行的本体——不曾有私意隔断的。(注三)必要是如此,方可谓之知,不然,只是

不曾知。(同上)

(注三)此文虽说"知行本体",其实阳明所谓本体,专就"知"言,即所谓良知是也。但他既已把知行认为一事,知的本体,也即是行的本体,所以此语亦无病。

又阳明是主张性善说的,然则恶从那里来呢?他归咎于私意隔断,此是阳明学说重大关目,详见第四章。

常人把知看得太轻松了,所以有"非知之艰,行之维艰"一类话(案:这是《伪古文尚书》语),徐爱问阳明:"今人尽有知得父当孝、兄当弟者,却不能孝、不能弟,便是知与行分明两件事。"阳明答道:"如称某人知孝,某人知弟,必是其人已曾行孝、行弟,方可称他知孝、知弟,不成只是晓得说些孝弟的话,便可称为知孝、知弟。"(同上)譬如现在青年们,个个都自以为知道爱国,却是所行所为,往往与爱国相反。常人以为他是知而不行,阳明以为他简直未知罢了。若是真知到爱国滋味和爱他恋人一样(如好好色),绝对不会有表里不如一的,所以得着"知而不行,只是不知"的结论。阳明说:"知行

之体本来如是,非以己意抑扬其间,姑为是说,以苟一时之效也。"(《答顾东桥书》)

第二组的话,是从心理历程上看出知行是相倚相待的。正如车之两轮,鸟之双翼,缺了一边,那一边也便不能发生作用了。凡人做一件事,必须先打算去做,然后会着手做去。打算便是知,便是行的第一步骤。换一面看,行是行个什么,不过把所打算的实现出来,非到做完了这件事时候,最初的打算不曾完成,然则行也只是贯彻所知的一种步骤。阳明观察这种心理历程,把他分析出来,说道:"知是行的主意,行是知的工夫;知是行之始,行是知之成。"当时有人问他道:"如知食乃食,知路乃行,未有不见是物,而先有是事者。"阳明答道:

夫人必有欲食之心然后知食,欲食之心即是意,即是行之始矣。食味之美恶,必待入口而后知,岂有不待入口,而已先知食味之美恶者耶?必有欲行之心然后知路,欲行之心即

是意,即是行之始矣。路途之险夷,必待身亲履历而后知,岂有不待身亲履历,而已先知路途之险夷者耶?(《答顾东桥书》)

现在先解释"知是行的主意","知是行之始"那两句。阳明为什么和人辨论"知"字时,却提出"意"字来呢?阳明以为,为我们所有一切知觉,必须我们的意念涉着于对境的事物,终能发生。^(注四)离却意念而知觉独立存在,可谓绝对不可能的事,然则说我们知道某件事,一定要以我们的意念涉着到这件事为前提。意念涉着是知的必要条件,然则意即是知的必须成分。意涉着事物方会知,而意生涉着那事物,便是行为的发轫。这样说来,"知是行之始"无疑了。由北京去南京的人,必须知有南京,原是不错。为什么知有南京,必是意念已经涉着到南京。涉着与知,为一刹那间不可分离的心理现象,说他是知可以,说他是行的第一步也可以,因为意念之涉着,不能不认为行为之一种。

(注四)看第三章《论心物合一》。

再解释"行是知的工夫","行是知之成"那两句。这两句较上两句尤为重要,阳明所以苦口说个"知行合一",其着眼实在此点。我们的知识从那里得来呢?有人说,从书本上可以得来;有人说,从听讲演或谈论可以得来;有人说,用心冥想可以得来。其实都不对,真知识非实地经验之后,是无从得着的。你想知道西湖风景如何,读尽几十种《西湖游览志》,便知道吗?不!听人讲游西湖的故事,便知道吗?不!闭目冥想西湖,便知道吗?不不!你要真知道,除非亲自游历一回。常人以为,我做先知后行的工夫,虽未实行,到底不失为一个知者。阳明以为,这是绝对不可能的事。他说:

今人却将知行分作两件去做,以为必先知了,然后能行,我如今且去讲习、讨论做知的工夫,待知得真了,方去做行的工夫。故遂终身不行,亦遂终身不知,此不是小病痛。(《传

习录》徐爱记）

这段话，现在学校里贩卖智识的先生们和购买智识的学生们听了，不知如何？你们岂不以为我的学问虽不曾应用，然而已经得着智识，总算不白费光阴吗？依阳明看法，你们卖的、买的都是假货。因为不曾应用的智识，绝对算不了智识。方才在第一组所引的话"未有知而不行者，知而不行，只是不知"，今我不妨〔以〕阳明之意，套前调补充几句："未有不行而知者，不行而求知，终久不会知。"这样说来，我们纵使以求知为目的，也不能不以力行为手段，很明白了，所以说"行是知的工夫"，又说"行是知之成"。

《中庸》说："博学之，审问之，慎思之，明辨之，笃行之。"后人以为学问思辨属知的方面讲，末句才属行的方面讲，阳明以为错了。他说：

> 夫问思辨行皆所以为学，未有学而不行者也。如学孝，

则必服劳,奉养躬行孝道而后谓之学,岂徒悬空口耳讲说,而遂可以谓之学孝乎?学射,则必张弓挟矢,引满中的;学书,则必伸纸执笔,操觚染翰。尽天下之学,无有不行而可以言学者,则学之始,固已即是行矣……学之不能无疑,则有问,问即学也,即行也;又不能无疑,则有思有辨,思辨即学也,即行也……非谓学问思辨之后,而始措之于行也。是故以求能其事而言,谓之学;以求辨其义而言,谓之问;以求通其理而言,谓之思;以求精其察而言,谓之辨;以求履其实而言,谓之行。盖析其功而言,则有五;合其事而言,则一而已。(《答顾东桥书》)

又说:

凡谓之行者,只是着实去做这件事,若着实做学问思辨的工夫,则学问思辨亦便是行矣。学是学做这件事,问是问做这件事,思辨是思辨做这件事,则行亦便是学问思辨矣。

若谓学问思辨了,然后去行,却如何悬空去学问思辨?行时又如何去得个学问思辨的事?(《答友人问》)

据这两段话,拿行来赅括学问思辨也可以,拿学来赅括问思辨行也可以。总而言之,把学和行打成一片,横说竖说都通。若说学自学,行自行,那么,学也不知是学个什么,行也不知是行个什么了。

有人还疑惑,将行未行之前,总须要费一番求知的预备工夫,才不会行错,问阳明道:"譬之行道者,以大都为所归宿之地,行道者不辞险阻艰难,决意向前,如使此人不知大都所在,而泛焉欲往可乎?"阳明答道:

夫不辞险阻艰难而决意向前,此正是"诚意"。审如是,则其所以问道途,具资斧,戒舟车,皆有不容已者。不然,又安在其为决意向前?而亦安所前乎?夫不知大都所在,而泛然欲往,则亦欲往而已,未尝真往也。惟其欲往而未尝真往,是以道途之不问,资斧之不具,舟车之不戒。若决意向前,则真往矣,真往者,能如是乎?此是工夫切要处,试反求之。(《答王天宇第二书》)

又有人问:"天理人欲,知之未尽,如何用得克己工夫?"阳明答道:

> 若不用克己工夫,天理、私欲终不自见。如走路一般,走得一段,方认得一段。走到歧路处,有疑便问,问了又走,方才能到。今于已知之天理不肯存,已知之人欲不肯去,只管愁不能尽知,闲讲何益?(《传习录》陆澄记)

这些话都是对于那些借口智识未充,便不去实行的人,痛下针砭,内中含有两种意思:其一,只要你决心实行,则智识虽缺少些,也不足为病,因为实行起来,便逼着你不能不设法求智识,智识也便跟着来了。这便是"知是行之始"的注脚。其二,除了实行外,再没有第二条路得着智识。因为智识不是凭空可得的,只有实地经验,行过一步,得着一点,再行一步,又得一点,一步不行,便一点不得。这便是"行是知之成"的注脚。

统观前两组所说这些话,"知行合一"说在理论上如何能成立,已大略可见了。照此说来,知行本体既只是一件,为什么会分出个名词？古人教人为学,为什么又常常知行对举呢？关于这一点的答辨,我们编在第三组。阳明说:

> 知行原是两个字说一个工夫,这一个工夫须着此两个字,方说得完全无弊。(《答友人问》)

又说:

> 知之真切笃实处即是行,行之明觉精察处即是知。知行工夫本不可离,只为后世学者分作两截用工,失却知行本体,

故有合一并进之说。真知即所以为行,不行不足谓之知。(《答顾东桥书》)

又说:

行之明觉精察处便是知,知之真切笃实处便是行。若行而不能精察明觉,便是冥行,便是学而不思则罔,所以必须说个知。知而不能真切笃实,便是妄想,便是思而不学则殆,所以必须说个行。元来只是一个工夫,古人说知行,皆是就一个工夫上补偏救弊说,不似今人分作两件事做。(《答友人问》)

又说:

若会得时,只说一个知,已自有行在;只说一个行,已自有知在。古人所以既说一个知,又说一个行者,只为世间有一种人,懵懵懂懂的任意去做,全不解思惟省察,也只是个冥行妄作,所以必说个知,方才行得是。又有一种人,茫茫荡荡悬空去思索,全不肯着实躬行,也只是揣摸影响,所以必说一个行,方才知得真……今若知得宗旨时,即说两个亦不妨,亦只是一个;若不会宗旨,便说一个,亦济得甚事,只是闲说话。(《传习录》徐爱记)

以上几段话,本文很明白,毋庸再下解释。我们读此,可以知道阳明所以提倡"知行合一"论者,一面固因为"知行之体本来如此",一面也是针对末流学风"补偏救弊"的作用。我们若想遵从其教,得个着力处,只要从真知真行上,切实下工夫。若把他的话只当作口头禅玩弄,虽理论上辨析得很详尽,却又堕于"知而不行,只是不知"的痼疾,非复阳明本意了。

然则阳明所谓真知真行到底是什么呢?关于这一点,我打算留待第四章"论知行合一与致良知"时再详细说明,试拿现代通行的话说个大概,则"动机纯洁"四个字,庶几近之。动是行,所以能动的机括是知,纯是专精不疑贰,洁是清醒不受蔽。质而言之,在意念隐微处(即动机)痛切下工夫。如孝亲,须把孝亲的动机养得十二分纯洁,有一点不纯洁处,务要克治去;如爱国,须把爱国的动机养得十二分纯洁,有一点不纯洁处,务要克治去。纯洁不纯洁,自己的良知当然会看出,这便是知的作用。看出后,登时绝对的服从良知命令做去,务要常常保持纯洁的本体,这便是行的作用。若能如此,自能"好善如好好色,恶恶如恶恶臭",便是《大学》诚意的全功,也即是正心、修身、致知、格物的全功。所以他说:"君子之学,诚意而已矣。"(《答王天宇书》)意便是动机,诚是务求纯洁,阳明"知行合一"说的大头脑,不外如此。他曾明白宣示他的立言宗旨道:

今人只因知行分作两件,故有一念发动,虽是不善,然却未曾行,便不去禁止。我今说个知行合一,正要人晓得:一

念发动处,便即是行了……须要彻根彻底,不使那一念潜伏在胸中。此是我立言宗旨。(《传习录》黄直记)

他说:"杀人须在咽喉处着刀,为学须在心髓入微处用力。"(《答黄宗贤第五书》)他一生千言万语,说的都是这一件事;而其所以简易直捷,令人实实落落得个下手处,亦正在此。

于是我们所最要知道的,是阳明对于一般人所谓"智识"者,其所采态度如何?是否有轻视,或完全抹煞的嫌疑?现在要解决这问题,作本章的结论。

阳明排斥书册上智识、口耳上智识,所标态度,极为解明。他说:"后世不知作圣之本,却专去知识才能上求圣人,弊精竭力,从册子上钻研,名物上考察,形迹上比拟。知识愈广,而人欲愈滋;才力愈多,而大理愈蔽。"(《传习录》薛侃记)从这类话看来,阳明岂不是认知识为不必要吗?其实不然,他不是不要智识,但以为"要有个头脑"(《传习录》徐爱记)。头脑(注五)是什么呢?我们叫他做"诚意"亦可以,叫他做"致良知"亦可以,叫他做"动机纯洁"亦可以。若没有这头脑,智识愈多愈坏。譬如拿肥料去栽培恶树的根,肥料越下得多,他越畅茂,四旁嘉谷越发长不成了(《传习录》陆澄记)。有了头脑之后,智识当然越多越好;但种种智识,也不消费多大的力,自然会得到,因为他是头脑发出来的条件[1]。有人问:"如事父母,其间温清定省之类,有许多节目,不知亦须讲求否?"阳明答道:

> 如何不讲求?只是有个头脑……此心若是个诚于孝亲的心,冬时自然思量父母的寒,便自要去求做温的道理;夏时自然思量父母的热,便自要去求个清的道理。这都是那诚孝的心发出来的条件,却是须有这诚孝的心,然后有这条件发出来。譬之树木,诚孝的心便是根,许多条件便是枝叶,须先有根,然后有枝叶,不是先寻了枝叶,然后去种根。(《传习录》徐爱记)

---

[1] 条件:指具体的行为、细节,即下文所说的"节目"。

(注五)此是檃栝[1]《传习录》中语,原文所谓头脑者,谓"只是就此心去人欲,存天理",意思只是要"动机纯洁",今易其语,俾易了解。

智识是诚心发出来的条件,这句话便是"知行合一"论的最大根据了,然而条件是千头万绪、千变万化的。有了诚心(即头脑),碰着这件,自然会讲求这件;走到那步,自然会追求前一步。若想在实行以前,或简直离开实行,而泛泛然去讲习、讨论那些条件,那么,在这千头万绪、千变万化中,从那里讲习起呢? 阳明关于此点,有最明快的议论,说道:

夫良知之于节目事变,犹规矩尺度之于方圆长短也;节目事变之不可预定,犹方圆长短之不可胜穷也。故规矩诚立,则不可欺以方圆,而天下之方员不可胜用矣;尺度诚陈,则不可欺以长短,而天下之长短不可胜用矣;良知诚致,则不可欺以节目事变,而天下之节目事变不可胜应矣。毫厘千里

---

[1] 檃栝:音 yǐn kuò,原指矫正竹木弯曲或使成形的器具,此处用作动词,近似于"概括"。

之谬,不于吾心良知一念之微而察之,亦将何所用其学乎?是不以规矩而欲定天下之方员,不以尺度而欲尽天下之长短,吾见其乖张谬戾,日劳而无成也已。(《答顾东桥书》)

这段话虽然有点偏重主观的嫌疑,但事实上,我们对于应事接物的智识,如何才合理? 如何便不合理? 这类标准,最后终不能不以主观的良知为判断,此亦事之无可如何者。即专以求知的工夫而论,我们也断不能把天下一切节目事变都讲求明白,才发手去做事。只有先打定主意,诚诚恳恳去做这件事,自然着手之前,逼着做预备智识工夫,着手之后,一步一步的磨炼出智识来,正所谓"知是行之始,行是知之成"也。今请更引阳明两段话以结本章:

> 良知不由见闻而有,而见闻莫非良知之用。故良知不滞于见闻,而亦不离于见闻……大抵学问工夫,只要主意头脑是当。若主意头脑专以致良知为事,则凡多闻多见,莫非致

良知之功。(《答欧阳崇一书》)

君子之学,何尝离去事为而废论说?但其从事为论说者,要皆知行合一之功,正所以致其本心之良知;而非若世之徒事口耳谈说以为知者,分知行为两事,而果有节目先后之可言也。(《答顾东桥书》)

三 "知行合一"说在哲学上的根据

知行合一,本来是一种实践的工作,不应该拿来在理上播弄。用哲学家谭玄的头脑来讨论这个问题,其实不免有违反阳明本意的危险(后来王学末流,失其真相,正犯此弊)。但是,凡一个学说所以能成立光大,不能不有极深远、极强固的理由在里头。我们想彻底了解"知行合一"说之何以能颠扑不破,当然不能不推求到他在哲学上的根据。

阳明在哲学上有极高超而且极一贯的理解,他的发明力和组织力比朱子陆子都强。简单说,他是一位极端的唯心论者,同时又是一位极端的实验主义者。从中国哲学史上看,他一面像禅宗,一面又像颜习斋;从西洋哲学史上看,他一面像英国的巴克黎[1],一面又像美国的詹姆士[2]。表面上像距离很远的两派学说,他能冶为一炉,建设他自己一派极圆融、极深切的哲学,真是异事。

阳明的"知行合一"说,是从他的"心理合一"说、"心物合一"说演绎出来,拿西洋哲学的话头来讲,可以说他是个绝对的一元论者。"一"者何?即"心"是也。他根据这种唯心的一元论,于是把宇宙万有都看成一体,把圣贤多少言语都打成一片。所以他不但说"知行合一"而已,什么都是合一。孟子说:"夫道,一而已矣。"他最喜欢引用这句话。(注六)

(注六)《传习录》(卷下):问:"圣贤许多言语,如何却要打做一个?"曰:"不是我要打做一个,如曰'夫道,一而已矣',又曰'其为物不二,则其生物不测',天地圣人,皆是一个,如何二得?"

他的"心理合一"说、"心物合一"说,是从解释《大学》引

---

[1] 巴克黎:今译贝克莱(1685—1753),英国经验主义哲学家。
[2] 詹姆士:威廉·詹姆士(1842—1910),美国近代心理学家和哲学家,创造"彻底经验论",提倡实用主义。

申出来，我们要知道他立论的根原，不能不将《大学》本文子细细绎。《大学》说："欲修其身者，先正其心；欲正其心者，先诚其意。"这两句没有什么难解，但下文紧接着说："欲诚其意者，先致其知；致知在格物。"这两句却真费解了：诚意是属于志意方面的，致知是属于智识方面的，其间如何能发生密切的联络关系？说欲意志坚强（欲诚其意），先要智识充足（先致其知），这话如何讲得去？朱子添字解经，说格物是"穷至事物之理"，想借一"理"字来做意与知之间一个联锁，于是"致知在格物"，改成"致知在穷理"。格物是否可以作穷理解，另一问题。若单就"致知在格物"一句下解释，则朱子所谓"惟于理有未穷，故其知有不尽"，原未尝不可以自成片段。所最难通者，为什么想要诚意必先得穷理？理穷之后，意为什么便会诚？这两件事，无论如何，总拉不拢来，所以朱子教人有两句重要的话："涵养须用敬，进学则在致知。"上句是诚正的工夫，下句是格致的工夫。换句话说，进学是专属于求知识方面，与身心之修养无关系，两者各自分道扬镳。对于《大学》所谓欲什么先什么,欲什么先什么那种层累一贯的论法,不独理论上说不通,连文义上也说不通了。

阳明用孟子"良知"那两个字来解释《大学》的"知"字。良知是"不学而能"的,即是主观的"是非之心",欲诚其意者,必先致其有是非之心的良知。这样一来,诚意与致知确能生出联络关系了;却是"致知在格物"那一句又解不通。若如旧说,解格物为"穷至事物之理",则主观的良知与事物之理,又如何能有直接关系呢?欲对于此点得融会贯通,非先了解阳明的"心物合一"论不可。阳明说:

"要知身心意知物,是一件。"问:"物在外,如何与身心意知是一件?"答:"耳目口鼻四肢,身也,非心安能视听言动?心欲视听言动,无耳目口鼻四肢亦不能。故无心则无身,无身则无心。但指其充塞处言之,谓之身;指其主宰处言之,谓之心;指心之发动处,谓之意;指意之灵明处,谓之知;指意之

涉着处,谓之物。只是一件,意未有悬空的,必着事物。"(《传习录》陈惟濬记)

又说:

身之主宰便是心,心之所发便是意,意之本体便是知,意之所在便是物。(《传习录》徐爱记)

又说:

心者,身之主也;而心之虚灵明觉,即所谓本然之良知也;其虚灵明觉之良知感应而动者,谓之意。有知而后有意,无知则无意矣。知非意之本体乎?意之所用必有其物,物即事也。如意用于事亲,即事亲为一物;意用于治国,即治国为一物;意用于读书,即读书为一物;意用于听讼,即听讼为一物。凡意之所在,无有无物者。(《答顾东桥书》)

又说:

> 目无体,以万物之色为体;耳无体,以万物之声为体……心无体,以天地万物感应之是非为体。(《传习录》黄省曾记)

现在请综合以上四段话来下总解释,阳明主张"身心意知物是一件",这句话要分两步解剖,才能说明。第一步,从生理学、心理学上说明身心意知如何会是一件。第二步,从论理学上或认识论上说明主观的身心意知和客观的物如何会是一件。先讲第一步,身与心,骤看来像是两件,但就生理和心理的关系稍为按实一下,则"耳目口鼻四肢,非心不能视听言动;心欲视听言动,离却耳目口鼻四肢亦不能"。这是极易明之理,一点破,便共晓了。心与意的关系,"心之发动便是意"。这是人人所公认,不消下解释。比较难解的是意与知的关系。"意之本体便是知"这句话,是阳明毕生学问大头脑,他晚年倡"良知即本体"之论,不外从此语演进出来。他所郑重说明的"有知即有意,无知即无意"这两句话,我们试内省心理历程,不容我不首肯。然则知为意的本体,亦无可疑了。阳明把生理归纳到心理上,再把心理的动态集中到意上,再追求他的静态,发现出知为本体,于是"身心意知是一件"的理论完全成立了。再讲第二步。主观的心和客观的物各自独立,这是一般人最易陷的错误。阳明解决这问题,先把"物"字下广义的解释:所谓物者,不专限于有形物质,连抽象的事物如事亲、治国、读书等,凡我们认识的对象都包括在里头;而其普遍的性质,是"意之所在"、意之涉着处。"再回头来看心理状态,则意之所在、所涉,未有无物者","意不能悬空发动,一发动,便涉着到事物"。层层推剥,不能不归到"心无体,以万物之感应为体"的结论。然则从心理现象观察,主观的心不能离却客观的物,即单独存在,较然甚明。这是从心的方面,看出心物合一。

翻过来,从物理上观察,也是得同一的结论。阳明以为"心外无物"(《答王纯甫书》),又说:"有是意即有是物,无是

意即无是物矣。"(《答顾东桥书》)有人对于他这句话起疑问,他给他以极有趣的回答,《传习录》记道:

先生游南镇,一友指岩中花树问曰:"'天下无心外之物。'如此花树,在深山中自开自落,于我心亦何相关?"先生曰:"尔未看此花时,此花与尔心同归于寂;尔来看此花时,则此花颜色一时明白起来,便知此花不在尔的心外。"(黄省曾记)

又说:

我的灵明,便是天地鬼神的主宰。天没有我的灵明,谁去仰他高?地没有我的灵明,谁去俯他深?鬼神没有我的灵明,谁去辩他吉凶灾祥?天地鬼神万物,离却我的灵明,便没有天地鬼神万物了;我的灵明,离却天地鬼神万物,亦没有我的灵明……今看死的人,他的天地万物尚在何处?(《传习

录》黄直记）

《中庸》说："不诚无物。"孟子说："万物皆备于我。"这些话，都是"心外无物论"的先锋，但没有阳明说得那样明快。他所说"你未看此花时，此花与你同归于寂"，又说："死了的人，他的天地万物在何处？"真算得彻底的唯心派论调。这类理论和譬喻，西洋哲学史上从黑格尔到罗素，打了不少笔墨官司，今为避免枝节起见，且不必详细讨论。总之，凡不在我们意识范围内的物（即阳明所谓意念不涉着者），最多只能承认他有物理学上、数理学上或几何学上的存在，而不能承认他有伦理学上或认识论上的存在，显然甚明。再进一步看，物理学、数理学、几何学的本身，能离却人类的意识而单独存在吗？断断不能。例如一个等边三角形，有人说：纵使亘古没有人理会他，他毕竟是个等边三角。殊不知，若亘古没有人理会时，便连"等边三角"这个名词先自不存在，何有于"他"？然则客观的物不能离却主观的心而单独存在，又至易见了。这是从物的方面，看出心物合一。

还有应该注意者：阳明所谓物者，不仅限于自然界的物质、物形、物态。他是取极广义的解释，凡我们意识的对境，皆谓之物。所以说："意用于事亲，即事亲为一物；意用于治国、读书、听讼等等，则此等皆为一物。"这类物为构成我们意识之主要材料，更属显然。总而言之，有客观，方有主观；同时亦有主观，方有客观。因为主观的意，不涉着到客观的物时，便失其作用，等于不存在；客观的物，不为主观的意所涉着时，便失其价值，也等于不存在。"心物合一"说之内容，大观如此。

这种"心物合一"说在阳明人生哲学上，得着一个什么的结论呢？得的是"人我一体"的观念，得的是天地万物一体的观念。他说：

夫人者，天地之心；天地万物，本吾一体者也。（《答聂文蔚书》）

又说:

> 大人者,以天地万物为一体者也,其视天下犹一家,中国犹一人焉。若夫间形骸而分尔我者,小人矣。(《大学问》)

这些话怎么讲呢?我们开口说"我,我",什么是"我"?当然不专指七尺之躯,当然是认那为七尺之躯之主宰的心为最要的成分。依阳明看法,心不能单独存在,要靠着有心所对象的"人",要靠着有心所对象的"天地万物"。把人和天地万物剔开,心便没有对象;没有对象的心,我们到底不能想像他的存在。心不存在,"我"还存在吗?换句话说,人们和天地万物们,便是构成"我"的一部分原料——或者还可以说是唯一的原料。离却他们,我便崩坏,他们有缺憾,我也便有缺憾。所以阳明说:

> 大人之能以万物为一体也,非意之也,其心之仁本若是。

岂惟大人,虽小人之心,亦莫不然,彼顾自小之耳。是故见孺子之入井,而必有怵惕恻隐之心焉,是其心之与孺子为一体也。孺子犹同类者也,见鸟兽之哀鸣觳觫,而必有不忍之心焉,是其心与鸟兽为一体也。鸟兽犹有知觉也,见草木之摧折而必有悯恤之心焉,是其心与草木为一体也。草木犹有生意也,见瓦石之毁坏,而必有顾惜之心焉,是其心与瓦石为一体也。(《大学问》)(注七)

(注七)《传习录》(卷下)有"草木瓦石皆有良知"之说,语颇诞谲。细看《阳明全集》,他处并不见有此说,或者即因《大学问》此段,门人推论之而失其意欤?《传习录》下卷,尤其是末数叶,语多不醇,刘蕺山、黄梨洲已有辨正。

前文所述"心物合一"说之实在体相,骤看来,似与西洋之唯心论派或心物平行论派之辨争此问题同一步调。其实不然,儒家道术根本精神,与西洋哲学之以"爱智"为出发点者截然不同,虽有时所讨论之问题若极玄妙,而其归宿实不外以为实践道德之前提,而非如西方哲人借此为理智的娱乐工具。凡治儒家学说者，皆当作如是观；尤其治阳明学者，更不可不认清此点也。阳明所以反复说明心物合一之实相，不外欲使人体验出物我一体之真理，而实有诸己。他以为人类一切罪恶，皆由"间形骸分尔我"的私见演生出来，而这种私见，实非我们心体所本有。"如明目之中，而翳之以尘沙；聪耳之中，而塞之以木楔。其疾痛郁逆，将必速去之为快，而何能忍于时刻？"（《答南元善书》）所以他晚年专提"致良知"之教，说："良知见得亲切时，一切工夫都不难。"（《与黄宗贤书》）又常说："良知是本体，做学问须从本体得着头脑。"（屡见《传习录》及《文集》）所谓良知本体者，如目之本明，耳之本聪，若被私见（即分尔我的谬见）隔断点污时，正如翳目以沙，塞耳以楔。所以只须见得本体亲切，那么，如何去沙拔楔，其工夫自迫切而不能自已，所谓"好善如好好色，恶恶如恶恶臭"，必如是，方能自慊。阳明教人千言万语，只是归着到这一点。盖良知见得亲切时，见善自能如目之见好色，一见着，便不能不好；见恶自能如鼻之闻恶臭，一闻着，便不能不恶。

我们若能确实见得物我一体的实相,其所见之明白,能与见好色、闻恶臭同一程度,那么,更如何能容得"分尔我"的私见有丝毫之存在呢?因为"吾心与孺子为一体",所以一见孺子入井,良知立刻怵惕恻隐,同时便立刻援之以手;因为吾心与国家为一体,所以爱国如爱未婚妻,以国之休戚利害为己之休戚利害。这不是"知之真切笃实处,便是行"吗?哲理上的"心物合一"论,所以实践上归宿到"知行合一"论者在此。

以下更讲他的"心理合一"论。既已承认心物合一,理当然不能离心物而存在,本来可以不必再说心理合一。阳明所以屡屡论及此,而且标"心即理"三字为一种口号者,正为针对朱子"天下之物,莫不有理"那句话而发。原来这个问题发生得很早,当孟子时,有一位告子,标"仁内义外"之说,以为事物之合理不合理,其标准不在内的本心,而在外的对境。孟子已经把他驳倒了。朱子即物穷理之教,谓理在天下之物,而与"吾心之灵"成为对待,正是暗袭告子遗说,所以阳明力辟他,说道:

朱子所谓格物云者,在"即物而穷其理"。即物穷理,是就事事物物上求其所谓定理者也,是以吾心而求理于事事物物之中,析心与理而为二矣。夫求理于事事物物者,如求孝之理于其亲之谓也。求孝之理于吾亲,则孝之理其果在于吾之心耶,抑果在于亲之身耶?假而在于亲之身,则亲没之后,吾心遂无孝之理欤?见孺子入井,必有恻隐之理……其或不可以从之于井欤,其或可以手而援之欤?是皆所谓理也,是果在于孺子之身欤,抑果出于吾心之良知欤?以是例之,万事万物之理,莫不皆然。是可以知析心与理为二之非矣。(《答顾东桥书》)

平心论之,"就事事物物上,求其所谓定理",并非不可能的事,又并非不好的事,全然抛却主观,而以纯客观的严正态度研求物理,此正现代科学所由成立。科学初输入中国时,前辈译为"格致",正是用朱子之说哩。虽然,此不过自然界之物理为然耳。科学所研究之自然界物理,其目的只要把那件物的原来样子研究得正确,不发生什么善恶价值问题,所以用不着主观,而且容不得主观。若夫人事上的理——即吾人应事接物的条理,吾人须评判其价值,求得其妥当性——即善,亦即理,以为取舍、从违之标准。所谓妥当、不妥当者,绝不能如自然界事物之含有绝对性,而常为相对性。然则离却吾人主观所谓妥当者,而欲求客观的妥当于事物自身,可谓绝对不可能的事。况且朱子解的是《大学》,《大学》格致工夫,与诚意紧相衔接,如何能用自然科学的研究法来比附?阳明说:"先儒解格物为'格天下之物',天下之物,如何格得尽?且谓'一草一木亦皆有理',今如何去格?纵格得草木来,如何反来诚得自家的意?"(《传习录》黄以方记)然则《大学》所谓物,一定不是指自然界,而实指人事交互复杂的事物,自无待言。既已如此,则所谓妥当性——即理,不能求诸各事物之自身,而必须求诸吾心,亦不待言。所以阳明说:

夫物理不外于吾心。外吾心而求物理,无物理矣;遗物理而求吾心,吾心又何物耶?……后世所以有专求本心,遂遗物理之患,正由不知心即理耳……外心以求理,此知行之所以二也;求理于吾心,此圣门知行合一之教。(《答顾东桥书》)

外心以求理,结果可以生出两种弊端:非向外而遗内,即向内而遗外。向外而遗内者,其最踏实的,如研究自然科学,固然是甚好,但与身心修养之学,关系已经较少(也非无关系,不过较少耳,此事当别论)。等而下之,则故纸堆中,片辞只义之考证、笺注,先王陈迹,井田、封建等类之墨守争辩,繁文缛节,《少仪》《内则》诸文之剽窃摹仿,诸如此类。姑无论其学问之为好、为坏,为有用、为无用,至少也免不了博而寡要、劳而少功的毛病,其决非圣学入门所宜有事也可知。向内而遗外者,视理为超绝心境之一怪物,如老子所谓"有物混成,先天地生","恍兮忽兮,其中有象",禅家所谓"言语道断,心行路绝"。后来戴东原议消宋儒言理,说是"如有物焉,得于天而具于心"者,正属此类。由前之说,正阳明所谓"外吾心而求物理";由后之说,则所谓"遗物理而求吾心"。此两弊,朱学都通犯了。朱子笺注无数古书,乃至《楚辞》《参同契》都注到,便是前一弊;费偌大气力去讲太极无极,便是后一弊。阳明觉此两弊,皆是为吾人学道之障,所以单刀直入,鞭辟近里,说道:"心外无物,心外无事,心外无理,心外无善。"(《答王纯甫书》)朱子解格物到正心、修身,说是"古人为学次第"(《大学章句序》)。次第云者,像上楼梯一般,上了第一级,才到第二级,所以工夫变成先知(格致),后行(诚意等)。这是外心求理的当然结果。阳明主张心理合一,于是得如下的结论:

　　理一而已:以其理之凝聚而言,则谓之性;以其凝聚之主宰而言,则谓之心;以其主宰之发动而言,则谓之意;以其发动之明觉而言,则谓之知;以其明觉之感应而言,则谓之物。故就物而言,谓之格;就知而言,谓之致;就意而言,谓之

诚;就心而言,谓之正。正者,正此也;诚者,诚此也;致者,致此也;格者,格此也。(《答罗整庵书》)

这段话骤看起来,像有点囫囵笼统。其实,凡一切心理现象,只是一刹那间同时并起,其间名相的分析,不过为说明的一种方便。实际上,如何能划然有界线,分出个先后阶段来?阳明在心物合一、心理合一的前提之下,结果不认格、致、诚、正为几件事的"次第",只认为一件事里头所包含的条件。换言之,不是格完物才去致知,致完知才去诚意;倒是欲诚意,须以致知为条件,欲致知,须以格物为条件,正如欲求饱,便须吃饭,欲吃饭,便须拿快子、端碗。拿快子、端碗,吃饭求饱,虽像有几个名目,其实只是一件事,并无所谓次第。这便是知行合一。今为令学者了解阳明学说全部脉络起见,将他晚年所作《大学问》下半篇全录如下:

> 身、心、意、知、物者,是其工夫所用之条理,虽亦各有其

所,而其实只是一物。格、致、诚、正、修者,是其条理所用之工夫,虽亦皆有其名,而其实只是一事。何谓身?心之形体运用之谓也。何谓心?身之灵明主宰之谓也。何谓修身?为善而去恶之谓也。吾身自能为善去恶乎?必其灵明主宰者欲为善而去恶,然后其形体运用者始能为善而去恶也。故欲修其身者,必在于先正其心也。然心之本体,则性也,性无不善,则心之本体本无不正也,何从而用其正之之功乎?盖心之本体本无不正,自其意念发动,而后有不正。故欲正其心者,必就其意念所发而正之。凡其发一念而善也,好之真如好好色;发一念而恶也,恶之真如恶恶臭,则意无不诚,而心可正矣。然意之所发有善有恶,不有以明善恶之分,亦将真妄错杂,虽欲诚之,不可得而诚矣。故欲诚其意者,必在于致知焉。致者,至也,如云"丧致乎哀"之致。《易》言:"知至至之。"知至者,知也;至之者,致也。致知云者,非若后儒所谓充广其知识也,致吾心之良知焉耳。良知者,孟子所谓"是非之心,人皆有之"者也。是非之心,不待虑而知,不待学而能，是故谓之良知。凡意念之发，吾心之良知无有不自知者；其善欤，惟吾良知自知之；其恶欤，亦惟吾良知自知之。是皆无所与于他人者也。故虽小人之为不善，既已无所不至，然其见君子，则必厌然掩其不善，而著其善者，是亦可以见其良知之有不容于自昧者也。今欲别善恶以诚其意，惟在致其良知之所知焉尔。何则？意念之发，吾心之良知既知其为善矣，使其不能诚有以好之，而后背而去之，则是以善为恶，而自昧其知善之良知矣。意念之所发，吾之良知既知其为不善矣，使其不能诚有以恶之，而后蹈而为之，则是以恶为善，而自昧其知恶之良知矣。若是，则虽曰知之，犹不知也，意其可得而诚乎？今于良知所知之善恶，无不诚好之而诚恶之，则不自欺其良知，而意可诚也已。然欲致其良知，亦岂影响恍惚而悬空无实之谓乎？是必实有其事矣。故致知，必在于格物。物者，事也，凡意之所发，必有其事，意所在之事，谓之物。格者，正也，正其不正者以归于正之谓也。良知所知之善，虽诚欲好之矣，苟不即其意之所在之物而实有以为之，则是物有未格,而好之之意犹为未诚也。良知所知之恶,虽诚欲恶之矣,苟不即其意之所在之物而实有以去之,则是物有未格,而恶之之意犹为未诚也。今焉于其良知所知之善者,即其意之所在之物而实为之,无有乎不尽;于其良知所知之恶者,即其意之所在之物而实去之,无有乎不尽。然后物无不格,而吾良知之所知者无有亏缺障蔽而得以极其至矣。夫然后吾心快然,无复余憾而自慊矣;夫然后意之所发者始无自欺,而可以谓之诚矣。故曰:"物格而后知至,知至而后意诚,意诚而后心正,心正而后身修。"

这篇文字,是阳明征思田临动身时写出来,面授钱德洪的,可算得他生平论学的绝笔。学者但把全文子细细绎,便可以彻底了解他学问的全部真相了。简单说,根据"身、心、意、知、物只是一物"的哲学理论,归结到"格、致、正、修只是一事"的实践法门。这便是阳明学的全体大用。他又曾说:"君子之学,诚意而已矣。格物致知者,诚意之功也。"(《答王天宇书》)以诚意为全部学问之归着点,而致良知为其下手之必要条件。由此言之,知行之决为一事,而非两事,不辨自明了。

最当注意者,尤在其所言格物工夫。耳食者流,动辄以阳明学派玄虚,为顿悟,为排斥智识,为脱略实务。此在王学末流,诚不免此弊,然而阳明本旨决不如是也。阳明常言:"格物者,其用力实可见之地。"(《答罗整庵书》)盖舍此,则别无用力之可见矣。陆象山教人,专在人情事变上做工夫。阳明亦说:"除了人情事变,则无事矣。"(《传习录》陆澄记)又说:"若离了事物为学,却是着空。"(同上,陈九川记)他在滁州时,虽亦曾沿用旧法,教人静坐,晚年却不以为然。他说:

人须在事上磨炼做工夫,乃有益。若止好静,遇事便乱,终无长进。那静时工夫,似收敛,而实放溺也。(《传习录》陈九川记)

又说:

徒知养静而不用克己工夫,临事便要倾倒。人须在事上磨炼,方立得住,方能静亦定,动亦定。(《传习录》陆澄记)

有人拿孟子"必有事焉,而勿忘勿助长"那段话问他,他答道:

我此间讲学,只说个"必有事焉",不说"勿忘勿助"……不着实去"必有事"上用功,终日凭空去做个"勿忘",又凭空去做个"勿助",漭漭荡荡,全无着实下手处。究竟工夫只做个沉空守寂,学成一个痴呆汉,才遇些子事来,即便牵滞纷扰,不复能经纶宰制。此皆有志之士,而乃使之劳苦缠缚,担阁一生,皆由学术误人,甚可悯矣。(《答聂文蔚书》)

后来颜习斋痛斥主静之说,说是死的学问,是懒人的学问。这些话有无过火之处,且不必深论。若认他骂得很对,也只骂得着周濂溪、李延平,骂得着程伊川、朱晦庵,乃至陈白沙,却骂不着阳明。阳明说"好静只是放溺",说"沉空守寂,会学成痴呆",而痛惜于"学术误人"。凡习斋所说的,阳明都早已说过了,至其所说"必待入口,然后知味之美恶;必待身亲履历,然后知道路之险夷"。前主张知识必由实际经验得来,尤与习斋及近世詹姆士、杜威辈所倡实验主义同一口吻。以极端唯心派的人,及其讲到学识方面,不独不高谈主观,而且有偏于纯客观的倾向。浅见者或惊疑其矛盾,殊不知他的"心物合一"论、"心理合一"论,结果当然要归着到此点。为什么呢?他一面说"外吾心而求物理,则无物理";同时跟着说:"遗物理而求吾心,吾心又何物?"(见前)盖在心物合一的前提之下,不独物要靠心乃能存在,心也要靠物乃能存在,心物既是不能分离的东西,然则极端的唯心论,换一方面看,同时也便是极端的唯物论了。他说:"心无体,以万物之感应是非为体。"以无的心而做心学,除却向"涉着于物"处用力,更有何法?夫曰"行是知的工夫"、"行是知之成",此正实验主义所凭借以得成立也。

四　知行合一与致良知

钱德洪、王畿所撰《阳明年谱》说他三十八岁始以"知行合一"教学者,五十岁始揭"致良知"之教。(注八)其实"良知"二字,阳明早年亦已屡屡提及,不过五十岁始,专以此为教耳。他五十五岁时有给邹守益一封信,内中几句话极为有趣,他说:"近有乡大夫诮仁讲学者云:'除却良知还有什么说得?'仁答云:'除却良知,还有什么说得?'"他晚年真是"开口三句,不离本行",千言万语,都是发挥"致良知"三字。表面看来,从前说"知行合一",后来说"致良知",像是变更口号。不错,口号的字句是小有变更,其实内容原只是一样。我们拿"知行合一"那句话代表阳明学术精神的全部也可以,拿"致良知"这句话代表阳明学术的全部也可以。

<small>(注八)《与邹东廓书》云:"近来信得'致良知'三字,真圣门正法眼藏。往年尚疑未尽,今自多事以来,只此良知,无不具足。譬之操舟得舵,平澜浅濑,无不如意,虽遇颠风逆浪,舵柄在手,亦免没溺之患矣。"案:此书是正德十六年在南昌所发,时阳明五十岁,平宸濠之次年也。</small>

"致良知"这句话,是把孟子里"人之所不学而知者,其良

知也"和《大学》里"致知在格物"那两句话联缀而成。阳明自下解说道:"孟子云'是非之心,知也','是非之心,人皆有之',即所谓良知也。孰是无良知乎?但不能致之耳。《易》谓'知至至之',知至者知也,至之者致知也。此知行之所以一也。近世'格物致知'之说,只一'知'字尚未有下落,若'致'字工夫,全不曾道着矣。此知行之所以二也。"(《与陆元静第二书》)观此可知,致良知,正所以为知行合一,内容完全一样。所以改用此口号者,取其意义格外明显而已。

"致良知"这句话,后来王门弟子说得太玄妙了,几乎令人无从捉摸。其实,阳明本意是平平实实的,并不含有若何玄学的色彩,试读前章所引《大学问》中解释致知那段话,便可以了然。阳明自己把他编成几句口诀——即有名的"四句教",所谓:

"无善无恶心之体,有善有恶意之动,知善知恶为良知,为善去恶是格物。"(见王畿《天泉证道记》)(注九)

(注九)后来刘蕺山、黄梨洲都不信四句教,疑是王龙溪造谣言。我们尊重龙溪人格,实不敢附和此说,况且天泉证道时,有钱绪山在一块。这段话采入《传习录》。《传习后录》经绪山手定,有嘉靖丙辰《跋语》,其时阳明没已久了。若非师门遗说,绪山如何肯承认?蕺山们所疑者,不过因"无善无恶"四字,不知善之名对恶而始立,心体既无恶,当然也无善,何足为疑呢?

良知能善能恶,致的工夫即是就意所涉着之事物,实行为善去恶。这种工作,虽愚夫愚妇,要做便做,但实行做到圆满,虽大贤也恐怕不容易,所以这种学问,可以说是极平庸,也可以说是极奇特。刘蕺山引《系辞》中孔子赞美颜子的话来作注脚,说道:"有不善未尝不知,良知也;知之未尝复行,致良知也。"阳明亦曾拿《大学》的话来说:"'所恶于上'是良知,'毋以使下'是致良知。"(《传习录下》)致良知最简易的解释,不过如此。

《大学》说:"所谓诚其意者,毋自欺也。"阳明既认致知为诚意的工夫,所以最爱用"不欺良知"这句话来作致知的解释,他说:

> 尔那一点良知,是尔自家的准则:尔意念着处,他是便知是,非便知非,更瞒他一些不得。尔只不要欺他,实实落落依着他做去,善便存,恶便去,何等稳当快乐!(《传习录》答陈九川问)

拿现在的话说,只是绝对的服从良心命令便是。然则为什么不言良心,而言良知呢?因为心包含意与知两部分,意不必良,而知无不良,阳明说"凡应物起念处皆谓之意,意则有是有非,能知得意之是与非者,则谓之良知,依得良知,即无有不是"(《答魏师说书》),所以"良知是你的明师"(《传习录上》)。关于这一点,阳明总算把性善论者随便举一个例,都可以反驳倒我们,但是本能的发动,虽有对、有不对,然而某件对、某件不对,我们总会觉得。就"会觉得"这一点看,就是"人之所以异于禽兽",就是"人皆可以为尧舜"的一副本钱。所以孟子说良知良能,而阳明单提知的方面代表良心之全部,说"良知者,心之本体"(《答陆元静书》)。

"有善有恶意之动",意或动于善,或动于恶,谁也不能免,几乎可以说没有自由。假使根本没有个良知在那里指导,那么,我们的行为便和下等动物一样,全由本能冲动,说不上有责任。然而实际上,决不如此。"良知在人,随你如何,不能泯灭。虽盗贼亦自知不当为盗,唤他做贼,他还忸怩。"(《传习录》陈九川记)"良知之在人心,无间于圣愚,天下古今之所同也。"(《答聂文蔚书》)"凡意念之发,吾心之良知无有不自知者;其善欤,惟吾良知自知之;其恶欤,亦惟吾良知自知之。"(《大学问》)"此两字人人所自有,故虽至愚下品,一提便省觉。"(《答聂文蔚第三书》)既有知善知恶之良知,则选择善恶,当然属于我的自由,良知是常命令我择善的,于是为善去恶,便成为我对于我的良知所应负之责任。人类行为所以有价值,全在这一点。

良知虽人人同有,然其明觉的程度不同,所以要下"致"的工夫。"圣人之知如青天之日,贤人如浮云天日,愚人如阴霾天日,虽有昏明不同,其能辨黑白则一。虽昏黑夜里,亦影影见得黑白,就是日之余光未尽处。困学工夫,只从这一点明处精察去。"(《传习录》黄修易记)有人对阳明自叹道:"私意萌时,分明自知得,只是不能使他即去。"阳明道:"你萌时这一'知',便是你的命根,当下即把那私意销除去,便是立命工夫。"(同上)假使并这一点明处而无之,那真无法可想了,然而实际上决不如此。无论如何昏恶的人,最少也知道杀人是不好,只要能知道杀人不好,"充其无欲害人之心,而仁不可胜用矣";最少也知道偷人东西是不好,只要能知道偷东西不好,"充其无欲穿窬之心,而义不可胜用矣"。所以说:"这一知是命根。"抓着这命根往前致,致,致,由阴霾天的日致出个浮云天的日来,由浮云天的日致出个青天的日来,愚人便会摇身一变,变成贤人,摇身再变,变成圣人了。所以阳明说:"人若知这良知诀窍,随他多少邪思枉念,这里一觉,都自消融,真个是灵丹一粒,点铁成金。"(《传习录》陈九川记)利用这一觉,致良知工夫,便得着把柄入手了。他又说:"杀人须在咽喉处着刀,吾人为学当从心髓入微处用力,自然笃实光辉,私欲之萌,真是洪炉点雪,天下之大本立矣。"(《答黄宗贤书》)专就"这一点明处"往前致,致到通体光明,如青天之日,便有"洪炉点雪"气象,便是致良知工夫成熟。

我们最当注意者,利用那一觉,固然是入手时最简捷的法门,然并非专恃此一觉便了。后来王学末流,专喜欢讲此一觉,所以刘蕺山箴斥他们,说道:"后儒喜言觉,谓一觉无余事,即知即行。"殊不知,主张一觉无余事者,不知不觉间已堕于"知而不行,只是不知",恰与阳明本意违反了。当时已有人疑阳明"立说太高,用功太捷,未免堕禅宗顿悟之机"。阳明答道:"区区格致诚正之说,是就学者本心日用事为间体究践履,实地用功,是多少次第、多少积累在,正与空虚顿悟之说相反。"(《答顾东桥书》)所以致良知工夫,说易固真易,说难却又真难。当时有学者自以为已经能致知,阳明教训他道:"何言之易也!再用功半年看如何,又用功一年看如何。功夫愈久,愈觉不同,此难口说。"(《传习录》陈九川记)晚明治王学的人,喜欢说"现成良知",轻轻把"致"字抹煞,全不是阳明本意了。

致良知工夫是要无间断的,且要十分刻苦的,方才引的"私欲萌时那一知",要抓着做个命根,固也。但并非除却那时节,便无所用力,阳明说:"譬之病疟之人,虽有时不发,而病根不曾除,则亦不得谓之无病。"(《答陆原静书》)所以,"省察克治之功无时而可间,如去盗贼,须有个扫除廓清之意。无事时,将好色、好货、好名等私逐一追究,披寻出来,定要拔去病根,永不复起,方始为快。常如猫之捕鼠,一眼看着,一耳听着,才有一念萌动,即与克去,斩钉截铁,不可姑容与他方便,不可窝藏,不可放他出路,方是真实用功,方能扫除廓清。"(《传习录》陆澄记)他在赣南剿土匪时候,寄信给他的朋友,有两句有名的话:"去山中贼易,去心中贼难。"可见得这一个"致"字,内中含有多少扎硬寨、打死仗的工夫,绝非"一觉无余事"了。

阳明尝自述其用力甘苦,说道:"毫厘之差,乃致千里之谬,非诚有求为圣人之志,而从事于惟精惟一之学者,莫能得其受病之源,而发其神奸之所由伏也。若某之不肖,盖亦尝陷溺于其间者几年,侻侻然既自以为是矣。赖天之灵,偶有悟于良知之学,然后悔其向之所为者,固包藏祸机,作伪于外,而心劳日拙者也。十余年来,虽痛自洗剔创艾,而病根深痼,萌蘖时生。所幸良知在我,操得其要,譬犹舟之得舵,虽惊风巨浪,颠沛不无,尚犹得免于倾覆者也。夫旧习之溺人,虽已觉悔悟,而克治之功,尚且其难如此。又况溺而不悟,日益以深者,亦将何所抵极乎?"(《与邹谦之书》)读这段话,不能不令人悚然汗下。以我们所见的阳明,学养纯粹,巍然为百世宗师,然据他的自省,则有"神奸攸伏"、"作伪于外,心劳日拙"种种大病,用了十几年洗剔工夫,尚且萌蘖时生。我们若拿来对照自己,真不知何地自容了。(注十)据此,可知致良知工夫,全以毋自欺为关键,把良知当作严明的裁判官,自己常像到法庭一般,丝毫不敢掩饰,方有得力处。最妙者,裁判官不是别人,却是自己,要欺也欺不得,徒然惹自己苦痛。依着他,便如舟之得舵,虽惊涛骇浪中,得有自卫的把握,而泰然安稳,结果得着"自慊"——自己满足。致良知工夫所以虽极艰难,而仍极简易者在此。

(注十)阳明卒时五十八岁,寄邹谦之书,是他五十五岁写的。读此,可见其刻苦用功,死而后已。

讲到这里,我们要提出紧急动议,讨论一个问题。阳明说:"良知是我们的明师,他是便知是,非便知非,判断下来,绝不会错。"这话靠得住吗?我们常常看见有一件事,甲乙两个人对于他,同时下相反的判断,而皆自以为本于自己的良知。或一个人对于某件事,前后判断不同,而皆以为本良知。不能两是,必有一非,到底那个良知是真呢?况且凡是非之辨所由起,必其之性质本介于两可之间者也,今若仅恃主观的良知以下判断,能否不陷于武断之弊?后来戴东原说宋儒以"意见"为理,何以见得阳明所谓良知不是各个人的"意见"呢?这是良知说能否成立之根本问题,我们要看阳明怎样的解答:

第一,须知阳明所谓知是知非者,其实只是知善知恶。

（他拿是非来说，不过为孟子"是非之心人皆有之"那句话作注解。）善恶的标准，虽然也不是绝对的，但已不至如是非之疑似难辨，最少如"无欲害人""无欲穿窬"之类，几项基本标准总是有的。从良知所见到这一点致出去，总不会错。或问阳明："人心所知，多有认贼作子处，何处乃见良知？"阳明反问："尔以为何如？"答："心所安处，便是良知。"阳明道："固是，但须省察，恐有非所安而安者。"（《传习录》陆澄记）凡事就此心所安处做去，最少总可以得自慊——自己满足的结果。

第二，所谓武断或意见者，主张直觉说的人最易犯此病。阳明的致良知，骤看来很像纯任直觉，其实不然。他以格物为致知的工夫，说"欲致其良知，非影响恍惚、悬空无实之谓，必实有其事"（《大学问》），说要"在事上磨炼"（《传习录》陆澄记），说"除却见闻酬酢无良知可致"（《答顾东桥书》）。所以关于判断事理的知识，阳明却是主经验论，并不主直觉论。有人问："知识不长进如何？"他答道："为学须有本原，渐渐盈科而进。婴儿在母腹时,有何知识?出胎后,方始能啼,既而复能笑,又而复能识认其父母兄弟,又而复能立、能行、能持、能负,卒乃天下事无不可能,皆是精气日足,则聪明日开,不是出胎日便讲求推寻得来。"(《传习录》陆澄记)他不认知识为能凌空笼统的一齐得着,而认为要由后天的经验,一步一步增长起来。然则戴东原所谓"理与事分为二,而与意见合为一"者(《孟子字义疏证》卷上),在朱学或有此病,在王学决不然。阳明又说:"我辈致知,只是各随分限所及,今日良知见是如此,只随今日所知扩充到底;明日良知又有开悟,便从明日所知扩充到底。如此方是精一工夫。"(《传习录》黄直记)由此言之,良知并不是一成不变的,实是跟着经验来,天天长进。不过用功要有个头脑,一切智识都从良知发生出来,才不至散而无纪罢了。阳明又说:"如人走路一般,走得一段,方认得一段。走到歧路处,有疑便问,问了又走,方能到得欲到之地……只管愁不能尽知,只管闲讲,何益?"(《传习录》陆澄记)朱子说的即物穷理之后,"一旦豁然贯通,则众物表里精粗无不到"那种做学问法,诚不免有认意见为理的危险。若阳明,则全不是这种路数,他说:"并不是本体明后,便于天下物便都知得,都做得。天下事务,如名物度数、草木鸟兽之类,虽圣人亦何能尽知。但不必知的,圣人自不消求知;其所当知的,圣人自能问人,如'子入太庙每事问'之类。"(《传习录》黄直记)致良知工夫,只是对于某件事应做、不应做,求得一个定盘针。决定应做之后,该如何做法,跟着有多少学问思辨工作在里头。而这些工作,却要用客观的、经验的,不是靠主观的、直觉的。这便是阳明本旨。

至于事理是非,介在疑似两可之间者,决定应做与否,诚然不能不凭良知一时之直觉。阳明以为,我们平日用功,不必以此等例外的事理为标准;而且欲对于此等事应付不误,只有平日把良知磨擦得精莹,存养得纯熟,然后遇事乃得其用。有人问他:"道之大端,易于明白,至于节目时变,毫厘千里,必待学而后知。如语孝……舜之不告而娶,武之不葬而兴师……等事,处常处变、过与不及之间,必须讨论是非,以为制事之本。"阳明答道:"道之大端,易于明白,此语诚然。顾后之学者,忽其易于明白者而弗由,而求其难者以为学,此所谓道在迩而求诸远,事在易而求诸难也……夫良知之于节目事变,犹规矩尺度之于方圆长短也。节目事变之不可预定,犹方员长短之不可胜穷也……毫厘千里之谬,不于吾心良知一念之微而察之,亦将何所用其学乎……夫舜之不告而娶,岂舜之前已有不告而娶者为之准则?故舜得以考诸何典,问诸何人,而为此耶?抑亦求诸其一念之良知,权轻重之宜,不得已而为此耶?……后之人不务致其良知,以精察义理于此心感应酬酢之间,顾欲悬空讨论此等变常之事,执之以为制事之本,以求临事之无失,其亦远矣。"(《答顾东桥书》)这段话在实践道德学上含有重大的意味。善恶的标准,有一部分是绝对的,有一部分是相对的。相对的那部分,或甲时代与乙时代不同,或甲社会与乙社会不同,或同一时代、同一社会而因各个人所处的地位而不同。这种临时临事的判断,真是不能考诸何典,问诸何人,除却凭主观的一念良知之直觉,以权轻重之宜,没有别的办法。然则我们欲对于此等临事无失,除却平日下工夫把良知磨得雪亮,预备用得着直觉时,所直觉者不致错误,此外又更有何法呢?

第三,一般人所判断的是非善恶,自命为本于良知者,然而往往会陷于错误,这是常见的事,阳明亦承认;但阳明以为,这决不是良知本身的缺点,不过没有实下"致"的工夫,以致良知被锢蔽而失其作用耳。他说:"事物之来,但尽吾心之良知以应之,所谓'忠恕违道不远'矣。凡处得有未善,及有困顿失次之患者,皆是牵于毁誉得丧,不能实致其良知耳。若能实致其良知,然后见得平日所谓善者未必是善,所谓未善者却恐正是牵于毁誉得丧而自贼其良知者也。"(《答周道通书》)俗语说得好:"旁观者清,当局者迷。"同是一个人,同是那良知,何以观察旁人很清醒,自己当局便糊涂起来呢?因为一到当局,便免不了得失或毁誉等等顾忌。譬如讨论一个工场法案,某甲属于劳动阶级,或想利用劳动阶级,主张便如此;某乙属于资本阶级,或想利用资本阶级,主张便如彼。

虽各各昌言道：我本我良知的主张。其实，他的良知已经被得失之见缠蔽了。纵使不属那阶级，亦不想利用那阶级，然而看见那一种时髦的主张，便跟着主张去；或者从前主张错了，而护短不欲改口，他的良知已经被毁誉之见缠蔽了。此外，或因一时情感冲动，或因事实牵扯，令良知失其作用者原因甚多。总而言之，以自己为本位，便有一种"我的成见"横亘胸中，便是以为良知之贼。这类东西，阳明统名之曰"私欲"。致良知工夫，最要紧是把这些私欲铲除净尽。假使一个人，他虽然属于劳动阶级或资本阶级，但他并不以本身利害为本位，纯采第三者的态度，由当局而抽身出来，像旁观一样，而且并不要讨好于任何部分人，不要任何部分人恭维他，赤裸裸的真，信凭他的良知来判断这个工场法案，那么我们敢保他下的判断，一定是"忠恕违道不远"了。致良知的实在工夫，便是如此。

阳明在江西时候，有一属官常来旁听讲学，私下对人说："可惜我为簿书讼狱所困，不得为学。"阳明听见了，告诉他道:"我何尝叫你离了簿书讼狱悬空去讲学,你既有官司的事,便从官司的事上为学,才是真格物。如问一词讼,不可因其应对无状起个怒心,不可因他言语圆转生个喜心,不可恶其嘱托加意治之,不可因其请求屈意从之,不可因自己事务烦冗随意苟且断之,不可因旁人潛毁罗织随人意思处之。这许多意思皆私,只尔自知,须精细省察克治,惟恐此心有一毫偏倚,这便是格物致知。簿书讼狱之间,无非实学;若离了事物为学,却是着空。"(《传习录》陈惟濬记)据这段话所教训,可见得我们为甚么判断事理会有错呢?都不外被"私的意见"蒙蔽着。只要把这种种"私"克去,自然会鉴空衡平,一切事理到跟前,都能看得真切。程明道所谓"廓然而大公,物来而顺应",正是这种境界。拿现在的话来讲,只要纯采客观态度,不搀杂丝毫主观的成见及计较,那便没有不清楚的事理。(注十一)

(注十一)这段话还给我们一种重大教训,就是令我们知道修养工夫,并不消把日常应做的事搁下一边,另起炉灶去做。譬如一个学生,不说我现在学校功课太忙,没有时候去致良知。你在讲堂上听讲,在图书馆里念书,便可以从听讲念书上头致你的良知。念一部书,完全为研求书中道理,不是想抄袭来做毕业论文,不是要撷拾几句口耳来出锋头,读时不草率,不曲解,批评时不闹意气。诸如此类,就是读书时候致良知工夫。《传习录》中尚有答人问读书一段云:"且如读书时,知得强记之心不是,即克去之;有夸多斗靡之心不是,即克去之。如此,则终日读书,亦只是调摄此心。"

讲到这里,"图穷而匕首见",不能不提出阳明学派最主要一个关键,曰"义利之辨"。昔朱晦庵请陆象山在白鹿洞书院讲演,象山讲《论语》"君子喻于义,小人喻于利"那一章,晦庵听了大感动,天气微暖,而汗出挥扇。阳明继承象山学脉,所以陆王之学,彻头彻尾,只是立志辨义利。阳明以为,良知唯一的仇敌是功利主义,不把这个病根拔去,一切学问无从做起。他所著有名的《拔本塞源论》,关于此警告,说得最沉痛,今节录如下:

夫拔本塞源之论不明于天下,则天下之学圣人者将日繁日难,斯人入于夷狄、禽兽,而犹以为圣人之学。吾之说虽或暂明于一时,终将冻解于西而冰坚于东,雾释于前而云滃于后,呶呶焉危困以死,而卒无救于天下之分毫也。夫圣人之心,以天地万物为一体,其视天下之人,无内外远近。凡有血气,皆其昆弟赤子之亲,莫不欲安全而教养之,以遂其万物一体之念。天下之人心,其始亦非有以异于圣人也,特其间于有我之私,隔于物欲之蔽,大者以小,通者以塞,人各有心,至有视其父子兄弟如仇雠者。圣人有忧之,是以推其天地万物一体之仁,以教天下,使之复其心体之同然……孔孟既没,圣学晦而邪说横,教者不复以此为教,而学者不复以此为学。霸者之徒,窃取先王之近似者,假之于外,以内济其私己之欲,天下靡然宗之……圣人之学,日远日晦;而功利之习,愈趋愈下。其间虽尝盅惑于佛老,而佛老之说,卒亦未能有以胜其功利之心。虽又尝折衷于群儒,而群儒之论,终亦未能有以破其功利之见。盖至于今,功利之毒,沦浃于人之心髓,而习以成性也,几千年矣。相矜以知,相轧以势,相争以利,相高以技能,相取以声誉……记诵之广,适以长其傲也;知识之多,适以行其恶也;闻见之博,适以肆其辩也;辞章之富,适以饰其伪也……其称名借号,未尝不曰吾欲以共成天下之务,而其诚心实意之所在,以为不如是,则无以济其私而满其欲也。呜呼!以若是之积累,以若是之心志,而又讲之以若是之学术,宜其闻吾圣人之教,而视之以为赘疣枘凿,则其以良知为未足,而谓圣人之学为无所用,亦其势有所必至矣。(《答顾东桥书》)

"功利"两个字,在今世已成为哲学上一种主义——最时髦的学派。我们生今日而讲"非功利",一般人听了,何只"以为赘疣枘凿",一定当作妖怪了。虽然,须知阳明之"非功利",并不是叫人不做事,也不是叫人做事不要成功,更不是把人生乐利幸福一概抹杀。这些话无须多辨,只把阳明一生替国家、替地方人民所做的事业点检一下,当然可以得着绝好的反证。然则他所非的功利是什么呢?是各个人自私自利——以自己利益为本位那种念头。详细点说,凡专求满足自己的肉欲,如食膏粱、衣文绣、宫室之美、妻妾之奉等等,以及为满足肉欲起见而发生的财货欲,更进而求满足自己的权势欲,求满足自己的虚荣欲。凡此之类,阳明统名之为私欲——即功利,认为一切罪恶之根源。"知善知恶为良知,为善去恶是格物。"所谓善恶者,以何为标准呢?凡做一事,发一念,其动机是否出于自私自利,即善恶之唯一标准。良知所知之善恶,就只知这一点,而且这一点,除自己的良知之外,没有别人或别的方法,能知得真切确实的。然则这种标准对吗?我想完全是对的。试观凡人类的罪恶,小而自家庭细故,所谓"父借耰锄,动有德色;母取箕帚,立而谇语"[1];大而至于奸淫、劫盗、杀人、放火,那件不是从自私自利之一念发出来?其甚者,为权势欲、为虚荣欲所驱使,"一将功成万骨枯",不惜举千千万万人生命,以殉所谓英雄豪杰者一念

---

[1] 语出贾谊《治安策》,字微有差别,意思是:借给自己的父亲一件农具,脸上就显出给予恩德的表情;母亲来取簸箕扫帚,马上恶语相加。比喻薄情寡义。

中不可告人之隐。然且有奇衺[1]之学说以为之推波助澜，例如尼采辈所崇拜之"超人"的生活，主张利用民器，以他人作牺牲品，为自己成功之工具，谓为所当然。阳明所谓"以若是之心志，而又讲之以若是之学术"，把人类兽性方面的本能尽情发挥，安得不率天下而为禽兽呢？阳明痛心疾首于此种祸机，所以不能〔不〕倡良知之教，他说：

后世良知之学不明，天下之人用其私智以相比轧，是以人各有心，而偏琐僻陋之见，狡伪阴邪之术，至于不可胜说。外假仁义之名，而内以行其自私自利之实，诡辞以阿俗，矫行以干誉，掩人之善而袭以为己长，讦人之私而窃以为己直，忿以相胜而犹谓之徇义，险以相倾而犹谓之疾恶，妒贤忌能而犹自以为公是非，恣情纵欲而犹自以为同好恶。相陵相贼，自其一家骨肉之亲，已不能无尔我胜负之意、彼此藩篱之形，

---

[1] 奇衺：诡诈，邪伪不正。衺音 xié。

而况于天下之大、民物之众,又何能一体而视之?则亦无怪于纷纷藉藉,而祸乱相寻于无穷矣。仆诚赖天之灵,偶有见于良知之学,以为必由此而后天下可得而治。是以每念斯民之陷溺,则为之戚然痛心,忘其身之不肖,而思以此救之。(《答聂文蔚书》)

这段话,真是一字一泪。阳明所以极力反对功利主义,所以极力提倡致良知,他那一片婆心,和盘托出给我们看了。我们若还相信这些话有相当价值,总可以感觉到:这种专以自己为本位的人,学问少点,才具短点,作恶的程度也可以减轻点;若再加之以学问才具,天下人受其荼毒,更不知所底极了。然而,天下事到底是要靠有学问有才具的人去做的,倘使有学问有才具的人不能在自己心术上痛切下一番革命工夫,则这些人都是为天下造孽的人,天下的罪恶祸乱,一定相寻于无已。所以阳明对于当时的青年痛切警告道:

今天下事势,如沉痾积痿,所望以起死回生者,实有在于诸君子。若自己病痛未能除得,何以能疗天下之病?(《与黄宗贤书》)

当时一青年有自是好名之病,阳明屡屡责备他道:"此是汝一生大病根!譬如方丈地内,种此一大树,雨露之滋,土脉之力,只滋养得这个恶根。四傍纵要种些嘉谷,上面被此树叶遮蔽,下面被此树根盘结,如何生得长成?须是伐去此树,纤根勿留,方可种植嘉种。不然,任汝耕耘培壅,只是滋养此根。"(《传习录》陆澄记)夫好名,也是促进青年向上一种动机,阳明何故深恶痛绝到如此?因为好名心,也是从自私自利出来,充这个念头所极,可以种种作伪,种种牺牲别人以为自己。所以真实做学问的人,非从这种罪恶根芽上廓清不可。

欲廓清自私自利念头,除却致良知,没有第二法门。因为心术隐微,只有自己的良知方能照察得出。阳明说:"人若不于此独知之地用力,只在人所共知处用功,便是作伪,便是'见君子而后厌然'。此独知处,便是诚的萌芽,此处不论善念、恶念,更无虚假,一是百是,一错百错,正是义利、诚伪、善恶界头。于此一立立定,便是正本澄源。古人为学工夫精神命脉全体,只在此处。"(《传习录上》)所以他又说:"慎独即是致良知。"(《与黄勉之书》)

这样说来,致良知切实下手工夫,是不是专在消极的克己作用呢? 不错,克己是致良知重要条件,但不能认克己为消极作用。阳明说:"人须有为己之心,方能克己;能克己,方能成己。"(《传习录上》答萧惠问)这句话又怎样解呢? 我们想彻底了解他,要回复到他的"心物合一"论之哲学上见解来。阳明固为确信心外无物、物外无心,灼然见得我身外之人们及天地万物们,都是"真我"或"大我"的构成要素,因此得着"物我同体"的结论。前文已经说过了。既已如此,然则自私自利之心,强把人我分为两体,岂不是我的"真我"罹了车裂之刑吗? 所以他说:"这心之本体,便是你的真己。你若真要为那尔体壳的己,也须用着这个真己,便须要常常保护这真己的本体。有一毫亏损他,便如刀割,如针刺,忍耐不过,必须去了刀,拔了针,才是有为己之心,方能克己。"(同上)因此之故,克己工夫,非惟用不着强制执行,或者还可以说发于本能之不容自已。所以他说道:"凡慕富贵、忧贫贱、欣戚得丧、爱憎取舍之类,皆足以蔽吾良知之体而窒塞其用。若此者,如明目之中而翳之以尘沙,聪耳之中而塞之以木楔也,其疾痛郁逆,将必速去之为快,而何能忍于时刻乎?"(《答南元善书》)克己本是一件极难的事,然而"见得良知亲切时,其工夫又自不难。"(《与黄宗贤书》)所谓见得亲切的,是见个什么? 就是见出那物我为一、痛痒相关的本体。这些话骤听着,像是大言欺人,其实只是人生习见的事。例如慈母对于他的乳儿,青年男女对于他的恋人,那种痛痒一体的意思,何等亲切! 几曾见有对于自己的恋人,而肯耍手段、顽把戏,牺牲他的利益以谋自利者。假使有这种念头偶然涌起,一定自己觉得有伤害爱情神圣的本体,立刻感深切的苦痛,像目中尘、耳中楔一般,必拭去、拔去而后为快,是不是呢?但这种境界,在一般人,只有慈母对乳儿,恋人对恋人,才能发现。若大圣大贤,把天下国家看成他的乳儿,把一切人类看成他的恋人,其痛痒一体之不能自已,又何足怪?阳明以为,人类的本性原是如此,所有"间形骸而分尔我"者,都不过良知受蔽隔而失其作用。"致"的工夫,只是把良知麻木过去那部分打些药针,令其恢复原状。一旦恢复之后,物我一体的感觉,自然十分灵敏,那里容得纤毫间隔,下手工夫又何难之有呢?所以《大学》说"如恶恶臭,如好好色",而阳明亦最喜引以为喻,他说:"从未见有遇见好色的人,要人强逼着,才肯去好的。"(约《传习录》语)又说:"好色之人,未尝有痛于困忘者,只是一真切耳。"(《启问道通书》)由此观之,可见在"致良知"这个口号底下所用克己工夫,是积极的,而非消极的了。

良知本体与功利主义之分别,孟子说得最明白:"凡人乍见孺子将入于井,皆有怵惕恻隐之心,非所以纳交于孺子之父母也,非所以要誉于乡党朋友也,非恶其声而然也。"乍见的恻隐,便是良知本体;纳交、要誉、恶其声等等杂念,便是得丧毁誉关系,便是功利。致良知工夫,最要紧是"非所以"什么、"非所以"什么。换句话说,一切行为,都是目的,不是手段。阳明说:

君子之学,求尽吾心焉尔。故其事亲也,求尽吾心之孝,而非以为孝也;事君也,求尽吾心之忠,而非以为忠也。是故夙兴夜寐,非以为勤也;剖繁理剧,非以为能也;嫉邪祛蠹,非以为刚也;规切谏诤,非以为直也;临难死义,非以为节也。吾心有不尽焉,是谓自欺其心,心尽而后吾之心始自以为快也。惟夫求以自快吾心,故凡富贵贫贱、忧戚患难之来,莫非吾所以致知求快之地。苟富贵贫贱、忧戚患难而莫非吾致知求快之地,则亦宁有所谓富贵贫贱、忧戚患难者,足以动其中哉?世之人徒见君子之于富贵贫贱、忧戚患难无入而不自得也,而皆以为独能人之所不可及,不知君子之求以自快其心而已矣。(《题梦槎奇游诗卷》)

这段话,是"如恶恶臭,如好好色,此之谓自慊"那几句的详注。问为什么要恶恶臭?为什么要好好色?谁也不能说出理由来,只是生理作用,非好好恶恶,不能满足罢了。人生数十寒暑,勤勤恳恳,乃至忍艰难,冒危险,去做自己良心上认为应做的事,问为什么?什么都不为。再问,只能答道为良心上的安慰满足。这种人生观,真是再逍遥自在不过的了,真是再亲切有味不过的了。回看功利主义者流,天天以为什么、为什么相号召,营营于得丧毁誉,过几十年患得患失日子者,孰为有价值,孰为无价值,我们可以知所别择了。(注十二)

(注十二)阳明既排斥功利主义,当然也跟着排斥效率主义,他说:"圣贤只是为己之学,重功夫不重效验。"(《传习录下》)

以上所述,致良知的全部工夫,大概都讲到了,但是不能致良知的人,如何才会致起来呢?阳明以为,最要紧是立志。孔子说:"为仁由己,而由人乎哉?"又说:"我欲仁,斯仁至矣。"阳明接见学者,常以此激劝之。其在龙场,《示诸生教条四章》,首即立志;其在《传习录》中谆谆言此者,不下数十条。

其《示弟立志说》云：

> 君子之学，无时无处而不以立志为事。正目而视之，无他见也；倾耳而听之，无他闻也。如猫捕鼠，如鸡伏卵，精神心思，凝聚融结，而不复知有其他，然后此志常立，神气精明，义理昭著。一有私欲，即便知觉，自然容住不得矣。故凡一毫私欲之前，只责此志不立，即私欲便退听；一毫客气之动，只责此志不立，即客气便消除。或怠心生，责此志，即不怠；忽心生，责此志，即不忽；躁心生，责此志，即不躁；妒心生，责此志，即不妒；忿心生，责此志，即不忿；贪心生，责此志，即不贪；傲心生，责此志，即不傲；吝心生，责此志，即不吝。盖无一息而非立志责志之时，无一事而非立志责志之地。故责志之功，其于去人欲，有如烈火之燎毛，太阳一出，而魍魉潜消也。

志是志个什么呢？阳明说，要志在必为圣人。他的门生萧惠问学，他说："待汝办个真求为圣人的心来，再与汝说。"（《传习录上》)有一天,几位门生侍坐,阳明太息道:"你们学问不得长进,只是未立志。"有一位李珙起而对曰:"我亦愿立志。"阳明说:"难说不立,未是必为圣人之志耳。"(《传习录下》)这些话,不知现代青年们听了怎么样?我想,不是冷笑着,以为迂而无用;便是惊骇着,以为高不可攀。其实,阳明断不肯说迂而无用的话,也断不肯说高不可攀的话。我们欲了解他的真意,请先看他对于"圣人"两字所下定义,他说:

圣人之所以为圣,只是其心纯乎天理而无人欲之杂,犹精金之所以为精,但以其成色足而无铜铅之杂也。人到纯乎天理方是圣,金到足色方是精。然圣人之才力,亦有大小不同,犹金之分两有轻重。尧舜犹万镒,文王、孔子犹九千镒……伯夷、伊尹犹四五千镒。才力不同,而纯乎天理则同,皆可谓之圣人;犹分两不同,而足色则同,皆可谓之精金……盖所以为精金者,在足色而不在分两;所以为圣者,在纯乎天理而不在才力也。故虽凡人而肯为学,使此心纯乎天理,则亦可为圣人。犹一两之金,比之万镒,分两虽悬绝,而其到足色处,可以无愧。故曰"人皆可以为尧舜"者以此。学者学圣人,犹炼金而求其足色。金之成色所争不多,则锻炼之工省而功易成;成色愈下,则锻炼愈难。人之气质,清浊粹驳,有中人以上,中人以下,其于道,有生知安行,学知利行。其下者,必须人一己百,人十己千,及其成功则一。后世不知作圣之本是纯乎天理,却专去知识才能上求圣人,以为圣人无所不知,无所不能,我须是将圣人许多知识才能逐一理会始得之。故不务去天理上着工夫,徒弊精竭力,从册子上钻研,名物上考索,形迹上比拟。知识愈广,而人欲愈滋;才力愈多,天理愈蔽。正如见人有万镒精金,不务锻炼成色,求无愧于彼之精纯,而乃妄希分两,务同彼之万镒,锡铅铜铁,杂然而投,分两愈增,而成色愈下,及其梢末,无复有金矣。(《传习录》答蔡希渊问)

这番话,可谓妙喻解颐。圣人中可以分出等第,有大圣人、小圣人,第一等、第二等圣人,乃至第九十九等圣人,而其为圣人则一。我们纵使够不上做一万斤重的一等圣人,最少也可以做一两重、一钱重、一分重,乃至一厘重的第九十九等圣人。做一厘重的九十九等圣人,比诸一万斤重的一等凡人或坏人,其品格却是可贵。孟子所谓"人皆可以为尧舜",必要如此,方解得通,否则成为大妄语了。

当时有一位又聋又哑的人,名叫杨茂,求见阳明,阳明和他笔谈,问道:"你口不能言是非,你耳不能听是非,你心还能知是非否?"茂答:"知是非。"阳明说:"如此,你口虽不如人,你耳虽不如人,你心还与人一般。"茂首肯拱谢。阳明说:"大凡人只是此心。此心若能存天理,是个圣贤的心,口虽不能言,耳虽不能听,也是个不能言、不〔能〕听的圣贤。心若不存天理,是个禽兽的心,口虽能言,耳虽能听,也只是个能言、能听的禽兽。"茂听了,扣胸指天。阳明说:"你但在里面行你那是的心,莫行你那非的心。纵使外面人说你是,也不须管;说你不是,也不须管。"茂顿首拜谢。(《谕泰和杨茂》)这段话虽极俚浅,却已把致良知彻始彻终工夫包括无遗。人人都有能知是非的心,只要就知之所及,行那是的心,不能行那非的心,虽口不能言,耳不能听,尚且不失为不能言、不能听的圣人。然则"圣人与我同类",人人要做圣人,便做圣人,有什么客气呢？至于或做个不识一字、在街上叫化的圣人,或做个功被天下、师表万世的圣人,这却是量的分别,不是质的分别。圣人原是以质计,不以量计的。阳明教学者,要先办个必为圣人之志,所办,办此而已。

这样看来,阳明"致良知"之教,总算平易极了,切实极了。然则后来王学末流,为什么会堕入空寂,为世诟病呢？原来阳明良知之说,在哲学上有很深的根据,既如前章所述。他说:"心之本体,便是知。"所谓"见得良知亲切"者,即是体认本体亲切之谓。向这里下手,原是一了百了的绝妙法门。所以阳明屡屡揭此义,为学者提掇,但他并非主张"一觉之后无余事"者。所以一面直提本体,一面仍说"省察克治之功,无时而可已"。而后之学者,或贪超进,惮操持,当然会发生出近于禅宗之一派,此亦学术嬗变上不可逃避之公例也。钱绪山说:"师既没,音容日远,吾党如以己见立说。学者稍见本体,即好为径超顿悟之说,无复有省身克治之功,视师门诚意、格物、为善去恶之旨,皆相鄙以为第二义,简略事为,言行无顾。甚者荡灭礼教,犹自以为圣门之最上乘。噫! 亦已过矣。"(《大学问跋》)王学末流,竞倡"现成良知"之说,结果知行不复合一,又陷于"知而不行,只是不知"之弊,其去阳明之本意远矣。

附:论女学

题解:此文为梁启超1896年《变法通议》之一部分。《变法通议》主要论说维新变法思想,为"戊戌变法"作舆论准备。其中《论女学》,论为何要发展妇女教育,主要从妇女职业、妇女求学、母教、胎教四个方面论述妇女教育的重要性,认为这是中国强国之根本。其中母教和胎教主要是家庭教育问题,均涉及儿童成才,而儿童成才正是国家强盛之基。如此家庭教育,不仅是个人、家庭之私事,更是民族、国家之公事。此文主要吸收了西方教育思想,同时也融进了古代教育思想。

孟子曰:"逸居而无教,则近于禽兽。"[1]痛哉斯言乎!

---

[1] 此言出自《孟子·滕文公上》,原文作:"饱食、煖衣、逸居而无教,则近于禽兽。"逸居,住得安逸。

执一人而目之曰禽兽,未有不色然怒者,然信如子舆氏[1]之言也,则今日之近于禽兽者,何其多也?海内之大,员其首、方其足之种,盖四万万,其名之为农、为工、为商、为兵,终身未尝读书者,殆一万九千万有奇。其名之为官、为士,号称读书,而实未尝读书者,殆数百万。其员其首而纤其足,不官、不士、不农、不工、不商、不兵,而自古迄今,未尝一读书者,凡二万万。不宁惟是,彼之官焉、士焉、农焉、工焉、商焉而近于禽兽者,犹或以禽兽为耻也。此之不官、不士、不农、不工、不商、不兵,而近于禽兽者,岂直不耻,乃群天下之人以为是固宜然耳。呜呼!岂不痛哉!岂不痛哉!梁启超曰:居今日之中国,而与人言妇学,闻者必曰:"天下之事其更急于是者,不知凡几,百举未兴,而汲汲论此,非知本之言也。"然吾推极天下积弱之本,则必自妇人不学始,请备陈其义,以告天下:

---

[1] 子舆氏:即孟子,孟子名轲,字子舆。

一义曰：公理家之言曰：凡一国之人，必当使之人人各有职业，各能自养，则国大治。其不能如是者，则以无业之民之多寡，为强弱比例差。何以故？无业之人，必待养于有业之人，不养之则无业者殆，养之则有业者殆。斯义也，西人译者谓之生利分利，即吾《大学》"生之者众，食之者寡"之义（□□□□曰：食训蚀，谓耗蚀也）。管子曰："一夫不耕，或受之饥；一女不织，或受之寒。"此非空言也，盖合一国之人民物产，而以决疑数术，盈虚消息之，其所得之率，实如此也。中国即以男子而论，分利之人将及生利之半，自公理家视之，已不可为国矣。况女子二万万，全属分利，而无一生利者，惟其不能自养，而待养于他人也。故男子以犬马奴隶畜之，于是妇人极苦。惟妇人待养，而男子不能不养之也，故终岁勤动之所入，不足以赡其妻孥，于是男子亦极苦。以予所见，上而官，中而士，下而农工商兵，无论为何等人，则无时不皇然愀然，若重忧贫者。其受冻饿，转死沟壑者，更不知凡几也。其实以比例浅理论之，苟人人以一身所作之业，为一身衣食计，必无可以贫之理。今中国之无人不忧贫也，则以一人须养数人也，所以酿成此一人养数人之世界者。其根原非一端，而妇人无业，实为最初之起点。虽然，等是人也，何以或有业或无业？盖凡天下任取一业，则必有此业中所以然之理，及其所当行之事，非经学问不能达也。故即以男子而论，大率明达事理之人，谋业甚易，反是者谋业较难。然则学也者，业之母也，妇人之无业也，非天理宜然也。其始据乱之世，专尚力争，彼男子之所欲有事者，固非妇人之所能也。于是以妇人为不足轻重，而不复教之；既不教矣，其无从执业，有固然也。积之既久，渐忘其本来，则以为是固当生而不事事，而嗷然待哺于人者也。是以男子贵而妇人贱，妇人逸而男子劳。逸而贱，非人情所乐也；贵而劳，亦非人情所乐也。则何如均其贵贱，亦均其劳逸之为得也。论公理则如此，考事势则如彼。故曰国何以强？民富斯国强矣。民何以富？使人人足以自养，而不必以一人养数人，斯民富矣。夫使一国之内，而执业之人，骤增一倍，则其国所出土产作物，亦必骤增一倍。凡所增之数,皆昔日弃地之货也,取弃地之货而藏之民间,其事甚顺,而其益甚宏。若此者,舍学末由也。

二义曰:人有恒言曰:"妇人无才即是德。"此甈[1]言也,世之瞽儒执此言也,务欲令天下女子不识一字,不读一书,然后为贤淑之正宗。此实祸天下之道也。古之号称才女者,则批风抹月,拈花弄草,能为伤春惜别之语,成诗词集数卷,斯为至矣。若此等事,本不能目之为学,其为男子,苟无他所学,而专欲以此鸣者,则亦可指为浮浪之子,靡论妇人也。吾之所谓学者,内之以拓其心胸,外之以助其生计,一举而获数善,未见其于妇德之能为害也。如曰"无才即是德"云尔,则夫乡僻妇妪,不识一字者,不啻千百亿万,未尝闻坐此之故,而贤淑有加,而惟闻取帚之诨[2],反唇之稽,视宦学家之妇人,殆益甚焉,则又何也?凡人之鄙吝也,忿争也,必其所见极小,目光心力尽日营营于此极小之圈限中,以生此

---

[1] 甈:音 wèi,欺诈。
[2] 取帚之诨:指妇女之间的漫骂。诨,音 suì。

蔽也。使其人而知有万古,有五洲,与夫生人所以相处之道,万国所以强弱之理,则其心也,方忧天下悯众生之不暇,而必无余力以计较于家人妇子事也。今夫妇人之所以多蔽于彼者,则以其于天地间之事物一无所闻,而竭其终身之精神,以争强弱、讲交涉于筐箧之间。故其丑习,不学而皆能,不约而尽同也。是以海内之大,为人数万万,为户数千万,求其家庭内外相处熙睦,形迹言语终身无间然者,万不得一焉。而其发端,罔不起于姑嫜姒娣之间。愤时者,至谓妇人为尽可杀。夫妇人岂性恶耶?群块然未经教化之躯壳若干具,而键之于一室,欲其能相处焉,不可得也。彼妇人之累男子也,其不能自养,而仰人之给其求也,是犹累其形骸也。若夫家庭之间,终日不安,入室则愀,静居斯叹。此其损人灵魂,短人志气,有非可以常率推者。故虽有豪杰倜傥之士,苟终日引而置之床笫筐箧之侧,更历数岁,则必志量局琐,才气消磨。若是乎,妇人之果为鸩而不可近也?夫与其饮鸩而甘之,则盍于疗鸩之术少留意矣。

三义曰：西人分教学童之事为百课，而由母教者居七十焉。孩提之童，母亲于父，其性情嗜好，惟妇人能因势而利导之。以故母教善者，其子之成立也易；不善者，其子之成立也难。《颜氏家训》曰："教儿婴孩，就傅以前，性质志量皆已略定，少成若性，长则因之。此实言教育学一切之始基也。苟为人母者，通于学本，达于教法，则孩童十岁以前，于一切学问之浅理，与夫立志立身之道，皆可以粗有所知矣。今中国小学未兴，出就外傅以后，其所以为教者，亦既猥陋灭裂，无所取材。若其髫龄嬉戏之时，习安房闼之中，不离阿保之手，耳目之间，所日与为缘者，舍床笫筐箧至猥极琐之事，概乎无所闻见。其上焉者，歆之以得科第，保禄利，诲之以嗣产业，长子孙，斯为至矣。故其长也，心中目中以为天下之事，更无有大于此者。万方亿室，同病相怜，冥冥之中，遂以酿成今日营私趋利、苟且无耻、固陋蛮野之天下，而莫知所自始。岂惟莫知所自始而已，且恬然不以为怪。故试取西人幼塾乳臭之子，与吾此间庞壮硕老之士大夫相挈，其志趣学识,必有非吾此间此辈之所能望者。岂其种之特异哉?无亦少而习焉者之不得其道也。故治天下之大本二:曰正人心,广人才。而二者之本,必自蒙养始;蒙养之本,必自母教始;母教之本,必自妇学始。故妇学实天下存亡强弱之大原也。"

四义曰:胎教之道,《大戴礼》《论衡》详哉言之。后世此义不讲盖久,今之西人则断断留意焉。西国公理家考物种、人种递嬗递进之理,以为凡有官之物(人禽虫介草木为有官之物,金石水土为无官之物),一体之中,有其死者焉,有其不死者焉。如一草木,根荄、支干、果实、花叶,其死者也;而常有不死者,离母而附于其子,绵绵延延,相续不断,是曰传种。惟人亦然,虽然,两种化合之间,有浸淫而变者,可以使其种日进于善,由猩猴而进为人也,由野番贱族而进为文明贵种也,其作始甚微,而将毕至巨也。故西人言种族之学者,以胎教为第一义。其思所以自进其种者,不一而足。而各国之以强兵为意者,亦令国中妇人一律习体操,以为必如是,然后所生之子肤革充盈，筋力强壮也。此亦女学堂中一大义也。今之前识之士，忧天下者则有三大事，曰保国，曰保种，曰保教。国乌乎保？必使其国强而后能保也。种乌乎保？必使其种进而后能保也。进诈而为忠，进私而为公，进涣而为群，进愚而为智，进野而为文，此其道也。教男子居其半，教妇人居其半，而男子之半，其导原亦出于妇人。故妇学为保种之权舆也。今与人言此义，鲜不谓以耕救饥，掘井消渴，迂远而无当也，而不知此盖古先哲王与泰西通儒所讲之极熟，推之至尽，而汲汲焉以为要图者也。《胎教篇》[1]曰："《易》曰：'正其本，万事理，失之豪厘，差以千里。'故君子慎始。谨为子孙昏妻嫁女，必择世世有行义者，如是则其子孙慈孝，不敢淫暴，党无不善，三族辅之。故凤皇生而有仁义之意，虎狼生而有贪戾之心，两者不等，各以其母。"其言极深切著明。又曰："胎教之道，书之玉版，藏之金匮，置之宗庙，以为后世戒。"盖

---

[1] 胎教篇：即汉代贾谊《新书》之卷十《胎教》。

古人之重之如此，必非无故也。侯官严君又陵[1]译《天演论》云："无官者不死，以其未尝有生也。而有官者一体之中，有其死者焉，有其不死者焉，而不死者又非精灵魂魄之谓也。可死者甲，不死者乙，判然两物。如草木之根荄、支干等，甲之事也，而乙则离母附子，代可微变，而不可以死，或可分其少分以死，而不可以尽死。此动植所莫不然者也。是故一人之身，常有物焉，乃祖父之所有，而托生于其身。盖自得生受形以来，递嬗迤降，以至于今。"此胎教所以然之公理。严君与余书，又云："生学公例言，一人之生，其心思材力、形体气习，前则本数十百代，祖父母之形神，阅历积委而成；后则依乎见闻，师友与所遭之时与地而化。"其论极精，欲言保种者，非措意于此二义不可。欲措意于前一义，则胎教为之根原；欲措意于后一义，则胎教尤为根原之根原。此学数十年后，必大明于天下，今日则鲜不以为迂远无

---

[1] 严君又陵：即严复（1854—1921），又陵为其字。

用矣。)

西人格致家之言曰：言算学格致等虚理，妇人恒不如男子；由此等虚理而施诸实事，以成为医学、制造等专门之业，则男子恒不如妇人。然则男女之于学，各有所长，非有轩轾。论者或疑数千年来，男子之成绝学、立大功者，方策不绝，而妇人无闻焉。若是乎虽兴妇学，其所成亦仅矣。抑吾又闻生学家之言公理矣，凡含生负气之物，倒生者最愚，横生者次愚，若夫躯体峙立、首函清阳者，其聪明必不甚相远。所以生差别者，在智慧之开与不开耳。昔乾嘉间，汉学彬彬于江浙，而吾粤靡一人焉。咸同以后，口马、郑，手《说文》者如鲫矣。非粤民愚于乾嘉，而智于咸同也。日本明治以前，民智偃塞，工艺窳劣，翻然维新，遂有今日。非日人拙于曩，而巧于今也。其脑筋伏而未动，其灵髓塞而未通，从而导之，机挼一拨，万线俱动矣。彼妇人之数千年莫或以学名也，未有以导之也，妇人苟从事于学，有过于男子者二事，一曰少酬应之繁，二曰免考试之难。其居静，其心细，故往往有男子所不能穷之理,而妇人穷之,男子所不能创之法,而妇人创之。西史所载,若摩哈默德之母、以伯南之女、侯失勒约翰之姑,其学业成就视男子未或让。而吾中国之女子游学异国,成学而归者,若吾向者所闻康爱德[1]氏、石美玉[2]氏,虽西域耆宿,犹歆誉之。然则妇人岂生而不能学耶? 夫以二万万戴天履地、首函清阳之人类,而必夷而弃之,谓与倒生横生之物相等,欲不谓为不仁,不可得也。

善夫诸教之言平等也(南海先生有《孔教平等义》),不平等恶乎起? 起于尚力。平等恶乎起? 起于尚仁。等是人也,命之曰民,则为君者从而臣妾之;命之曰女,则为男者从而奴隶之。臣妾、奴隶之不已,而又必封其耳目,缚其手足,冻其脑筋,塞其学问之涂,绝其治生之路,使之不能不俯首帖耳于此强有力者之手。久而久之,安于臣妾,安于奴隶,习为固然而不自知于其中有人焉;稍稍自疑于为臣妾为奴隶之不当

---

[1] 康爱德:江西九江人,中国第一个留美女学生,医学家。
[2] 石美玉:湖北黄梅人,中国早期留美女学生之一,医学家,宗教家。

者,反群起而哗之。以故数千年来之男子无或以妇学为治天下所当有事,而数千年之妇人益无有奋然自张其军,以提倡其同类者也,非不才也,压力使然也。

今语人曰:"欲强国,必由学校。"人多信之。语人曰:"欲强国,必由女学。"人多疑之。其受蔽之原,尚有在焉。今日之攘臂奋舌以谭强国,震惊于西人而思效其长者,则惟是船舰之雄也,枪炮之利也,铁路之速也,矿务之盛也。若此者,皆非妇人所能有事也。故谋国者曰:"教妇人非所急也。"而不知西人之强在此,其所以强者不在此。农业也,工作也,医学也,商理也,格致也,律例也,教授也,男子所共能,抑妇人所共能也。其学焉而可以成为有用之材,一也。今夫言治国,而必推本于学校,岂不以人才者,国之所与立哉! 岂不以中国自有之才,必待教而始成哉! 夫必谓彼二万万为人才,而谓此二万万为非人才,此何说也?

西方全盛之国,莫美若;东方新兴之国,莫日本若。男女平权之论大倡于美,而渐行于日本。日本之女学约分十三科,一修身,二教育(言教授及蒙养之法),三国语(谓日本文),四汉文,五历史(兼外国史),六地理,七数学,八理科(谓格致),九家事,十习字,十一图画,十二音乐,十三体操。其与男学相出入者,不过数事而已。此数事者,大率与兵政相关,亦尚力之世所当有事者也。彼西人之立国,犹未能至太平世也。太平之世,天下远近、大小若一,无国界,无种界,故无兵事,无兵器,无兵制。国中所宜讲者,惟农、商、医、律、格致、制造等事,国人无男无女,皆可各执一业以自养,而无或能或不能之别。故女学与男学必相合,今之美国,殆将近之矣。是故女学最盛者,其国最强,不战而屈人之兵,美是也。女学次盛者,其国次强,英、法、德、日本是也。女学衰,母教失,无业众,智民少,国之所存者幸矣,印度、波斯、土耳其是也。若是夫中国之宜兴妇学,如此其急也。虽然,今日之中国,乌足以言妇学?学也者,匪直晨夕伏案,对卷伊吾而已,师友讲习,以开其智,中外游历,以增其才,数者相辅,然后学乃成。今中国之妇女,深居闺阁,足不出户,终身未尝见一通人，履一都会，独学无友，孤陋寡闻，以此从事于批风抹月、拈花弄草之学，犹未见其可；况于讲求实学，以期致用。虽有异质，吾犹知其难矣。不宁惟是，彼方毁人肢体，溃人血肉，一以人为废疾，一以人为刑僇，以快其一己耳目之玩好，而安知有学？而安能使人从事于学？是故缠足一日不变，则女学一日不立。嗟夫！国家定鼎之始，下令剃发，率土底定。顺治末叶，悬禁缠足，而奉行未久，积习依然。一王之力，不改群盲之心；强男之头，不如弱女之足。遂留此谬种，孳乳流衍，历数百年，日盛一日，内违圣明之制，外遗异族之笑，显罹楚毒之苦，阴贻种族之伤。呜呼！岂苍苍者天，故厄我四万万生灵，而留此孽业以为之窒欤？抑亦治天下者未或厝意于是也。